Stacey Callahan et Frédéric Chapelle

Les thérapies comportementales et cognitives

Des fondements théoriques à la quatrième vague

2e édition

DUNOD

NOUS NOUS ENGAGEONS EN FAVEUR DE L'ENVIRONNEMENT :

Nos livres sont imprimés sur des papiers certifiés pour réduire notre impact sur l'environnement.

Le format de nos ouvrages est pensé afin d'optimiser l'utilisation du papier.

Depuis plus de 30 ans, nous imprimons 70 % de nos livres en France et 25 % en Europe et nous mettons tout en œuvre pour augmenter cet engagement auprès des imprimeurs français.

Nous limitons l'utilisation du plastique sur nos ouvrages (film sur les couvertures et les livres).

11 rue Paul Bert – 92240 Malakoff
ISBN 978-2-10-086162-0

Les thérapies comportementales et cognitives

Table des matières

Avant-propos

Les thérapies comportementales et cognitives (TCC) sont de plus en plus répandues en France, tant au niveau des formations (initiales et continues) que dans l'offre de soins. Pourtant, leur arrivée en France a été lente en comparaison aux autres pays. Ailleurs dans le monde, les TCC ont déjà fait leurs preuves et sont acceptées depuis longtemps, non seulement comme faisant partie de la formation en psychothérapie, mais aussi en tant que prise en charge tout à fait pertinente pour de très nombreux troubles psychologiques.

Si nous pouvons témoigner d'une acceptation croissante des TCC en France, force est de constater qu'elles ne sont pas toujours acceptées et diffusées à une très grande échelle. Les discours d'arrière-garde perdurent : « Les TCC sont trop simplistes et ne traitent que le symptôme » ; « Les TCC constituent une approche trop récente et peu liée à la psychologie » ; « Les TCC ne s'intéressent qu'au comportement ».

Plusieurs ouvrages ont traité de ces débats et notre objectif n'est pas de rentrer à nouveau dans cette polémique. En tant qu'enseignants des TCC depuis plus de quinze ans, nous avons cependant constaté des lacunes dans leur enseignement et leur compréhension, et ce même avec les étudiants qui sont disposés à se former à cette approche thérapeutique. Nous pensons que ces lacunes expliquent, au moins en partie, le manque d'objectivité sur ces thérapies.

Même si certaines facultés enseignent les concepts théoriques liés aux TCC, il est rare que ces enseignements les mettent clairement en relation avec une conceptualisation clinique, par exemple : Pourquoi peut-on considérer que les troubles psychologiques ont été appris ? Comment comprendre cet apprentissage au travers de l'histoire des théories de l'apprentissage ? En quoi le conditionnement est-il lié à la clinique ? En quoi les cognitions sont-elles dysfonctionnelles ? Et, enfin, en quoi cette conceptualisation va-t-elle m'aider de manière pertinente avec mon patient ? etc. Il est encore plus rare que les étudiants comprennent ces liens. L'approche pratique, clinique, doit pouvoir aussi s'enseigner. Nous avons vu en enseignant les TCC que, même si bon nombre d'étudiants sont familiers des concepts de conditionnement par exemple, ils n'ont jamais vu ces concepts clairement mis en relation avec les TCC.

Par ailleurs, nous constatons que certains secteurs de formation, et nous pensons notamment à la psychiatrie, ne bénéficient pas de l'enseignement de ces concepts de façon uniforme. L'approche peut y être là encore trop théorique.

Ce sont ces raisons qui nous ont poussés à la rédaction de ce livre, qui poursuit donc l'objectif 1) de proposer une définition théorique et conceptuelle rapide à ceux qui n'y ont pas eu accès lors d'un enseignement initial en TCC et 2) d'essayer de réexaminer et de comprendre ces concepts dans une perspective clinique.

Le chapitre 1 présentera une histoire brève de la psychologie à partir de la philosophie. Nous présenterons ensuite les paradigmes d'étude et leur influence sur l'évolution de la psychologie en tant que science. Les TCC sont clairement présentes, théoriquement et de manière conceptuelle, depuis le début de la psychologie.

Dans le chapitre 2, nous approfondirons les grandes influences théoriques qui ont donné un cadre pour comprendre l'apprentissage et son lien avec les TCC.

Le chapitre 3 poursuivra une présentation des éléments qui font partie de l'être humain et qui influencent directement sa *psyché* : la neuropsychologie, le développement de la cognition, et l'attachement. Ce sont justement ces éléments qui, à notre sens, sont trop rarement mis en relation avec les TCC. Pourtant nous estimons que leur influence est non négligeable pour ne pas dire essentielle.

Les concepts d'apprentissage et de conditionnement qui semblent, à première vue, être liés au domaine de l'apprentissage seront présentés dans le chapitre 4 avec l'idée qu'ils trouvent une application directe en psychologie clinique par le biais des TCC. Nous espérons que ces concepts qui sont peut-être déjà connus par certains lecteurs seront mieux intégrés grâce à une présentation des qualités de l'être humain détaillées dans le chapitre 3.

Le chapitre 5 aura pour objectif de reconsidérer la prise en charge des TCC. Nous commencerons tout d'abord par reprendre l'histoire de leur élaboration en évoquant Albert Ellis et Aaron Beck. Puis, nous ferons un bilan des connaissances de base actuelles des prises en charge en TCC.

Nous constatons l'arrivée d'une troisième vague de TCC que nous aborderons dans le chapitre 6, où nous poserons plusieurs questions auxquelles nous apporterons nos réponses : Comment appréhender les TCC par rapport aux autres prises en charge ? L'intégration est-elle possible ? Que faut-il faire pour que la prise en charge psychothérapeutique soit remboursée en France ? La scientificité des TCC rend-elle possible le remboursement ? Que faut-il faire de plus – former autrement les individus, considérer autrement la prise en charge et le statut du psychologue – pour que la psychothérapie soit plus répandue en France ?

Comme nous l'avons exprimé plus haut, notre objectif en rédigeant ce livre est de mettre en perspective les concepts essentiels en psychologie en tentant de les relier directement aux TCC.

Nous terminons cette introduction en remerciant quelques personnes qui nous ont aidés dans la rédaction de ce livre. Tout d'abord notre éditrice, Marie-Laure Davezac-Duhem, qui a fait preuve d'une grande patience à notre égard. Ensuite, nous sommes reconnaissants à Laurence Sarrazin, Anne Denis et Didier Segura qui ont relu nos mots et qui ont apporté des éléments pour améliorer leur compréhension. Enfin, un grand merci à Magalie Magnac qui nous a aidés pour les tableaux, les graphiques et la mise en forme du document final.

Nous dédions ce livre à nos étudiants, du passé et du futur, qui nous poussent à mieux comprendre les TCC afin de mieux les enseigner.

Chapitre 1

L'histoire contextuelle des TCC

Sommaire

Introduction

« Il n'y a pas d'apprentissage sans découverte,
ni de découverte sans apprentissage. »

Frédéric Chapelle

Pour bien comprendre et utiliser les thérapies comportementales et cognitives, il convient avant tout d'en connaître l'histoire.

L'origine exacte d'un domaine d'étude n'est pas forcément facile à déterminer. La psychologie a été reconnue il y a plus de 150 ans comme une science à part entière, mais les penseurs se posent des questions sur l'être humain depuis bien plus longtemps. Nous pouvons retrouver des écrits concernant les notions psychologiques et les questions relevant de la santé mentale depuis l'Antiquité.

Le développement des thérapies comportementales et cognitives (TCC) est intimement lié à l'apparition de la psychologie, mais pas seulement comme nous allons le voir. En effet, l'histoire des TCC a été jalonnée de découvertes et de conflits entre les différents champs de théorie de la psychologie pour être finalement légitimée par l'application clinique de concepts scientifiques (Swendsen et Blatier, 1996).

Ce qu'il faut bien saisir, c'est ce que ce champ de théorie a émergé grâce aux autres concepts développés en psychologie et que cette compétition, qui a pu s'opérer entre les chercheurs d'obédiences différentes, a été un formidable *booster*.

Des événements de société, comme les deux grandes Guerres mondiales, le développement économique, les avancées médicales, ont poussé la psychologie à évoluer dans sa compréhension de l'individu.

Pour comprendre l'émergence de ce champ théorique des TCC, nous avons fait le choix d'expliquer dans un premier temps ce qu'est le *Zeitgeist*. Cela permettra de bien comprendre l'évolution des concepts et d'en appréhender toute la complexité.

1. Le Zeitgeist

L'apparition d'un nouveau domaine scientifique répond souvent à un contexte particulier sur le plan sociétal, culturel ou intellectuel.

C'est le cas pour toutes les grandes périodes de notre histoire. Ce contexte particulier a donné jour à une notion peu discutée dans le domaine de la psychologie qui est le *Zeitgeist*. Cette notion peut se traduire littéralement par « l'esprit d'une époque » ou « l'esprit du temps » ou encore « l'air du temps ». Il faut souligner que cet esprit est très changeant ; il est dépendant du contexte de la société à un moment donné. Il comprend toute l'actualité d'une époque, incluant les grands événements, avec notamment l'émergence de nouvelles connaissances et les grandes découvertes. Un exemple très récent est celui de la COVID où nous avons pu observer des changements profonds dans la société.

Il est intéressant de constater qu'il est parfois difficile de rassembler tous les événements qui ont pu favoriser l'émergence d'un nouveau concept et de voir lesquels ont été prépondérants. Un certain nombre de ces événements sombrent dans l'oubli ou ne sont plus considérés comme pertinents.

La notion de Zeitgeist

Zeitgeist est un terme allemand qui désigne l'esprit d'une époque en incluant le climat culturel, intellectuel... Cette notion a été théorisée par Hegel et Heidegger.

L'histoire est remplie d'exemples, et nous allons en développer certains issus du monde de la psychologie. Par exemple, c'est par cette notion que nous pouvons comprendre que la psychologie du développement était quasi inexistante avant le début du XXe siècle, alors que les enfants étaient très souvent mal pris en charge. Il faut savoir que juste avant l'apparition de ce domaine d'étude régnait une mortalité infantile très élevée, avec une acceptation de cet état de fait. Mais, avec l'amélioration de la qualité de vie, les modifications économiques des pays occidentaux et l'évolution de la médecine, la mortalité a été réduite ce qui a permis qu'un regard nouveau soit porté sur le développement des enfants. Une école dans le champ de la psychologie est alors née pour comprendre le développement normal de l'enfant et ses implications.

C'est ainsi que les avancées dans les autres domaines de réflexion de la psychologie, notamment les notions d'apprentissage et de bien-être psychologique, avec la naissance de la psychanalyse, ont permis de poser les premières pierres de la psychologie du développement.

Des changements en chaîne : le Zeitgeist à l'œuvre

Si, à la fin du XVIIIe siècle, l'espérance de vie restait inférieure à quarante ans un changement radical va permettre, en un siècle, d'augmenter cette espérance de plus de dix ans. C'est à cette époque que les travaux de Pasteur vont permettre un regard nouveau sur les germes et pousser à l'amélioration des conditions d'asepsie, favoriser la réduction des infections et développer des vaccins.

Au tout début du XXe siècle, l'apparition du sérum anti-diphtérique va, quant à lui, faire chuter de façon drastique la mortalité infantile et permettre un regard nouveau sur les enfants et leur développement.

C'est aussi en parallèle la prise de conscience collective de la nécessité de mettre en place l'assainissement des grandes villes, autre point crucial d'hygiène permettant de limiter le développement des maladies.

Alors que la psychologie du développement continue d'être étudiée, les questions intéressant les chercheurs dans ce domaine ont radicalement changé en cent ans. En effet, la vie qui se construit autour des enfants a beaucoup évolué ces dernières décennies. « Comment élever un enfant ? » est toujours d'actualité, mais dans le contexte de la vie actuelle ; les repères sociaux ont changé. Souvent les deux parents travaillent, les familles sont recomposées, la structure familiale est éloignée des parents du premier degré, la société évolue rapidement au niveau technologique (accès aux informations en temps réel, nouvelles technologies), mais aussi au niveau de l'émergence de certains dangers (accès plus facile aux drogues, à l'alcool, à la pornographie, dépendance aux jeux vidéo...).

À l'époque où la psychologie du développement est née, les questions concernaient surtout l'exploitation des enfants dans les usines, leur scolarité (ou plutôt l'absence de scolarisation), le type d'éducation à concevoir sur le long terme, etc. Il n'était pas facile pour tous les protagonistes de cette époque de comprendre l'intérêt et l'importance de ce domaine. Il a donc fallu convaincre la société de la nécessité d'une approche plus construite, voire plus humaine, pour développer tout le champ de l'éducation des enfants ; sans pour autant chercher dans un premier temps à aller plus loin dans la compréhension du développement de l'être humain dans sa globalité. La question de l'importance de la psychologie du développement ne se pose plus maintenant et nombreux sont les travaux qui permettent la poursuite des progrès dans ce domaine.

En ce qui concerne la naissance des thérapies comportementales cognitives (TCC), les courants de pensée et les événements clés qui ont amené à leur émergence, sont souvent moins bien connus. En effet, l'intérêt du développement d'un nouveau champ de pensée ainsi que la valeur potentielle d'une autre orientation en psychothérapie ont été longtemps occultés par les critiques. C'est d'ailleurs surtout le comportementalisme qui a été décrié à l'époque. Il a souvent été mal compris, car le *Zeitgeist* entourant son apparition n'y était pas ouvert.

Il est aujourd'hui trop facile de réduire les TCC à des croyances dogmatiques provenant des idées simplistes du comportementalisme. Celui-ci ne correspond qu'à une partie de ce qui fait la valeur des TCC. Toute orientation en psychologie clinique peut être victime des mêmes attaques si l'on refuse de comprendre comment le concept a été élaboré et modifié au cours du temps.

Finalement, les origines des TCC, comme dans les autres domaines en psychologie clinique, sont dans une diversité, une richesse de connaissances régulièrement remises en question, et c'est grâce à ce parcours que nous bénéficions encore actuellement d'une thérapie qui s'enrichit régulièrement de nouveaux apports théoriques.

Dans un premier temps, notre objectif sera de présenter les courants philosophiques qui ont permis les débuts de la science de la psychologie. Plus loin, nous en extrairons les éléments qui ont donné les bases des TCC. Nous examinerons les courants de pensée spécifiques ayant donné lieu au comportementalisme et, plus tard, aux thérapies comportementales et cognitives. Ceci permettra de mieux comprendre comment situer les TCC dans la psychologie clinique d'aujourd'hui.

2. Des courants philosophiques à la naissance de la psychologie

Les grandes questions qui intéressent la psychologie remontent à l'Antiquité. Les écrits des grands penseurs comme Aristote, Socrate, Platon, Épictète, soulèvent des questions qui sont toujours d'actualité en psychologie : l'origine de la pensée, la source du bonheur, les processus d'apprentissage, etc. C'est le long parcours des réflexions des philosophes qui va permettre plusieurs siècles plus tard de voir émerger une composante spécifique : la psychologie. Nous allons marcher sur les traces de cette histoire philosophique qui a contribué à créer une science à part entière et qui plus tard a permis la conceptualisation des TCC.

Les écoles de pensée dans l'Antiquité

Dans l'Antiquité, trois grandes écoles se confrontaient : l'école dogmatique d'Hippocrate et de ses disciples centrée sur les humeurs (sang, bile noire, bile jaune, phlegme) et leurs caractéristiques (consistance, température...) où les troubles mentaux étaient perçus comme un déséquilibre entre les humeurs et les caractéristiques ; l'école empirique fondée sur les connaissances acquises par l'expérience ; l'école méthodique a pris appui sur les connaissances d'Asclépiade de Pruse.

Hergenhahn (1982) souligne la contribution d'Aristote qui, suivant les pas de Platon, a conçu sa théorie sur l'acquisition de connaissances de façon empirique. Son approche prend en compte des informations sensorielles, qui étaient pour lui la base de tout apprentissage. Aristote a considéré que les connaissances et leur acquisition n'existaient pas indépendamment de l'objet étudié. Autrement dit, il a élaboré sa théorie sur l'association entre le vécu de l'individu et la réalité objective ; pour lui la connaissance est acquise par un processus inextricable entre le vécu sensoriel et la pensée. Ce que nous pourrions résumer par « toutes les pensées proviennent de l'expérience ».

Les lois d'association selon Aristote

Pour élaborer sa théorie des connaissances, Aristote a formulé des lois d'association afin d'expliquer comment le corps des connaissances pouvait se construire et quels étaient les liens existant entre les éléments constituant ces connaissances.

La **loi de la similitude** pose qu'un objet peut favoriser le rappel d'un objet similaire. Par exemple, c'est ce que font les jeunes enfants quand ils découvrent les animaux. Si l'enfant a déjà vu un petit chien et qu'il se trouve devant un animal d'apparence similaire comme le chat, il va avoir tendance à les associer comme une seule entité et il va alors nommer le chat par le terme de chien. L'association est faite par les similitudes entre les deux animaux.

La **loi du contraste** évoque des objets qui sont différents, voire opposés. Par exemple, le fait de manger un très bon repas peut rappeler des souvenirs d'un repas désagréable et peu appétissant par une comparaison d'emblée. Paradoxalement, le bon repas est associé au mauvais repas non pas par similitude mais par ses différences.

Enfin, la **loi de contiguïté** avance que certains objets représentent une suite naturelle de l'objet évoqué. En prenant le thème de la plage, il est facile d'évoquer un bon nombre d'autres éléments associés avec la plage (soleil, chaleur, eau froide, odeur de crème solaire...) mais qui ne sont ni opposés ni similaires. Les objets évoqués par contiguïté font partie de « la famille » de l'objet de départ, d'où la notion de contiguïté (Hergenhahn, 1982).

Cette notion d'association permettra des siècles plus tard la construction d'un champ d'études qui aura une influence importante dans le développement de la psychologie : l'associationnisme. Nous verrons plus loin à quel point cette notion d'association sera importante pour la théorie sous-tendant l'approche cognitive et comportementale.

Les premières lueurs de la psychologie remontent aux épistémologues du XVIIe siècle. Comme Schulz (1982) le souligne, le *Zeitgeist* fut fortement influencé par l'idée que l'univers était une « grande machine » que l'homme pouvait étudier de manière systématique. L'individu faisant partie de cet univers, il existait donc un intérêt à l'étudier (afin de mieux le comprendre et éventuellement de le maîtriser), ce qui a amené des applications extraordinaires pour l'époque (dans le domaine de la médecine par exemple).

Comme c'est le cas pour toute science moderne, la méthode expérimentale a permis de mettre au jour des notions essentielles pour les premières théories en psychologie. De la même façon que la médecine observe, expérimente, modifie, teste et en tire des conclusions, les penseurs de l'époque ont apporté les premières conceptions en psychologie en agissant de même.

C'est par une approche empirique que les penseurs ont cherché à mieux comprendre les phénomènes en sortant des connaissances inculquées comme des vérités absolues par le dogme de la religion. Notons que cette démarche des épistémologues n'était pas différente de celle de philosophes de l'époque présocratique. Ces derniers, par leur démarche intellectuelle et leur réflexion, se sont positionnés en rupture par rapport aux discours mythologiques (en tenant compte de l'histoire, il est d'ailleurs paradoxal que les scientifiques actuels se montrent aussi dogmatiques que les religieux de l'époque quand ils développent un nouveau concept scientifique).

C'est à René Descartes qu'est attribuée l'inauguration de la psychologie moderne par son idée d'appliquer la notion de « mécanisme » à la compréhension de l'homme (Schulz, 1982). Selon Schulz, la contribution la plus importante de Descartes fut son approche de la relation entre le corps et l'esprit. La position des philosophes jusqu'alors était « dualiste », c'est-à-dire qu'ils mettaient en avant une différence nette entre le corps et l'esprit, chacun possédant des qualités distinctes, avec une action possible de l'esprit sur le corps, mais dans le sens inverse.

Descartes a maintenu lui aussi une position dualiste mais en proposant une relation entre le corps et l'esprit caractérisée par une interaction entre les deux. Cette approche radicale pour l'époque a permis de modifier les idées reçues concevant l'esprit comme une entité non physique et intangible, comme l'âme. Descartes concevait l'esprit comme une autre partie physique du corps ayant des fonctions et des capacités comme toute autre partie du corps, mais avec des qualités différentes qui le distinguaient d'un bras, une jambe, etc. Par son discours, Descartes se plaçait lui aussi en opposition aux conceptions religieuses et ne put avancer que masqué, repoussant même la publication d'ouvrages (par exemple son *Traité du monde et de la lumière*).

Cogito, ergo sum

Le classique « Je pense donc je suis » introduit dans le *Discours de la méthode* est une étape fondamentale dans le développement d'un nouveau mode de réflexion sur soi-même, point central dans la philosophie de Descartes.

Après Descartes, la science a progressé rapidement, et c'est l'approche positiviste en sciences qui a régné comme courant philosophique et qui a donné naissance à l'approche empirique actuelle.

Le positivisme désignait un système reposant sur les faits observables, sans possibilité de débat. L'approche philosophique et mécanistique des matérialistes de l'époque contribua à focaliser l'attention sur les propriétés physiques et chimiques.

L'empirisme est né à partir de ces courants philosophiques agrémentés des réflexions d'un groupe de scientifiques anglais qui s'intéressaient surtout à l'acquisition des connaissances : John Locke, George Berkeley, David Hume, David Hartley et John Mill (pour ne nommer que les plus connus) ; ils ont fondé une approche spécifique de l'empirisme : l'associationnisme.

L'associationnisme a marqué le domaine d'étude de l'homme par son intérêt sur l'acquisition des connaissances. Cette approche a permis la construction d'un champ d'études qui deviendrait par la suite la psychologie. Elle s'appuie sur la notion selon laquelle le lien entre les idées pourrait s'expliquer par des lois d'association : des pensées sont associées les unes avec les autres à un moment donné tels des cubes qui sont emboîtés les uns avec les autres. Tout comme les atomes peuvent se regrouper pour créer une nouvelle molécule, les pensées pourraient agir de même.

Positivisme

Ce sont surtout les travaux de réflexion d'Auguste Comte (1798-1857), philosophe français, qui furent à l'origine de ce courant de pensée qui considère que seule l'expérience permet de vérifier ses connaissances et d'établir une vérité.

Les notions étudiées par les scientifiques cités plus haut comprenaient : la conceptualisation de la structure des connaissances, les contributions de la sensation et de la perception, la part de l'expérience et comment celle-ci permet la construction des connaissances par la suite, mais aussi les processus mentaux.

Ces scientifiques ont été à l'origine d'une des premières difficultés de l'étude de la psychologie : l'empirisme (émettre une hypothèse) de l'époque positiviste nécessitait des faits observables, ce qui ne pouvait pas ou si peu être le cas de la pensée avec les moyens technologiques de l'époque. Nous verrons que ce problème a persisté et qu'il a parfois été surmonté d'une manière ou d'une autre, mais le caractère inobservable de la pensée reste un problème majeur pour l'étude et la compréhension de l'homme. Nous verrons aussi plus loin l'importance de cette approche pour la notion d'association. En clair, alors que la contraction d'un muscle est parfaitement observable tant sur le plan physique qu'au niveau des échanges ioniques, les scientifiques de l'époque n'avaient aucun outil pour l'observation et la compréhension des pensées.

Cet empirisme fut par la suite alimenté par l'arrivée de la méthode expérimentale et du développement des connaissances de la physiologie du corps humain. Comme nous l'avons vu plus haut, Descartes proposait de concevoir l'esprit comme une partie du corps ayant des spécificités lui conférant une entité propre. Cette idée fut reprise par des expérimentateurs travaillant sur le corps humain. Les études en physiologie ont alors commencé à se chevaucher avec la psychologie quand elles se sont intéressées spécifiquement au cerveau et à ses fonctions.

Les premières découvertes en physiologie ayant une application sur le cerveau ont permis l'émergence de la psychologie expérimentale avec une approche empirique au cours du XIXe siècle. Les scientifiques le plus souvent cités au cours de cette période sont Hermann Von Helmholtz, Ernst Weber, Gustav Theodor Fechner et Wilhelm Wundt (Schulz, 1982). Ces scientifiques avaient en commun non seulement leur approche spécifique en physiologie, mais aussi leur origine germanique.

Naissance de la psychologie scientifique

Gustav Theodor Fechner (1801-1887) a créé une nouvelle discipline en 1860 à la croisée de la philosophie et de la physiologie : la psychophysique. Cette nouvelle discipline fut un précurseur de la psychologie. Mais c'est à Wilhelm Wundt (1832-1920) que revient, en 1862, la création d'une nouvelle discipline : la psychologie expérimentale. Quelques années plus tard, il crée le premier laboratoire de psychologie à Leipzig.

Il faut prendre en compte le *Zeitgeist* spécifique à l'Allemagne comme cela est présenté par Schulz (1982). Les recherches déjà entamées en biologie dans ce pays avaient permis un progrès spectaculaire dans la compréhension du corps humain ; mais ces notions furent mal acceptées dans d'autres pays (non protestants), surtout pour des questions d'ordre religieux. L'Allemagne concevait la science comme un domaine plus large que les autres pays (par exemple, la France et la Royaume-Uni restaient figées sur les questions concernant la chimie et la physique).

L'Allemagne développa pendant cette période un nombre important d'universités. Comme tout scientifique le sait, pour assurer un progrès rapide dans un domaine scientifique rien ne vaut un nombre important de scientifiques. Dès lors que le nombre de chercheurs augmente, la production scientifique devient de plus en plus importante, plus compétitive et plus riche, surtout dans des domaines peu étudiés.

Les découvertes de ces chercheurs furent passionnantes ; elles ont enrichi et alimenté les premières connaissances en psychologie (Schulz, 1982). Parmi ces découvertes nous retrouvons en particulier la mise au point de la notion des différences entre individus, la non-simultanéité entre la pensée et le mouvement, l'analyse de la perception de tous les stimuli qui nous entourent (couleurs, formes, sons, sensations kinesthésiques), les qualités des stimuli et les effets sur l'individu, etc. De même, ces scientifiques ont permis d'avancer sur la question des liens entre corps et esprit, proposant de les considérer comme séparés tout en faisant partie de la même réalité, comme l'avait proposé Descartes. Enfin, leurs travaux démontrèrent la possibilité d'appliquer la méthode expérimentale à l'étude de la psychologie de l'être humain.

Cependant, l'empirisme a été controversé en ce qui concerne son application à la psychologie. Les recherches sur la physiologie du cerveau ne permettaient pas de rendre compte de toutes les capacités du cerveau avec cette approche ; et c'est toujours le cas aujourd'hui alors que nous avons pourtant accès à des technologies nettement plus avancées. Quand les scientifiques de l'associationnisme ont mis en exergue les phénomènes mentaux, ils ont buté sur les limites de leurs outils.

L'application de la méthode empirique pose encore des difficultés en psychologie car elle ne se prête pas toujours à une démarche scientifique positiviste. Pourtant, l'empirisme est un choix méthodologique qui est le plus souvent adopté par les scientifiques actuels dans la plupart des domaines, y compris la psychologie. Il faut simplement en noter les limites et comprendre en quoi cela a des conséquences pour la psychologie. En adoptant une position empirique dans la recherche, le risque est de passer à côté d'éléments que l'on ne peut pas discerner par ces méthodes.

Une influence importante dans la recherche en psychologie pour comprendre l'empirisme a été la publication par Cook et Campbell (1979) de *Quasi-Experimentation: Design and Analysis Issues for Field Settings*. Ce livre a mis en avant l'importance de la notion de la validité dans la recherche empirique et sa place, surtout en recherche clinique. Or, avant cette date, la recherche en psychologie a cruellement manqué de standards adéquats pour assurer non seulement des recherches fiables mais aussi une interprétation non ambiguë des résultats. Jusqu'alors, les études de terrain, en particulier des recherches ayant pour objectif d'étudier ce qui se passait sur le plan clinique, souffraient de biais importants qui remettaient en question leurs résultats.

Il faut noter que, pour toute recherche, il existe au moins deux grands types de validité : interne et externe. La validité interne permet d'assurer une méthode appropriée avec des outils, un échantillonnage et des comparaisons qui donnent lieu à des résultats clairement interprétables, en enlevant le maximum de biais dus aux choix méthodologiques de l'étude. La validité externe s'intéresse quant à elle surtout à la possibilité d'extraire des grandes règles de la recherche entamée et de les appliquer à la population générale. Puisque jusque-là les études manquaient de validité interne, une retombée importante de cette publication fut une réorientation majeure des recherches en psychologie (Callahan, 2012). Depuis trente ans, il est très difficile de mettre en place et de mener à bien des recherches en psychologie clinique sans avoir recours à de grands effectifs, à des échantillons très contrôlés et à des méthodes rigoureuses qui souffrent parfois de rigidité excessive.

Nous pouvons considérer que cette réaction a été un peu démesurée. Pourtant, depuis cette période, nous observons une préférence importante pour les études cliniques en psychologie de type « randomisées et contrôlées » (RCT), cherchant à conforter la validité interne, mais ce parfois au détriment de la validité externe. La recherche en psychologie clinique depuis cette période ne permet plus de rendre compte des réels problèmes du terrain, tels que la comorbidité, les intensités fluctuantes des différents troubles psychologiques et les différences inhérentes aux individus qui consultent dans le monde réel car les exigences de l'échantillonnage des RCT ne permettent pas l'inclusion de variables si peut contrôlables (Chapelle, 2013).

En relisant Cook et Campbell (1979), on s'aperçoit que l'objectif n'était pas réellement de remettre en question les études de terrain mais plutôt d'assurer la prise en compte des deux types de validité, tout en sachant que les choix faits pour augmenter l'une pourraient avoir un effet néfaste sur l'autre. Finalement, ces auteurs ne cherchaient pas à mettre fin aux études cliniques en psychologie, juste à encourager une approche plus empirique qui puisse prendre en compte les choix faits lors de l'élaboration d'une recherche et comment ces choix pourraient affecter les résultats.

Pourtant, comme Callahan (2012) le souligne, les RCT comportent, malgré tout, des biais importants. Il faut encourager un meilleur équilibre entre les recherches qui mettent en avant les deux types de validité et celles portant sur un travail clinique sur de petits effectifs, où la validité interne est moins évidente. Ces études pouvant par la suite donner lieu à l'élaboration de recherches plus vastes et contrôlées au niveau de la validité interne.

Ainsi, la psychologie, étant une science fondée sur un objet complexe dont un nombre important de variables ne sont pas connues, devra se diriger à l'avenir vers une approche empirique, tout en tenant compte des particularités du domaine (la fréquence des comorbidités par exemple).

3. Modèles théoriques en psychologie

Nous avons vu que l'empirisme qui s'intéressait initialement au monde physique a été un point de départ pour la compréhension de la psychologie et que ce modèle comportait des limites dans la mesure où sa base faisait référence à des concepts physiques.

Cette distinction s'avère importante car un modèle qui provient d'un autre champ d'étude servira d'heuristique, mais n'aura jamais tous les éléments spécifiques et nécessaires pour comprendre le domaine sur lequel il est transposé (Miller, 2002). Ainsi, l'ensemble des concepts provenant de l'empirisme affiche nécessairement des limites. C'est ce qui va pousser les scientifiques à développer d'autres champs de réflexion et permettre l'émergence du structuralisme, du fonctionnalisme et, par la suite, du comportementalisme.

3.1 Le structuralisme

L'associationnisme, rapidement suivi des découvertes en physiologie, a donné lieu à l'approche structuraliste au début du XXe siècle. Le structuralisme a été le premier concept orienté vers l'étude de la psychologie de l'être humain en se fondant sur les découvertes récentes en psychophysiologie. L'instigateur souvent cité de cette approche est Wilhelm Wundt, mais c'est principalement Edward Titchener, l'un de ses élèves, qui fut une figure importante dans ce domaine.

L'objectif des structuralistes a été d'étudier, de manière systématique, la conscience de l'homme, les éléments de la vie mentale et la manière dont ceux-ci se combinaient entre eux. Comme dans d'autres domaines scientifiques, telle la chimie, les structuralistes ont cru qu'ils pouvaient dissocier les éléments de l'esprit humain afin de les étudier isolément. Ils s'intéressaient principalement à la façon dont se structuraient les éléments de la vie mentale.

En adoptant l'approche de l'associationnisme, les structuralistes ont imaginé que l'élément de base de la conscience était l'idée. Pour eux, l'expérience psychologique était composée des regroupements d'idées générées par l'individu. Nous retrouvons avec cette proposition la notion d'association (de pensées entre elles) et de schémas. Cependant, la définition précise de ces notions n'a pas été mise en exergue par les structuralistes, qui cherchaient plus une explication exhaustive de la conscience que des notions simplistes isolées.

Si d'un côté Wundt a développé la psychologie expérimentale avec un bon nombre d'expérimentations et de création d'outils (comme le tachitoscope), Titchener recherchait, lui, les bases de la conscience en utilisant l'introspection expérimentale. Wundt était opposé à l'utilisation de l'introspection car elle n'était pas observable, cette utilisation allant à l'encontre de la démarche empirique.

Ainsi, les deux approches s'opposaient, avec d'un côté la psychologie explicative de Wundt et de l'autre, la psychologie descriptive de Titchener (Roulin, 2006).

L'introspection expérimentale

Dans ce type d'expérimentation, le but n'est pas de donner uniquement une réponse à une excitation, mais surtout de repérer les processus mentaux mis en jeu et leur succession. La première phase de l'expérience consistait pour l'individu à rester passif et, face à la question qui lui était posée (par exemple une association de couleur), il ne devait répondre que par un geste. Dans un second temps, il recherchait, par l'introspection, ce qui s'était passé dans son esprit au cours de l'expérimentation.

L'introspection expérimentale amènera Wundt à la critiquer (1885) : « Le signe caractéristique qui distingue l'observation de la simple perception livrée au hasard, c'est précisément l'indépendance de l'observateur par rapport à l'objet observé. Et, dans l'observation interne, plus l'observation devient attentive et suivie, plus augmente au contraire l'état de dépendance de l'observateur par rapport à l'objet observé. »

Pour une partie des structuralistes qui voulaient étudier les idées et les relations entre elles, l'approche nécessitait l'utilisation de l'introspection pour comprendre l'expérience psychologique. Les sujets étaient formés à une méthodologie stricte afin d'utiliser au maximum leurs capacités d'introspection. Leur objectif était de rendre compte de leur expérience « brute » des objets, sans pour autant être influencés par leurs croyances, attributions, concepts... concernant l'objet en question. Plusieurs autres scientifiques se sont inscrits dans cette approche : Hermann Ebbinghaus, Georg Elias Mueller, Franz Brentano, Oswald Kuelpe, et Carl Stumpf pour nommer les plus célèbres.

L'introspection « pure » comme ces structuralistes l'espéraient fut impossible à réaliser par les sujets. En effet, lors de la confrontation aux objets, les sujets se trouvaient rapidement parasités par des cognitions multiples, et parfois contradictoires, concernant l'objet. Du coup, cette approche a vite disparu, mais elle a laissé des traces.

Malgré l'échec spectaculaire de cette approche, les structuralistes sont à l'origine de l'introduction de la psychologie dans le monde des sciences. Jusqu'alors, celle-ci était étudiée sous l'angle de la physiologie et n'était pas distinguée comme un domaine à part.

Bien que les structuralistes se soient trouvés confrontés aux limites de l'introspection, ce fut la première tentative pour comprendre des phénomènes non observables. La controverse autour de l'étude des phénomènes non observables en psychologie a influencé, par la suite, de nouvelles approches et créé aussi des divisions importantes entre chercheurs.

3.2 Le fonctionnalisme

Alors que les structuralistes se heurtaient à leur désir d'étudier le conscient avec l'outil très critiqué de l'introspection, un autre événement important survint en science biologique : l'arrivée de Charles Darwin et l'édition de son livre, *L'Origine de l'espèce*. Le domaine de l'évolution a introduit un nouveau concept qui est devenu important pour la psychologie : l'adaptation.

C'est ainsi que les scientifiques déçus par les vicissitudes de l'introspection se sont orientés vers une approche en psychologie qui puisse rendre compte du comportement humain et de la façon dont celui-ci facilite l'adaptation de l'être humain. Encore une fois, le *Zeitgeist* a permis d'apporter une nouvelle approche essentielle pour la poursuite de la psychologie, alors que l'évolution était ancrée dans le domaine de la biologie.

C'est à William James que l'on attribue le plus souvent la conceptualisation de l'approche des fonctionnalistes. Il fut l'un des premiers à critiquer l'introspection comme méthode d'étude et à rejeter toute tendance au réductionnisme en psychologie. Pour James, l'adaptation de l'être humain, à partir de son expérience psychologique, était le fondement de la psychologie. John Dewey et James Angell ont adhéré à cette approche ; Dewey est célèbre pour sa critique de l'approche réductrice des associationnistes dans l'étude du stimulus-réponse.

Le concept de l'arc réflexe en psychologie (Dewey, 1896)

Dewey critique l'associationnisme et le concept d'éléments psychiques juxtaposés les uns aux autres. Alors que le stimulus, la sensation et la réponse étaient considérés à l'époque comme une suite en chaîne et que cela n'allait pas au-delà, Dewey considère qu'un réflexe est une réponse à un stimulus, mais que le stimulus n'est stimulus que parce qu'il génère une réponse. De la même façon, une réponse n'est réponse que parce qu'il y a eu un stimulus. Il met en avant que la stimulation (S) va être enrichie par la réponse (R) qui va être obtenue, créant ainsi un arc réflexe entre stimulus et réponse. Dewey met en avant le fonctionnement global, qui apparaît comme l'unité primordiale, bien au-delà de la sensation ou de la réaction, considérées auparavant comme indépendantes.

Pour les fonctionnalistes, l'environnement et l'adaptation de l'être humain à celui-ci ainsi que la conscience de son environnement composaient les bases de la psychologie. Selon eux, l'étude des processus mentaux nécessitait la prise en compte du besoin de survie afin de les comprendre.

Alors que les structuralistes se trouvaient confrontés aux limites de l'introspection, les fonctionnalistes partaient sur une démarche beaucoup plus étendue et se heurtèrent à encore plus de problématiques. Les fonctionnalistes avaient devant eux une tâche quasi impossible à réaliser : comprendre la *psyché* en fonction de l'expérience psychologique personnelle mais aussi en fonction de l'environnement et de son effet sur l'être humain. Ces deux modèles théoriques se trouvèrent donc confrontés à des problèmes, toujours d'actualité en psychologie.

3.3 Le comportementalisme

À la suite des structuralistes et en réponse à l'approche trop ambitieuse des fonctionnalistes, le comportementalisme fut parmi les premières écoles d'étude en psychologie.

John B. Watson est souvent cité comme le fondateur du comportementalisme, mais d'autres grands noms dans le domaine de l'apprentissage ont beaucoup contribué à cette orientation. Watson cherchait un aspect spécifique de la psychologie à étudier qui soit fiable et stable sous les contraintes de l'observation. Étant lui aussi critique sur l'introspection, Watson choisit le comportement comme cible d'étude. Selon lui, le comportement pouvait être étudié isolément, et les processus mentaux, notamment l'introspection, n'étaient pas essentiels pour cette démarche.

La conception initiale développée par Watson était de travailler sur les comportements et de ne pas tenir compte de l'existence de la conscience. Alors que le champ du comportementalisme s'est développé par la suite en intégrant le comportement et l'existence de la conscience, l'histoire a gardé une croyance erronée qui est que le comportementaliste nierait l'existence de la conscience. Il ne la niait pas, il la sortait de son champ de réflexion.

Nous verrons plus loin les contributions importantes de Watson. Mais ce qu'il faut retenir ici, c'est justement cette attitude envers les processus non observables.

Par la suite, au sein du comportementalisme, une division s'est créée selon les croyances de chacun sur la possibilité d'étudier les processus mentaux. Comme le souligne Hergenhahn (1982), toute approche en comportementalisme prend en référence des éléments des modèles déjà existants (structuraliste, fonctionnaliste, associationniste). Chaque paradigme dans le champ du comportementalisme approche les processus mentaux, soit en les acceptant sans pour autant en rendre compte, soit en les mettant de côté.

Si l'approche comportementaliste ne rend pas compte des processus mentaux ou ne les intègre pas dans le modèle explicatif, ce n'est pas parce que l'approche nierait leur existence. Si l'approche comportementaliste n'est pas dirigée vers ces processus, elle ne les réfute pas pour autant.

Watson refusait d'étudier le conscient, surtout parce que c'était une inconnue difficile à quantifier. La psychologie comportementale se voulait strictement objective, rejetant les données subjectives et les interprétations (au niveau de la conscience). L'approche de Watson n'a pas non plus pris en compte l'environnement et la façon dont celui-ci exerçait une influence sur l'individu.

Afin de contrôler les variables, Watson s'est concentré sur ce qui était observable et immédiatement contrôlable dans un contexte d'expérience. Cela se traduisit par la mise en avant de la validité interne comme nous l'avons vu plus haut. Cela n'enlève rien à la méthode de Watson, mais le choix méthodologique a un effet non seulement sur les résultats et les conclusions que l'on peut en tirer, mais aussi sur l'orientation des études et l'acquisition des connaissances par la suite.

Le *Zeitgeist* du début du XXe siècle s'intéressait surtout à une méthode scientifique empirique où les faits observables devaient être étudiés. Comme Anderson (1985), chercheur cognitiviste réputé, le résume, « le climat intellectuel aux États-Unis d'Amérique n'était pas prêt à accepter une psychologie s'intéressant aux questions concernant l'origine sensorielle ou non du contenu de la conscience » (p. 6). L'époque était prête à écouter les perspectives pratiques développées par Watson. Il véhiculait dans les médias que la psychologie pourrait contribuer à changer le monde (Roulin, 2006).

Dans les pas de Watson, Thorndike s'intéressa aux capacités des organismes à apprendre. Il est à noter que son approche, comme celle de Watson, n'a pas intégré les capacités mentales non observables. Ses travaux se concentrèrent sur les animaux, surtout les chats. Malgré lui, ses travaux nous renseignent beaucoup sur les processus mentaux impliqués dans l'apprentissage. Grâce à ses travaux nous voyons apparaître aussi la nature des associations faites entre les différents concepts (nous en reparlerons plus loin).

Thorndike a développé en 1898 deux lois, la première sur le fait que les apprentissages sont renforcés par la pratique et la seconde appelée « loi de l'effet ». Cette dernière fut critiquée car elle mettait en avant qu'une situation satisfaisante renforçait une connexion. La notion de satisfaction faisant appel à une expérience subjective, elle ne pouvait pas convenir à l'école des comportementalistes. Nous reviendrons sur les travaux de Thorndike plus loin.

Anderson (1985) s'est demandé comment il était possible que les comportementalistes aient pu se permettre de ne pas se pencher sur ces questions, sur l'étude des cognitions. Nous pouvons penser que Watson et Thorndike avaient conscience d'un phénomène qu'ils ne pouvaient pas expliquer (les processus mentaux non observables) et que, pour ne pas être bloqué, ils les avaient mis entre parenthèses afin de poursuivre leurs travaux. Cette idée sera reprise sous le concept de la « boîte noire » telle qu'imaginée par Cauer.

La boîte noire de Cauer

Le concept de « la boîte noire » est attribué à Wilhelm Cauer (Cauer, Mathis et Pauli, 2000) pendant les années 1940. La boîte noire a été imaginée pour tenir compte des processus mentaux observés par les cognitivistes (par exemple l'encodage en mémoire d'un mot) mais qu'ils ne parvenaient pas à expliciter. Entre l'arrivée d'une perception ou d'une sensation et la production d'une pensée ou d'un comportement il existait une opération impossible à décrire. Cette opération était mise dans « la boîte noire » pour rendre compte de son existence sans pour autant pouvoir l'expliquer.

La plupart des historiens de la psychologie s'accordent pour dire que cette notion était implicite dans les travaux des comportementalistes entre 1900-1950. En fait, ces chercheurs étaient conscients de l'existence d'une opération mentale impliquée dans le comportement, mais, encore une fois, ils ne disposaient pas d'une approche ni de moyens technologiques qui puissent le prendre en compte.

Comme nous le verrons, le comportementalisme apporte des connaissances utiles et fascinantes aux TCC, mais toujours avec des limites importantes. Le comportementalisme peut effectivement nous aider à comprendre en partie l'être humain, mais les remarques d'Anderson sont valides : sans cognition, il est difficile de dresser un profil complet de l'homme. Nous ajoutons qu'il serait encore plus difficile de concevoir un moyen de traitement psychothérapeutique adapté sans abord cognitif.

3.4 La naissance de la psychanalyse

Puisque cette nouvelle science, la psychologie, était un vaste monde à découvrir, il n'est pas étonnant que plusieurs approches soient nées plus ou moins en même temps. Alors que les structuralistes cherchaient désespérément à comprendre la conscience par l'introspection, et pendant que les fonctionnalistes mettaient l'accent sur l'adaptation de l'expérience humaine, un jeune médecin autrichien, Sigmund Freud, travaillait, dans son laboratoire, sous la tutelle d'un professeur de physiologie. Ce jeune médecin, qui travaillait avec Ernst Brücke sur la structure du système nerveux, s'intéressait surtout au lien entre la physiologie et l'expérience de l'être humain. Pendant ses études, Freud eut la chance d'être accepté dans le laboratoire de Jean Charcot à l'hôpital de La Salpêtrière à Paris, où il put être le témoin de la relation entre physiologie et *psyché*.

Freud cherchait une approche nouvelle de la conscience de l'être humain. Son travail avec Charcot l'amena à considérer que des problèmes apparemment organiques n'avaient pas d'origine organique. Dans ces premiers cas célèbres, Freud a attribué la manifestation d'un trouble organique à l'hystérie : un trouble psychologique de base ayant pour manifestation la perte d'une fonction physiologique. Cette approche a amené un changement radical dans les tentatives de compréhension du fonctionnement mental et de l'inconscient en passant d'une recherche d'un inconscient organique ou biologique (introduit par Herbart, Wundt ou Ribot) à un inconscient psychologique (Patte, 2009).

L'histoire de l'approche freudienne est longue, et nous irons directement à ce qui nous intéresse : Breuer et Freud ont été les premiers à proposer des soins par le biais de la parole pour les individus souffrant de troubles non organiques. Cette « thérapie par la parole » représente la naissance de la psychothérapie.

Comme Swendsen et Blatier (1996) le soulignent, Freud a proposé une théorie de la personnalité qui formait non seulement la base d'une nosographie pour son époque, mais aussi un étayage pour la psychothérapie.

Pour Ellis et Abrams (2009), la découverte de la psychanalyse est considérée comme le premier modèle exhaustif proposé pour comprendre la personnalité de l'être humain. Même si de nos jours l'approche psychanalytique pose de nombreuses questions quant à son bien-fondé sur le plan thérapeutique, il faut reconnaître l'importance et l'impact que la psychanalyse a eu pour la psychologie.

L'étude de la personnalité, d'abord par les freudiens, puis par les néo-freudiens, est demeurée pendant longtemps le domaine où les approches en psychothérapie trouvaient une base théorique. Nous verrons plus loin que l'approche freudienne a étayé, au moins en partie, toutes les approches en psychothérapie, même la psychothérapie comportementale et cognitive.

Même si les approches ne se ressemblent plus beaucoup (et, là encore, nous pourrions en discuter) ; l'approche psychanalytique n'a pas seulement posé une base pour la psychothérapie, mais aussi pour les TCC. Tout comme la psychanalyse a bénéficié des approches antérieures pour émerger, son apport sur la personnalité a aidé, avec le comportementalisme et la psychologie cognitive, à la conceptualisation des TCC modernes.

3.5 L'apparition de la psychologie cognitive

L'histoire de la psychologie cognitive prend appui sur deux réalités. La première est que toute approche en psychologie est, finalement, cognitive.

Les questionnements des philosophes, les postulats des associationnistes, les recherches par l'introspection concernaient la psychologie cognitive. En effet, dès lors que nous utilisons nos capacités cognitives (l'ensemble des processus utilisant nos pensées, que ce soit au travers de la mémoire, de la réflexion ou de tout autre processus qui utilise les pensées), nous nous retrouvons dans le champ de la psychologie cognitive. Les approches des psychanalystes reposaient sur les capacités de réfléchir et de parler de son expérience intérieure qui relèvent, elles aussi, de mécanismes cognitifs.

La seconde réalité est que l'étude de la psychologie cognitive n'a été, réellement, mise en exergue que vers les années 1930 et, là encore, la véritable science cognitive n'a pris son envol que dans les années 1950. Anderson (1985) propose trois grandes influences pour l'élaboration de la psychologie cognitive, toutes faisant partie du même *Zeitgeist*.

« Cognition » d'après Neisser (1968)

Neisser fut à l'origine du premier ouvrage portant le titre de « psychologie cognitive ». Il définit que la cognition concerne tous les processus par lesquels une information sensorielle sera transformée, réduite, élaborée, stockée, récupérée et utilisée (Roulin, 2006). Pour lui, la cognition intègre tous les phénomènes psychologiques (sensation, perception, imagerie…) et elle est sous-tendue par des événements neuronaux spécifiques.

La première influence fut la Seconde Guerre mondiale et les grands changements liés au recrutement des soldats. L'importance de s'assurer des capacités des hommes à affronter la situation de guerre demandait que l'on comprenne mieux le fonctionnement cognitif de l'être humain.

La deuxième grande influence fut l'approche du traitement de l'information. C'est aussi au cours de la Seconde Guerre mondiale que les technologies ont été largement développées pour la guerre, et par la suite pour l'expansion commerciale de la fin des années 1940 et du début des années 1950. L'arrivée de l'ordinateur et des travaux sur l'intelligence artificielle ont donné lieu à un essor considérable pour mieux comprendre le fonctionnement psychique humain, même si celui-ci ne pouvait pas être identifié complètement à la machine. C'est le modèle de l'ordinateur qui fut alors utilisé de façon métaphorique pour expliquer les mécanismes cognitifs.

La troisième grande influence fut la linguistique, en particulier par les intéressants travaux de Noam Chomsky. La compréhension du modèle cognitif a permis de mieux comprendre le langage, son développement ainsi que sa production orale et écrite.

Cependant, avant que la psychologie cognitive ne soit considérée comme un domaine à part entière en psychologie, plusieurs auteurs vont contribuer à sa conceptualisation.

Il ne faut pas négliger la participation importante de Jean Piaget, qui s'intéressa à la construction des compétences cognitives au cours du développement, et ceci à partir de 1920. Influencé par les structuralistes, Piaget a étudié les structures cognitives selon leurs composants et, ce, en fonction de l'âge. Sa théorie du développement cognitif est toujours largement acceptée, malgré les quelques difficultés de conceptualisation de ces notions complexes.

En outre, un grand nombre de concepts provenant de la psychologie cognitive ont eu une grande influence sur les personnes qui étudiaient l'apprentissage à la même période. Nous avons déjà évoqué Thorndike ; puis Tolman et Bandura ont contribué à la compréhension de l'apprentissage, avec surtout un intérêt pour les cognitions. Nous en parlerons plus en profondeur plus loin avec leurs contributions spécifiques et importantes pour les TCC.

Pour l'instant, il faut noter que la psychologie cognitive a amené plusieurs concepts ayant un lien plus ou moins direct avec les TCC : le développement de la notion de cognition, les bases neurologiques des cognitions, la perception et l'attention, la représentation mentale des perceptions et des connaissances, la mémoire, le traitement des informations, la résolution de problèmes et le raisonnement.

4. La psychothérapie

Même si les structuralistes ont buté contre les vicissitudes de l'introspection, Freud et Breuer furent les premiers à développer une approche thérapeutique fondée sur la parole et les capacités réflectives du patient. L'expansion économique de la fin du XIXe siècle a permis, paradoxalement, aux individus les plus riches d'exprimer un mal-être et de chercher à le comprendre. Ce sont ces individus qui étaient pris en charge, en grand nombre, par Freud et ses adeptes. Une mouvance semblable s'est développée pendant les années 1950, juste après la Seconde Guerre mondiale, période d'une grande expansion économique, où les suivis en psychothérapie ont connu une croissance fulgurante : se trouver « en analyse » psychologique était très à la mode à l'époque. Et ce n'est donc pas un hasard si la vague des TCC est aussi née à cette époque d'une recherche de compréhension de soi.

La Première Guerre mondiale avait mis l'accent, pour la première fois, sur les dangers possibles de la guerre sur la *psyché* à partir de l'expérience des soldats. L'état de stress post-traumatique a été repéré et pris au sérieux pour la première fois. L'approche psychothérapeutique de l'époque de type freudienne permit d'apporter des soins à la souffrance de ces individus.

De la même manière, la Seconde Guerre mondiale et les prises en charge des traumatismes de guerre amenèrent à développer d'autres approches psychologiques. L'approche des TCC se développa en partie grâce à la recherche d'une prise en charge psychothérapeutique plus efficace (Barker, Pistrang et Elliot, 2002).

La psychothérapie trouva maintes raisons d'exister et de se développer. Corey (1991) propose trois « vagues » correspondant à l'évolution des psychothérapies au cours du XIXe siècle : la psychanalyse, les thérapies comportementales et cognitives et les thérapies humanistes/existentielles. Swendsen et Blatier (1996) soulignent que cette évolution a été influencée non seulement par des améliorations et des ajouts à chaque orientation thérapeutique, mais surtout par une concurrence théorique fondée sur la publication des études et sur l'efficacité des traitements thérapeutiques. Ces auteurs notent également que les approches psychanalytiques ne se prêtent pas facilement à l'étude empirique et qu'elles ont donc été sévèrement critiquées parce que leur efficacité était difficile à démontrer (Swendsen et Blatier, 1996).

Nous avons parlé plus haut de l'approche empirique et de son importance pour le développement et le progrès pour tout domaine scientifique. Les TCC se prêtent plus facilement à une étude empirique, tout en soulignant les limites imposées par cette approche pour étudier l'efficacité des soins en psychothérapie. Callahan (2012) et Chapelle (2013) plaident justement dans le sens de concevoir, élaborer et mettre en place des études qui pourraient à la fois valider les apports de l'approche des TCC mais aussi identifier les éléments souvent peu étudiés à cause du *Zeitgeist* actuel, qui favorise les études randomisées (qui privilégient, elles, une validité interne plus élevée). En étudiant de plus près la réalité clinique, nous pourrions mieux comprendre les objets de recherche à développer pour l'avenir ; nous en parlerons davantage dans le dernier chapitre de cet ouvrage.

Conclusion

Nous avons commencé ce chapitre en parlant de la notion de *Zeitgeist* – terme mieux connu dans le domaine de la philosophie. Le *Zeitgeist*, l'esprit d'une époque, participe au progrès dans tous les domaines. Les éléments sociaux, économiques, scientifiques... s'influencent mutuellement et façonnent le *Zeitgeist*. Il est parfois difficile de se rendre compte du poids du *Zeitgeist* à une époque donnée ; c'est pourquoi nous avons souhaité commencer ainsi pour bien replacer les TCC dans leur contexte historique.

La psychologie, qui est une science actuellement largement acceptée dans le monde entier, a connu une évolution importante ces cent cinquante dernières années. Pour ce qui concerne la compréhension des TCC, la notion d'association, évoquée dans les lois établies par Aristote, est un élément clé pour le thème de ce livre. Nous pouvons donc faire remonter les origines de la psychologie moderne à la philosophie antique.

Il est important de noter que les paradigmes qui ont guidé l'évolution en psychologie ont évolué eux-mêmes. Partant du structuralisme, où la physiologie et les différences interindividuelles et individuelles étaient des objets d'étude, nous sommes allés vers d'autres paradigmes. En effet, le fonctionnalisme, fondé sur la découverte de l'évolution, a poussé la psychologie vers un modèle fondé sur l'adaptation de l'être humain à son environnement. Le comportementalisme est né au sein du fonctionnalisme, intégrant des notions d'associationnisme évoquées par Pavlov et Watson, parmi d'autres.

Le cognitivisme, quant à lui, n'a vu le jour que bien plus tard. Cette latence est due en partie à la difficulté d'étudier et de comprendre les mécanismes sous-jacents, ainsi qu'au *Zeitgeist* lui-même. En effet, l'étude de la cognition est arrivée plus tard, car son besoin ne s'est fait sentir qu'après et « grâce » à la Première Guerre mondiale. Elle ne s'est vraiment ancrée dans la psychologie qu'environ vingt ans plus tard.

Les TCC ont été influencées par chacun de ces paradigmes et en comportent d'ailleurs encore les traces.

En parallèle à cette naissance et à cette évolution de la psychologie générale, la psychologie clinique, traitant de la détresse de l'être humain, est née. Avec l'apport de chaque paradigme, ce domaine de la psychologie a lui aussi connu une évolution qui tient au *Zeitgeist*. La découverte de l'approche psychanalytique a connu un succès important à l'époque car elle a proposé des moyens pour comprendre et traiter la psychopathologie des soldats traumatisés lors de la Première Guerre mondiale.

L'évolution et les découvertes en psychologie depuis ces cent cinquante dernières années ont également logiquement transformé la psychologie clinique. Il a souvent été reproché aux TCC de constituer une approche trop récente, axée sur les comportements mais ignorant l'être humain lui-même. Pourtant, en retraçant l'évolution de la psychologie, nous voyons apparaître les TCC dès le début de la psychologie.

Nous sommes persuadés que c'est la riche histoire de la psychologie qui a nourri les TCC.

Chapitre 2

Les influences théoriques importantes du XXe siècle

Sommaire

Ce deuxième chapitre présente les notions théoriques des cent dernières années qui ont contribué à l'émergence des TCC. Nous nous attarderons sur certains concepts élaborés pendant cette période ; d'une part, pour les présenter dans leur contexte original, et, d'autre part, afin de souligner l'importance, dans l'approche cognitivo-comportementale, de ces concepts, qui sont encore valides de nos jours.

Ils sont souvent oubliés par la recherche, l'enseignement, et la prise en charge clinique mais c'est bien grâce à leur existence que les TCC perdurent. Nous sommes convaincus que l'origine théorique peut nous aider à mieux saisir une approche thérapeutique et à la mettre plus facilement en œuvre.

Nous avons insisté dans le chapitre précédent sur le courant de l'associationnisme. Nous avons vu son importance d'un point de vue philosophique et nous verrons dans le chapitre suivant le processus d'association mis en œuvre dans le conditionnement et l'apprentissage.

Avant d'aborder les principaux auteurs et leurs travaux dans ce courant nous présenterons les travaux de Pavlov. Si celui-ci ne peut pas être classé dans l'une de ces grandes familles de la psychologie, ses travaux vont cependant être un point de départ à la compréhension de l'apprentissage.

Dans ce chapitre nous nous concentrerons donc surtout sur les théories d'apprentissage ayant un paradigme principalement fonctionnaliste, comportementaliste ou cognitiviste. Le plus souvent, ces modèles ont été élaborés à partir d'expériences sur les animaux et extrapolés pour éclairer le fonctionnement humain.

1. Ivan Pavlov (1849-1936)

La théorie de Pavlov est souvent décrite comme une théorie d'apprentissage associationniste ayant eu une influence directe sur les théories de John Watson, d'Edwin Guthrie et de William Estes.

Yvan Pavlov était surtout un physiologiste qui s'intéressait aux sécrétions digestives chez le chien. C'est fortuitement qu'il a pris conscience d'un mécanisme d'apprentissage en se rendant compte du comportement des chiens quand il leur apportait à manger.

Alors qu'il étudiait les sécrétions digestives chez le chien, il a établi l'existence d'un conditionnement qui amène le chien à saliver indépendamment de la présence de nourriture. Il a déterminé qu'un stimulus inconditionnel (SI), c'est-à-dire apporter de la nourriture, produisait de manière réflexe une réponse inconditionnelle (RI) : le processus de salivation de l'animal.

Dans l'esprit de Pavlov, l'animal salive de façon innée devant de la nourriture, d'où la notion d'inconditionnel, pour l'opposer à la notion de condition, comme nous allons le voir.

Dans le cas de l'expérimentation chez le chien, le fait d'amener à un chien affamé de la nourriture entraîne toujours une salivation. Il n'y a donc pas de « condition » pour que se réalise la réponse (salivation) lors de ce stimulus (nourriture). Un stimulus neutre (SN) est, dans cette expérimentation, un stimulus qui ne provoque pas de salivation (un son de cloche n'entraîne pas de salivation par lui-même). Mais, si de manière répétée, ce stimulus neutre (son de cloche) est émis juste avant le stimulus inconditionnel (nourriture), l'animal continuera à répondre au stimulus inconditionnel (apport de nourriture) par de la salivation (réponse inconditionnelle) et il associera le son de cloche à l'arrivée de nourriture.

À force de répétition le stimulus initialement neutre (le son de la cloche) devient un stimulus conditionnel (SC ; il va conditionner une réponse) et la réponse (le fait de saliver) devient donc une réponse conditionnelle (RC) ; en effet l'animal finit par saliver simplement en entendant le son de la cloche, et ce indépendamment du fait que de la nourriture soit amenée. Il y a donc eu un apprentissage par conditionnement.

Clément (2013) évoque la notion de l'apprentissage dit « non associatif » et nous en parlerons d'avantage sous cet angle de conditionnement, surtout classique. Mais il faut retenir que, pour la plupart, l'apprentissage (surtout chez l'être humain) implique un processus d'association et ce, à plusieurs niveaux : physiologique, émotionnel, symbolique et cognitif, pour n'en nommer que quelques-uns.

SI : stimulus inconditionnel.

RI : réponse inconditionnelle.

SN : stimulus neutre.

SC : stimulus conditionnel.

RC : réponse conditionnelle.

Premier temps

SI (apport de nourriture) ——————→ RI (salivation)

Deuxième temps

SN (son de cloche) ——————→ pas de réponse spécifique

Troisième temps

SN (son de cloche juste avant le SI) + SI (nourriture) → RI (salivation)

(répétition de l'association des deux stimulus)

Quatrième temps

Le stimulus neutre a été associé au stimulus inconditionnel lors de la troisième étape. Le stimulus neutre entraîne alors la réponse attendue pour le stimulus inconditionnel, c'est-à-dire une salivation en absence de la présence de nourriture. Alors, le stimulus neutre est dit stimulus conditionnel et la réponse devient une réponse conditionnelle.

SC (son de cloche) ——————→ RC (salivation)

Figure 2.1 – Schéma de fonctionnement du conditionnement de type Pavlov ou classique

2. L'apprentissage : les grandes théories

L'approche fonctionnaliste, abordée précédemment, a surtout cherché à comprendre en quoi l'apprentissage pouvait aider l'individu à trouver une adaptation optimale à son environnement. Hergenhahn (1982) souligne que, malgré les différences trouvées entre les théories, il existe un élément de base commun : « l'utilité de la conscience et du comportement en s'adaptant à l'environnement ».

Ce sont William James et par la suite John Dewey, qui, parmi d'autres, ont avancé que la conscience ne pouvait pas se réduire à des éléments isolés mais devait être comprise comme un moyen qui aide l'individu à s'adapter, de manière dynamique, à son environnement.

Dewey (1896) avait mis en avant l'idée que la vocation de la psychologie était de comprendre le comportement dans le contexte de l'environnement où il s'était produit. L'idée n'était plus de chercher à comprendre comment se structuraient les pensées mais celle d'en voir l'utilité fonctionnelle dans une adaptation de l'individu à son environnement. Le fonctionnalisme rompait radicalement avec l'approche structuraliste. Il fut évident pour les scientifiques que, malgré le désir de développer un travail empirique semblable à celui appliqué en sciences naturelles, l'étude de l'être humain serait complexe. Le fonctionnalisme a donc choisi de ne pas tenir compte des variables « parasites » telles que la pensée et autres variables difficiles à observer. Cependant, ce choix n'était pas motivé par la croyance que de telles variables n'existent pas, seulement par le constat qu'il serait difficile d'en rendre compte dans un modèle théorique.

2.1 Les fonctionnalistes

Parmi les scientifiques le plus souvent cités dans l'approche fonctionnaliste en psychologie, nous retrouvons Thorndike, Skinner, Hull et Spence.

Edward Lee Thorndike (1874-1949)

Hergenhahn présente Thorndike comme étant probablement le scientifique le plus important dans le domaine de l'apprentissage (1982). Thorndike cherchait surtout à comprendre l'apprentissage afin d'influencer les pratiques éducatives scolaires. Ses travaux se sont centrés en grande partie sur l'étude des animaux et se sont étendus aux êtres humains. Il a réalisé une production scientifique impressionnante (plus de cinq cents articles à son décès en 1949). Il s'est intéressé à l'apprentissage sous plusieurs angles et ses découvertes ont permis la définition d'un bon nombre de notions. Parmi celles-ci, nous retrouvons le concept de *connectionnism*, que nous pouvons traduire en français par « connexionnisme » dans le sens d'une connexion entre les différents éléments de la relation stimulus-réponse (même si cette notion n'allait apparaître que plus tardivement). Thorndike a défini le connexionnisme comme étant une association entre la sensation, la perception, et les réponses de l'individu générées par celles-ci. La réponse d'un individu face à une situation (qui apparaît comme un stimulus) va dépendre de la force de connexion entre ce stimulus et la réponse. Cette connexion n'étant dépendante que du comportement et non de processus cognitifs.

Thorndike était guidé par l'idée que l'apprentissage n'était pas influencé par les idées (autrement dit, la cognition). Pour lui, il s'agissait surtout d'un processus direct impliquant l'élaboration de connexions directes sans faire appel au raisonnement ou à des processus cognitifs. Ce raisonnement reposait sur un principe de parcimonie : si l'apprentissage nécessitait des telles variables médiatrices (les processus cognitifs), le processus d'apprentissage serait inconcevable compte tenu de l'état de l'art de la période. Thorndike a appuyé cette croyance en avançant que le raisonnement – qu'il soit émis par un chat, par un rat ou par un être humain – ne serait pas un élément essentiel pour l'apprentissage car la connexion établie se fait de manière directe entre le comportement face à un stimulus et les conséquences de ce comportement.

Il est difficile de savoir pourquoi les cognitions furent si facilement écartées du processus de l'apprentissage par Thorndike, surtout parce que son idée de base, le connexionnisme, proposait justement des liens entre différentes variables émanant de l'individu.

Nous pouvons mieux comprendre son manque d'intérêt pour la cognition en observant que son modèle de processus d'apprentissage se fait par incréments. Selon Thorndike, on ne pouvait pas arriver à un apprentissage par le biais de la perspicacité *(insight)* car ce processus dépendait d'étapes progressives amenant à un résultat « final » d'apprentissage.

À partir de cette conception sur les connexions entre ces éléments, Thorndike a élaboré un autre concept clé : l'apprentissage par essais et erreurs. C'est au travers d'expériences sur des animaux dans « les cages à problème » qu'il a déterminé que l'animal allait découvrir après des démarches infructueuses la bonne solution face à un problème et ensuite renforcer ce comportement.

Il s'agit donc d'un apprentissage « par essais et erreurs » permettant de sélectionner le comportement adapté. Thorndike a étendu cette idée au fonctionnement humain. L'individu face à une situation va tenter de trouver des réponses ou des solutions jusqu'à ce qu'il en trouve une qui permette d'apporter un bénéfice. Ce processus d'apprentissage par essais et erreurs permet à l'individu de sélectionner et de développer un comportement plus qu'un autre en fonction de l'adaptation recherchée. La performance va ensuite s'améliorer avec la reproduction des essais.

L'expérience de la boîte à problème de Thorndike

Dans cette expérience, Thorndike va placer un chat affamé dans une boîte équipée d'un mécanisme d'ouverture permettant d'accéder à de la nourriture. Il observe les comportements mis en place par l'animal. L'animal développe initialement des comportements inadaptés à la situation (il miaule, se frotte à la paroi, se dresse sur ses pattes) et il finit par hasard à mettre en place un comportement qui entraîne l'ouverture de la cage et l'accès à la nourriture. Par la répétition des essais, l'animal comprend ensuite de plus en plus vite le comportement adapté pour sortir de la cage. En parallèle les comportements inadaptés ont tendance à disparaître. Thorndike détermine qu'il y a un apprentissage graduel avec sélection du comportement adapté. Il considère qu'une connexion de plus en plus forte s'est établie entre la situation et la réponse adaptée.

Après un bon nombre d'expérimentations et de découvertes, Thorndike a élaboré des lois d'apprentissage. Ces lois lui ont permis de proposer une structure au processus d'apprentissage, mais il s'est rendu compte en poursuivant ses expériences que certaines lois devaient être modifiées, voire écartées. Nous retrouvons une transformation claire dans sa théorie qu'il confirme lors d'une présentation en 1929, lorsque, devant un congrès de psychologie à New Haven, il confesse : « J'ai eu tort » (Hergenhahn, 1982). Alors que toutes les lois qu'il avait proposées n'allaient pas être modifiées après cette déclaration, les lois de Thorndike sont présentées comme celles d'avant ou d'après 1930. Parmi les lois qui sont restées plutôt inchangées, nous retrouvons la loi de l'empressement. Hergenhahn (1982) l'a reprise et l'a rendue plus lisible en la résumant ainsi :

1) Quand l'individu est prêt à agir, le fait d'agir est satisfaisant.
2) Quand l'individu est prêt à agir, le fait d'en être empêché est frustrant.
3) Quand l'individu n'est pas prêt à agir, l'obligation d'agir est frustrante (p. 64).

Du point de vue fonctionnaliste, nous retrouvons la frustration et la satisfaction – découlant de l'action – qui sont essentielles pour l'adaptation de l'individu. Comme nous l'avons vu, c'est par la résultante d'un comportement que celui-ci va être renforcé ou au contraire se réduire. Nous retrouvons les bases mêmes de l'entretien motivationnel, tant utilisé en TCC de nos jours dans les prises en charge d'addiction, dans cette loi élaborée par Thorndike.

La loi d'empressement et son application dans l'arrêt des addictions

Dans la loi de l'empressement, Thorndike considère que selon que l'individu est prêt ou non à agir, il y aura une résultante qui sera de la satisfaction ou de la frustration. Nous retrouvons ce type de fonctionnement dans le travail thérapeutique pour aider les patients à stopper leur addiction. Si l'individu s'y sent prêt, le fait de décider de stopper cette dépendance va générer chez lui un sentiment de satisfaction (ce qui favorisera le maintien de l'arrêt). Le travail du thérapeute sera de renforcer le patient dans les bénéfices que cela lui apportera d'avoir stoppé. Si l'individu n'est pas prêt à stopper son addiction et qu'il y est forcé, cela déclenchera une frustration. Cette frustration agira secondairement pour favoriser soit l'échec de l'arrêt soit la rechute. Dans l'approche thérapeutique, au travers des entretiens motivationnels, le thérapeute tient compte de la non-adhésion du patient à stopper sa dépendance et ne cherchera pas à le forcer à stopper (car il y aura un risque de résistance, voire de réactance) et développera au contraire une alliance thérapeutique pour travailler sur la préparation à agir de façon différente face à la dépendance.

Les deux lois importantes qui ont changé après 1930 sont la loi d'exercice et la loi d'effet.

La loi d'exercice dans sa conceptualisation originale considérait que la connexion entre un stimulus et une réponse était renforcée selon la fréquence avec laquelle elle était utilisée. Autrement dit, la pratique renforce l'intensité de la connexion et, inversement, le non-usage entraîne un affaiblissement de cette connexion. Or, après 1930, Thorndike s'est rendu compte que, même si la pratique pouvait renforcer une connexion, ce n'était pas la seule variable pour consolider celle-ci, ni la variable la plus importante. Il a écarté l'idée que le non-usage d'un comportement (ou une pratique) puisse avoir pour résultat l'affaiblissement de la connexion et nous verrons ultérieurement qu'il avait raison à différents niveaux.

La loi de l'effet fut élaborée afin d'expliquer la relation entre les conséquences d'une réponse et le renforcement ou l'affaiblissement d'une connexion. Ainsi, la loi de l'effet posait, avant 1930, une connexion renforcée si les conséquences étaient perçues comme satisfaisantes pour l'individu, et affaiblie si les conséquences étaient perçues comme désagréables. Autrement dit, une réponse dans laquelle l'individu perçoit un bénéfice aurait plus de chance d'entraîner une répétition, alors qu'une réponse entraînant un désagrément générerait moins de répétitions. Nous voyons d'emblée la naissance du principe du renforcement dans le conditionnement opérant (selon Skinner) qui sera étudié de manière approfondie plus loin.

Cependant, l'élaboration de la loi de l'effet et sa reformulation après 1930 ouvriront des réflexions sur la complexité de l'apprentissage du comportement humain. C'est notamment l'effet des conséquences négatives sur le maintien ou non des connexions qui sera mis au jour.

Thorndike a touché du doigt la notion de « renforcement positif » avec sa loi d'effet, mais il a dû se rendre compte que le renforcement négatif, ou encore la punition, n'étaient pas si simples à comprendre dans le cadre de l'apprentissage selon leurs effets sur la connexion (c'est Skinner qui saisira le mieux les nuances entre renforcement et apprentissage ; nous aborderons plus loin ces notions de renforcement positif ou négatif et de punition).

Thorndike a élaboré des concepts clés pour comprendre non seulement l'apprentissage de base mais aussi les idées impliquées dans l'élaboration des théories plutôt cognitivistes. Une notion est celle de *set* (terme anglais) qui signifie que l'individu est prêt à apprendre. Thorndike décrit cette notion de *set* comme les aptitudes et les capacités de l'individu à s'adapter à la situation d'apprentissage. La « condition » (physique et psychique) de l'individu amènerait donc à un état qui le prépare, ou non, à l'apprentissage (Hergenhan, 1982 ; Thorndike, 1913).

Ready, set, go !

En langue anglaise, lors d'une compétition sportive, les Américains vont dire : *Ready, set, go!*, en langue française : « À vos marques, prêt, partez ! » Le mot *set* pour Thorndike représente la notion d'être prêt pour un nouvel apprentissage.

Enfin, une dernière notion de Thorndike que nous souhaitons présenter est celle de la « diffusion de l'effet » *(spread of effect)*. Cette notion suggère que quand l'individu ressent de la satisfaction lors d'un apprentissage, cela augmente ses chances de réussir un apprentissage similaire. Il y a une diffusion du bénéfice d'un apprentissage pour le développement d'autres apprentissages. Autrement dit, le succès d'un apprentissage et la satisfaction que l'individu en retire auront un effet sur les apprentissages ultérieurs.

Thorndike propose non seulement des fondements clairs pour comprendre le conditionnement opérant et des notions proches, mais surtout il établit des bases pour l'élaboration des travaux de Skinner et des autres. Thorndike était le premier à avancer sur la qualité associative du processus d'apprentissage, et ce de manière empirique.

Burrhus Frederic Skinner (1904-1990)

Une partie importante sera consacrée aux concepts et notions élaborés par Skinner en matière de conditionnement opérant ultérieurement. Nous allons présenter ici surtout son cadre théorique et l'apport de ce cadre au domaine de l'apprentissage, et par la suite aux TCC.

Skinner est l'un des scientifiques qui a eu une grande influence sur la psychologie en général. Ses travaux se sont appuyés non seulement sur l'élaboration théorique et conceptuelle de l'étude du comportement, mais ont aussi proposé des moyens concrets pour réaliser cette étude.

Pour réaliser ses travaux, Skinner a dû mettre en place un cadre expérimental strict pour comprendre le comportement et pour que cela ne soit pas contestable. Il a notamment conçu un appareil pour étudier l'apprentissage et le comportement des animaux, que nous appelerons la « boîte de Skinner ». Parallèlement, il a conçu un enregistrement cumulatif des réponses afin de pouvoir analyser avec finesse la manifestation du comportement en lien avec d'autres variables.

Une contribution majeure de Skinner a été la conceptualisation et l'étude de ce qui sera appelé le conditionnement opérant. À la suite de la découverte des premiers travaux sur le conditionnement classique (Pavlov et Watson), Skinner a avancé que celui-ci n'était pas le processus qui gouvernait l'apprentissage de la plupart des comportements chez l'être humain. Pour lui, le comportement est élaboré et répété car les conséquences positives obtenues à la suite de ce comportement le renforcent. Par exemple, un rat apprendra à appuyer sur un levier dans sa cage afin d'avoir de la nourriture. Le comportement (appuyer sur un levier) suivi par une conséquence (nourriture) sera renforcé car la conséquence est positive pour lui. Il s'agit d'une réponse « opérante » pour Skinner car elle a l'effet d'opérer sur l'environnement.

Comme Skinner (1953) le souligne, le conditionnement opérant vise une fonctionnalité optimale de la réponse. Skinner a insisté sur le fait qu'un renforçateur était « toute chose » qui augmente les chances que le comportement souhaité se manifeste. Il faut considérer que le renforcement pourra être positif ou négatif.

En reprenant l'exemple du rat placé dans la boîte de Skinner, le fait d'appuyer sur le levier pour obtenir de la nourriture va être un renforcement positif (car cela apporte quelque chose de souhaité). Maintenant, si nous plaçons le rat dans une cage électrifiée et que le fait d'appuyer sur le levier stoppe les décharges électriques nous pouvons parler de renforcement négatif (cela permet d'enlever quelque chose qui n'est pas souhaité). Mais le renforcement agit de la même manière : la possibilité que cette réponse soit répétée sera garantie par des conséquences renforçatrices.

La boîte de Skinner

Skinner a créé une boîte contenant un levier permettant d'obtenir de la nourriture quand l'animal appuie dessus. Il place un rat affamé à l'intérieur. Le comportement exploratoire de l'animal l'amène à appuyer par hasard sur le levier. Il obtient alors un morceau de viande. L'arrivée du morceau de viande est un agent renforçateur (du comportement). L'acquisition de ce comportement (appuyer sur le levier pour obtenir de la nourriture) ne se fait pas grâce à un seul essai. Comme le définit la « loi de l'effet » de Thorndike, c'est par la répétition de ces essais que l'animal va développer ce comportement. Progressivement, l'animal intégrera que c'est le comportement d'appuyer sur le levier et lui seul (pas tous les autres comportements présents initialement) qui lui amène de la nourriture. Le levier devient alors le stimulus discriminatif. Des appareils similaires ont été créés pour étudier le comportement et l'effet du renforcement sur ce dernier. Par exemple, la création d'une cage électrifiée. Un animal placé à l'intérieur peut appuyer sur un levier pour interrompre la décharge électrique. Le comportement permet d'empêcher les conséquences négatives. Dans ce cas, le renforcement est dit « négatif ».

Un élément important dans l'élaboration du processus du conditionnement opérant est que la proposition de Skinner ne tient pas compte des raisons qui amènent au choix de ce comportement. Comme Rychlak le souligne (1981), les raisons pour lesquelles le rat appuie sur le levier ne sont pas importantes dans ce processus selon Skinner. Il admet simplement que le comportement arrive. Il ne spécule pas sur les raisons. C'est l'individu lui-même (en l'occurrence le rat) qui détermine ensuite la fonctionnalité de ce comportement.

Dans l'expérience de la boîte de Skinner, le rat va progressivement sélectionner le comportement lui permettant d'obtenir de la nourriture en éliminant tous ceux qui ne sont pas pertinents pour cet objectif. Il y a une sélection des réponses que l'animal apporte à l'environnement qui l'entoure pour obtenir ce qu'il souhaite. Il s'agit donc d'un modèle de réponse et non d'un modèle d'élaboration de connaissances, ce dernier modèle faisant quant à lui intervenir des processus cognitifs. Ainsi, nous voyons bien les distinctions qui s'opèrent entre un modèle comportemental et un autre modèle cognitif.

Skinner a construit ses travaux sur les bases théoriques de Thorndike. Il concevait initialement le comportement et l'apprentissage des comportements comme des éléments simples. Hergenhahn (1982) considère que Skinner, tout comme Thorndike après 1930, a rapidement compris que les effets des conséquences, positives et négatives, ne pouvaient pas se réduire à une relation symétrique. Un comportement qui amène un aspect positif va être renforcé, mais un comportement qui amène un aspect négatif ne va pas pour autant s'arrêter aussi facilement. Ainsi, une conséquence positive augmentera la probabilité d'une réponse répétée mais une conséquence négative ne réduira pas cette probabilité de la même manière. Et c'est là où la complexité de l'être humain peut s'observer, car face aux conséquences négatives, un comportement appris sera très difficile à « désapprendre ».

Au travers de ses travaux sur le comportement, Skinner a développé la notion de « contingences ». Selon lui, les contingences sont définies comme les conditions sous lesquelles un comportement sera relié à des conséquences (Rychlak, 1981).

À partir de toutes ses expériences et observations, Skinner est devenu un expert dans le domaine du comportement humain. Auteur de nombreux ouvrages, il a également influencé beaucoup d'autres écrits, y compris un bon nombre d'écrits sur l'éducation de l'enfant.

Il fut parmi les premiers à comprendre l'utilité et l'efficacité de l'apprentissage « programmé » *(programmed learning)*, processus par lequel l'individu apprend, s'évalue et, à partir de ses évaluations, révise ou progresse plus loin dans son apprentissage. Cette méthode, utile par sa présentation d'auto-apprentissage, permet de rompre rapidement un apprentissage erroné et favorise un apprentissage correct. Le *feed-back* qui lui est inhérent contourne les difficultés présentées par une méthode classique d'essais et d'erreurs.

Cependant, la notion théorique était importante pour Skinner, non seulement pour l'application pratique d'un conditionnement opérant, mais surtout pour un fait concret dans la vie de tous les jours. En effet, ignorer un comportement non désiré est l'une des méthodes les plus efficaces pour réduire les chances qu'il se manifeste à nouveau.

Vers la fin de sa carrière, ses observations et découvertes ont permis à Skinner de mieux comprendre les manifestations du comportement dans la vie de tous les jours. Il a proposé dans un article important (voir encadré) des explications pour mieux comprendre le comportement et les interactions entre les êtres humains selon le contexte.

L'importance des découvertes et des théories de Skinner a permis des applications diverses et pertinentes dans divers domaines de la vie de l'être humain. Skinner est passé progressivement du statut de scientifique à celui de philosophe.

« What is wrong with daily modern life » (1986)

En 1987, vers la fin de sa carrière, Skinner était reconnu non seulement comme un scientifique renommé en psychologie mais aussi comme un philosophe moderne dont les apports avaient une incidence importante dans notre vie quotidienne. Son article « What's wrong with daily life in the Western World? » (1986, *American Psychologist*), a tenté de démontrer en quoi la vie était devenue de moins en moins renforçatrice pour le développement des êtres humains. Il met en avant plusieurs points pour exprimer cette opinion :

- Il considère qu'il existe une aliénation des ouvriers par rapport à leur production et que cette implication au travail est déconnectée d'un sens pour eux. Cela peut donc expliquer d'après lui la perte d'engagement dans le travail.
- Le fait d'aider des personnes financièrement alors que celles-ci pourraient mettre en place des activités pour obtenir de l'argent entraîne un manque d'engagement de ces personnes, ce que l'on appellerait en France l'assistanat.
- Il met en avant que notre société est plus axée sur un processus répressif que sur la mise en place de comportements qui permettraient d'éviter les incivilités. Son idée serait donc de renforcer des comportements qui vont dans le sens d'une citoyenneté.
- Il pense que le maintien des sanctions mises en place par le législateur ou même par les religions n'apporte pas de bénéfices (immédiats ou évidents) pour l'individu. Cela expliquerait le manque d'impact des sanctions sur l'individu et le risque de récidive.
- Il s'inquiète de voir le développement d'activités plutôt passives, n'amenant pas à des réflexions ou à l'éveil de la curiosité (regarder la télévision, participer aux jeux d'argent et informatiques, etc.). Il considère qu'il faut développer des activités plus passionnantes qui vont renforcer l'envie d'un individu de poursuivre le développement de ses connaissances.

Autres théories fonctionnalistes

D'autres noms sont attachés au courant fonctionnaliste et ont poursuivi, en parallèle et par la suite, les travaux de Thorndike et de Skinner. Cependant, ces autres théoriciens, Clark Hull, Kenneth Spence et Abram Amsel, pour n'en nommer que quelques-uns, ne proposent pas d'éléments qui permettent de faire un lien aussi direct avec l'élaboration des TCC. C'est pour cette raison que nous ne les aborderons que brièvement.

Une contribution majeure de Hull fut celle du « cadre référent » (en anglais *frame reference*). Comme Skinner avant lui, Hull a constaté que la relation entre un stimulus et une réponse devait s'observer dans un contexte plus large (Schulz, 1981). Pour Hull, c'est l'adaptation et la survie de l'individu qui définissent ce contexte. Il conçoit le comportement comme la résultante des interactions de l'environnement et de l'organisme. Il utilise une méthode hypothético-déductive pour avancer dans ses travaux de recherche. Cependant, Hull considère qu'il n'est pas possible d'étudier le contexte, comme Skinner qui avait écarté les éléments cognitifs pouvant expliquer ou déterminer le comportement car ils étaient inobservables. Le propre des théories comportementalistes étant de n'aborder que l'observable et d'en proposer des théories.

Nous avons souligné à plusieurs reprises l'entêtement que les premiers comportementalistes ont eu de ne pas aborder les notions inobservables. Le fait que l'étude de la cognition ne soit pas encore avancée pour pouvoir s'intégrer au processus de l'apprentissage explique en partie cette mise à l'écart. Mais nous insistons sur le désir, notamment de Skinner et Hull, de rendre cette science empirique et donc irréfutable.

Hull s'est efforcé de rendre l'élaboration des théories de l'apprentissage beaucoup plus formelle. Pour ce faire, il a conçu un nombre important de postulats qui suivent une logique mathématique relativement rigide. Ces concepts et notions sont notables par leur formalisme mais leur développement ici n'apporterait que peu d'éléments à la compréhension du développement des TCC.

Alors que les théories fondées par Hull, ainsi que celles qui ont suivi, sont intéressantes, elles sont surtout citées car elles ont souligné de manière claire ce qui manquait dans l'approche fonctionnaliste. En effet, tout ne pouvait être expliqué et cette approche amenait à une réponse partielle pour expliquer les comportements. Alors que l'approche fonctionnaliste « hullienne » proposait une structure mathématique et formelle pour comprendre l'apprentissage, ces théories se heurtaient à la réalité : parmi les différentes variables psychologiques indispensables au processus de l'apprentissage, l'analyse de la cognition faisait défaut.

Une autre réalité qui était jusqu'alors mise de côté était la capacité à apprendre sans expérience directe. Pour tous les scientifiques d'orientation fonctionnelle, il était impossible d'apprendre en dehors de la situation où l'apprentissage devait se faire.

Watson et Thorndike sont arrivés à cette conclusion car dans les expériences avec les singes et les chats, un animal placé en tant qu'observateur de l'expérience ne pouvait développer le comportement adapté qu'il pouvait cependant observer. Dans l'expérience de la boîte à problème de Thorndike, le chat qui est placé dans la boîte va acquérir le comportement adapté pour sortir de la cage par le processus d'essais et d'erreurs. Mais un chat observateur de l'expérience faite sur l'un de ses congénères ne va pas acquérir le comportement adapté.

Pour les fonctionnalistes, donc, l'individu (ou l'animal) doit être mis dans la situation pour apprendre. Autrement dit, les théories fonctionnelles ne s'ouvrent pas à la possibilité d'un apprentissage par observation ou par d'autres moyens que l'expérience directe.

Jusqu'à récemment, les théories dites « fonctionnalistes » sont restées relativement hermétiques et isolées dans l'étude de l'apprentissage. Sans l'ajout du versant cognitif, nous voyons clairement que les théories fonctionnelles ne peuvent pas permettre la compréhension de certains apprentissages. Cette double composante nous permettra de mieux comprendre par la suite comment se développent des troubles psychopathologiques et comment les TCC peuvent y répondre.

Nous verrons par la suite que, justement, la « fonctionnalité d'un comportement » n'est pas forcément facile à définir de manière objective. Si nous prenons l'exemple de l'évitement situationnel de patients souffrant de phobie (comme c'est le cas dans l'agoraphobie avec les grands espaces), cet évitement ne semble pas fonctionnel vu de l'extérieur, mais l'individu qui en souffre arrive facilement à justifier son comportement qu'il voit, lui, fonctionnel car cela lui évite d'être angoissé. Apparaît donc une composante renforçatrice. C'est un ensemble de variables diverses (psychologiques, physiologiques), dont certaines restent encore inconnues à nos jours, qui nous aident à comprendre la manifestation d'un tel comportement qui, au regard du thérapeute, ne peut être que dysfonctionnel.

2.2 L'approche cognitiviste dans l'apprentissage

Nous avons évoqué la notion de *Zeitgeist* au premier chapitre, et nous venons de constater l'incapacité des théories fonctionnalistes à rendre compte de l'intégralité d'un apprentissage.

Pour Schultz (1982), une révolution cognitiviste s'est imposée à partir des années 1960. Selon lui, cette révolution a revendiqué l'étude du conscient et son apport global à la psychologie. Nous pouvons effectivement constater que le courant comportementaliste s'est ajusté à cette nécessité.

Avant d'entamer une discussion sur les apports récents, nous allons retracer la découverte de certaines notions des théories d'apprentissage d'orientation plutôt cognitive ; encore une fois, celles ayant une importance directe pour les TCC.

Le gestaltisme

La plupart des textes sur l'histoire de la psychologie, la personnalité et l'apprentissage en psychologie abordent la théorie de la Gestalt. Les noms le plus souvent cités dans cette approche sont : Max Wertheimer, Wolfgang Köhler et Kurt Koffka (Rychlak, 1981).

Gestalt

Le mot Gestalt peut se traduire par la forme, mais aussi dans le sens d'une configuration, d'une structure. Ainsi, *Gestalt-Theorie* pourrait se traduire par « la psychologie de la forme ».

La psychologie a été fondée, au début, sur l'approche physiologique. Cette approche intègre forcément la prise en compte de la sensation et de la perception. Afin de comprendre le contexte de ces processus physiologiques de sensation et de perception, les gestaltistes ont proposé un cadre théorique auquel plusieurs auteurs ont contribué.

La théorie du champ *(field theory)* est attribuée à Kurt Lewin. C'est sur le même modèle que la théorie des champs physiques que Lewin développe son approche. Il définit un champ comme étant un système dynamique avec divers éléments ayant des interrelations complexes (Hergenhahn, 1982). Tout élément faisant partie du système coexiste avec les autres ; aucun ne peut être considéré isolément. Lewin propose que le champ d'un individu se compose de « faits », définis par lui comme étant toute chose qui pourrait avoir un effet sur son comportement – état physique, émotions, souvenirs, etc. Selon lui, l'assemblage de ces faits crée un espace où l'individu ressent les effets positifs ou négatifs sur son comportement. C'est donc la totalité de ces faits qui pèse sur le comportement.

Il faut concevoir ce champ comme un ensemble organisé de régions constituant les différents éléments de l'environnement psychologique d'un individu dont il a l'expérience subjective. La notion de champ va donc intégrer « tous les faits qui ont une réalité pour la personne et exclu[re] tous ceux qui n'en ont pas » (Marrow, 1969). Nous voyons d'emblée l'importance de ce que l'approche gestaltiste va avoir sur les connaissances de l'apprentissage.

Les fonctionnalistes ne prenaient pas en compte toutes ces variables et les gestaltistes ont proposé un cadre pour le faire, défini par le cerveau de l'individu. Alors que dans les théories de Thorndike, de Skinner et des autres fonctionnalistes, nous avons vu à quel point l'individu était considéré comme un acteur « passif », les gestaltistes vont mettre l'accent sur le rôle important du cerveau.

Nous pouvons considérer que les théories fonctionnelles étaient plutôt fondées sur l'expérience directe de l'individu (*nurture* en anglais), alors que celles des gestaltistes étaient plus orientées vers la « nature » de l'individu (surtout ce qui pourrait être apporté par le cerveau et ses fonctions).

Le rôle du cerveau, selon la théorie de la Gestalt, est d'organiser les informations reçues par le biais des sensations et des perceptions. Selon l'organisation et la compréhension de ces informations, l'individu pourra agir. Les gestaltistes ont élaboré un nombre important de lois pour définir cette organisation (prégnance, continuité, proximité, inclusion, similitude, clôture, etc. ; Rychlak, 1981), dont nous proposerons des définitions dans le chapitre suivant. De même, ils ont souligné l'importance de la constance perceptuelle dans le système de perception dont dispose l'individu.

La constance perceptuelle (ou constance de la forme)

La constance perceptuelle est la capacité de l'individu à pouvoir reconnaître des formes, des couleurs et des objets indépendamment de son positionnement, de son éloignement et de sa taille. Cette perception apparaît comme n'étant pas dépendante de la vision de l'objet lui-même mais bien plus de la mémorisation antérieure de cet objet.

Jean Piaget avait constaté que l'enfant intégrait cette constance perceptuelle en apprenant à saisir les objets pour en évaluer la taille et l'éloignement.
Cette constance perceptuelle va nous permettre de reconnaître par exemple une rose quelle que soit sa couleur, la distance à laquelle elle se trouve par rapport à nous, et sous différents éclairages.

La théorie de la Gestalt a permis de rendre compte d'un processus d'apprentissage qui était, selon cette théorie, largement cognitiviste. Confronté à un problème, l'individu constate que soit le problème est résolu, soit il ne l'est pas. Le problème non résolu le pousse alors à trouver des solutions.

Bluma Zeigarnik a noté que les problèmes non résolus étaient plus facilement retenus que les problèmes résolus et elle s'est appuyée sur la qualité motivationnelle inhérente à ce processus (connu comme l'effet Zeigarnik).

> **L'effet Zeigarnik et la procrastination**
>
> Bluma Zeigarnik a eu l'intuition que les individus retenaient plus facilement les tâches qu'ils n'avaient pas fini de réaliser que celles qu'ils avaient déjà réalisées.
>
> Elle a fait une expérience initiale auprès d'enfants qui devaient réaliser une vingtaine de petites activités (modeler des animaux, faire des puzzles, enfiler des perles...). À la fin de l'expérience, la moitié des tâches étaient réalisées alors que l'autre moitié des tâches demeuraient inachevées. Quand elle a demandé aux enfants de se rappeler ce qu'ils avaient fait comme tâches, les tâches inachevées étaient citées deux fois plus souvent que les tâches réalisées.
>
> L'interprétation de cette expérience a été que l'inachèvement d'une tâche générait une tension de l'organisme et une mémorisation de cet état.
>
> Cela peut nous amener à deux réflexions :
>
> 1) sur le plan psychologique, il est important de finir ce que l'on a à faire au risque sinon de maintenir un état de tension ;
>
> 2) sur le plan psychopathologique, cet effet permettrait d'expliquer en partie pourquoi les patients qui souffrent de procrastination génèrent une angoisse qui se maintient en permanence car ils ne font que repousser les tâches qu'ils doivent réaliser ou réaliser partiellement certaines d'entre elles.

Le processus mis en œuvre devant un problème a été décrit comme étant cognitif par les gestaltistes. Avant de résoudre un problème, selon eux, l'individu passe par l'élaboration d'un nombre de solutions. Cette période où l'individu considère ses options est définie comme la période de « présolution ». Ces solutions hypothétiques sont considérées au niveau cognitif et sont soit rejetées, soit acceptées. Nous pouvons constater que cette proposition est très proche de la notion d'apprentissage par essais et erreurs proposée par Thorndike, mais celle-ci n'était centrée que sur un concept comportemental. L'apport de la Gestalt est donc d'amener une conception cognitive.

Pour les gestaltistes, ce processus permettrait de rendre compte d'un apprentissage par le biais de la perspicacité *(insight)*, ce qui était réfuté d'emblée par Thorndike. Selon les gestaltistes, ce processus d'apprentissage intègre quatre qualités (Hergenhahn, 1982) :

- Un passage rapide entre présolution et solution.
- La performance acquise par la perspicacité sera fluide et sans erreur.
- Cette solution est très facilement retenue pour une longue période.
- Un principe acquis par ce processus peut s'appliquer à d'autres problèmes plus facilement.

Les gestaltistes voulaient faire accepter la perspicacité de l'être humain comme faisant partie du processus d'apprentissage. Et nous avons vu que les fonctionnalistes réfutaient clairement l'intérêt d'un tel processus, notamment en raison d'un manque de transparence empirique.

La notion de perspicacité apparaît dans d'autres théories de la personnalité, par exemple dans celle développée par Freud. C'est le problème éternel de la place de la cognition... L'idée de Freud *(insight)* n'avait aucune preuve scientifique... elle était donc difficile à soutenir.

Ainsi, les gestaltistes, par le biais des processus perceptuels, arrivent à intégrer la perspicacité aux capacités de l'être humain pour résoudre un problème.

Il restera à définir clairement le rôle des variables psychologiques, comme la motivation, dans ce processus. Même si les gestaltistes ont reconnu leur importance, pour y répondre, il faudra attendre des orientations plus axées sur le comportement et intégrant les capacités cognitives.

Edward Chace Tolman (1886-1959)

L'analyse des travaux de Tolman est la suite logique de l'approche des gestaltistes car, comme Hergenhahn le suggère (1982), sa théorie de l'apprentissage allie l'essence du comportementalisme avec l'approche de la Gestalt.

Un aspect important de la théorie de Tolman est qu'il conçoit le comportement comme ne pouvant pas être découpé pour en étudier les différents composants isolément. Il rejoint en ce sens les gestaltistes qui considèrent que l'observation d'un comportement doit se faire de manière globale, au risque sinon d'être trop réducteur.

Tolman considère que le comportement est toujours dirigé vers un but. Son concept, le *comportementalisme intentionnel*, résume cette idée. L'intention est employée pour décrire le comportement ; cette qualification rend, pour lui, plus lisible le comportement en lui-même. Pour Tolman, l'intention est un fait objectif, comme l'est certainement la cognition, même si ces deux éléments ne sont pas forcément visibles. Le comportement rend l'intention, et la cognition, plus faciles à décoder quand on le regarde sous cet angle.

Pour illustrer ce concept, reprenons l'exemple du rat placé dans une cage qui va appuyer sur le levier et obtenir ainsi de la nourriture. Le fait d'appuyer sur le levier sous-entend son *intention* de chercher de la nourriture. Ainsi, son comportement est dirigé vers un objectif, et quelque part déterminé par son état de faim. Pour Tolman, donc, tous ces éléments se mélangent pour établir un *pattern* inhérent au comportement, aussi observable et objectif que tout ce qui avait été proposé par les comportementalistes auparavant.

Selon la théorie de Tolman, dans cette alliance entre gestaltisme et comportementalisme, ce que l'individu apprend, ce sont les liens entre tous les éléments. Il propose le concept d'une « carte cognitive » ou « carte mentale » *(cognitive map)* qui conçoit que l'individu pourrait se situer par rapport à tout : les aspects de l'environnement, ses propres besoins, les possibilités pour répondre à ses besoins... Nous pourrions voir la carte cognitive comme une représentation mentale des connaissances acquises sur l'environnement. Pour faire un parallèle avec nos appareils électroniques modernes, il faut concevoir cette carte cognitive comme une carte mémoire pour nos ordinateurs.

L'expérience du labyrinthe à trois passages de Tolman et Honzik (1930)

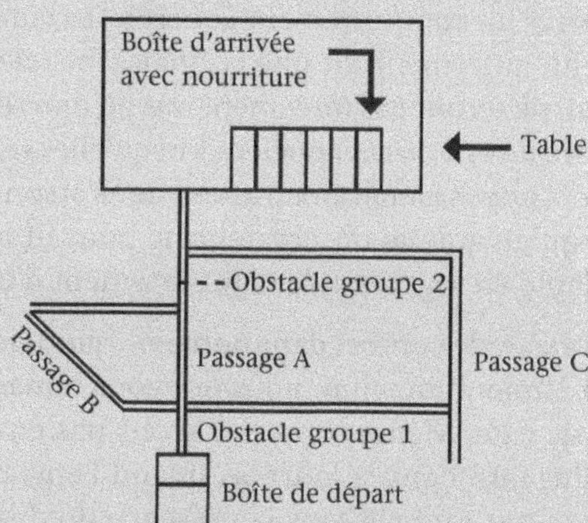

Dans cette expérience, les rats ont la possibilité dans un premier temps de parcourir l'ensemble des labyrinthes librement. Puis deux groupes sont formés. Pour un premier groupe de rats le passage est bloqué (obstacle 1). Selon le modèle S-R (stimulus-réponse), les rats vont choisir le chemin le plus court (B) pour atteindre la nourriture (agent renforçateur). C'est ce qui se passe. Pour un deuxième groupe de rats, un obstacle est présent (obstacle 2) rendant inintéressants les passages A et B. Plutôt que de tenter de passer ou de rester bloqués devant l'obstacle 2, les rats vont contourner l'obstacle en utilisant le passage C. Tolman en conclut que les rats ont acquis une connaissance de la structure du labyrinthe. Il définit cette connaissance topographique sous le terme de *cognitive map* (carte cognitive).

Pour Tolman, le processus d'apprentissage est non seulement un processus associationniste, mais aussi un processus d'acquisition des conséquences. Ce qu'apprend l'individu, ce n'est pas la réponse obtenue par le comportement mais l'association du comportement à la réponse.

Ainsi, le rat placé dans la cage de Skinner associe son état de faim avec l'envie de chercher de la nourriture ; par la suite, la découverte de la fonction du levier lui permet de répondre à son besoin de manger. L'apprentissage est fait à partir d'un contexte multidimensionnel : un champ tel que défini par les gestaltistes (état interne du rat et environnement de la cage) ainsi que les conséquences du comportement (intégrant la chronologie des comportements ainsi que leurs conséquences naturelles).

Tolman a apporté un autre élément clé dans la compréhension du processus de l'apprentissage. Jusqu'ici, le renforcement était très important pour les fonctionnalistes, il pouvait expliquer en quelque sorte la manifestation et la reproduction du comportement par un lien plus ou moins direct. Or Tolman a avancé l'idée que l'apprentissage pouvait se faire sans devoir mettre en place un comportement concret. Il a conçu la notion d'un apprentissage latent, autrement dit une connaissance des éléments liés à l'environnement qui ne seront pas forcément mis en œuvre dans l'immédiat. Ces informations acquises seront rappelées lorsqu'elles seront jugées utiles par l'individu. Il s'est opposé ainsi aux travaux de Watson et de Thorndike, qui considéraient qu'un animal observateur ne pouvait pas apprendre un comportement adapté en regardant le comportement d'un autre animal.

Pour donner un exemple concret dans notre vie quotidienne, quand nous arrivons dans un bâtiment inconnu, nous pouvons remarquer la présence d'un distributeur de café. Même si nous n'avons pas envie d'un café à ce moment précis, plus tard dans la journée, quand l'envie de boire un café se fera sentir, nous nous rappellerons la présence du distributeur et nous irons le chercher. Nous aurons donc appris, de manière latente, où se situe le distributeur. Mais, selon les fonctionnalistes, il aurait fallu que l'individu prenne un café immédiatement (apprentissage direct et renforcé) afin d'apprendre à situer le distributeur. Leurs théories n'ont pas laissé la place à un apprentissage indirect et latent comme le suggère Tolman.

Tolman a avancé que le processus d'apprentissage était plus complexe, non seulement car il pouvait y avoir des apprentissages « latents », mais aussi parce qu'il concevait que le renforcement n'était pas forcément une variable de l'apprentissage à proprement parler. Ainsi, un apprentissage sans expérience directe, et même sans renforcement franc, pourrait se faire selon Tolman. Il suppose que l'apprentissage latent est un autre moyen d'apprendre mais n'a pas les moyens de l'expliquer.

Afin d'étudier en profondeur le rôle du renforcement dans l'apprentissage, Tolman a réalisé une expérience avec trois groupes de rats (Tolman et Honzik, 1930) qui devaient apprendre à courir dans un labyrinthe. Le premier groupe n'a jamais été renforcé (par de la nourriture) après avoir couru ; le deuxième groupe a été systématiquement renforcé dès le premier jour ; et un troisième groupe n'a été renforcé qu'à partir du onzième jour. Les résultats sont repris dans la figure 2.2 (chiffres approximatifs). Nous notons que tous les groupes démontrent une amélioration tout au long de l'expérience, surtout au début. Mais nous voyons que le deuxième groupe (renforcé depuis le début) présente moins d'erreurs que les deux autres. Par la suite, le troisième groupe (renforcé à partir du onzième jour) démontre une amélioration nette à la suite du renforcement. Hergenhahn (1982) note que cette amélioration dépasse la performance du deuxième groupe, qui était cependant renforcé dès le début.

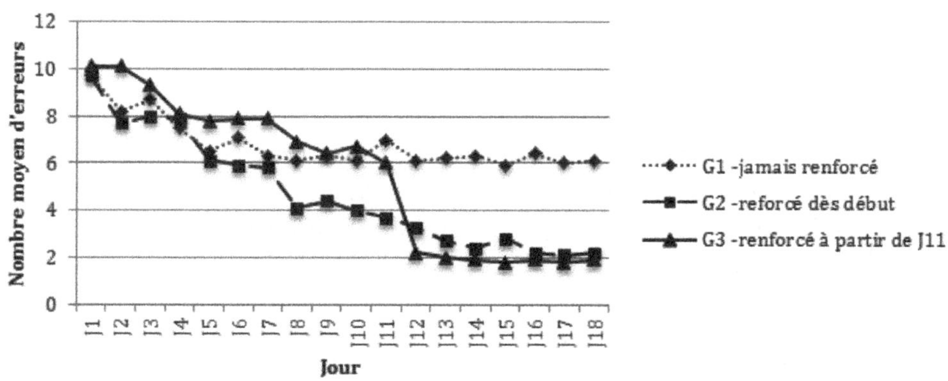

Figure 2.2 – Renforcement d'apprentissage versus renforcement de performance (d'après Tolman et Honzik, 1930)

Tolman et Honzik concluent de cette expérience que le renforcement est surtout une variable de performance, et non pas d'apprentissage. À partir de cette expérience, nous constatons que les rats démontrent, peu importe le groupe et la présence ou non du renforcement, une amélioration de leur performance, ce qui signifie qu'ils améliorent leur apprentissage. D'autres variables interviennent et ne sont pas discutés par Tolman et Honzik, notamment la capacité du rat à apprendre même sans renforcement.

Nous constatons aussi qu'il est difficile de savoir si nous pouvons attribuer l'apprentissage aux caractéristiques inhérentes à l'animal (le rat démontre de la curiosité pour explorer le labyrinthe) ou aux éléments externes (comme la présence d'expérimentateur ou l'odeur de nourriture peuvent être impliquées par eux-mêmes dans le renforcement du comportement).

Pour finir sur Tolman, nous présenterons les six « types » d'apprentissage identifiés par lui en 1949 et repris par Hergenhan (1982).

Cathexis

Tolman appelle *cathexis* l'association apprise entre certains éléments et les états physiologiques. Par exemple, il existe une association entre la sensation de faim et l'aliment qui peut satisfaire cette sensation. Quand un individu a faim il sait que certains aliments vont soulager cette faim.

Hergenhahn propose que cette association diffère selon le pays ; en France les gens associent le pain avec le soulagement de la faim alors que ce n'est pas le cas dans d'autres pays (par exemple la Chine où c'est plutôt le riz qui est retenu). Ainsi, le Français qui a faim cherchera plus facilement du pain alors que le Chinois cherchera du riz pour satisfaire sa faim. Ce type d'apprentissage correspond à la relation stimulus-réponse de manière assez élémentaire.

Croyances d'équivalence

Tolman (1949) a proposé avec sa notion d'apprentissage intentionnel l'idée que le processus d'apprentissage se construisait en raison d'un objectif à atteindre (le rat qui a faim et qui développe un comportement exploratoire dans la cage). Parfois, c'est un sous-objectif qui est atteint mais il va avoir la même portée qu'un objectif majeur. Ce sous-objectif favorisera l'apprentissage et la performance qui en découle de la même façon que l'atteinte d'un objectif majeur. Tolman considère le sous-objectif comme une « croyance d'équivalence ». Il a suggéré que ce type d'apprentissage impliquait des aspects sociaux, donnant l'exemple du bulletin de notes où l'enfant va associer son succès scolaire avec l'approbation qui sera exprimée par ses parents. L'approbation parentale est en soi un objectif pour l'enfant, mais le fait que ses notes soient associées à cette approbation lui permettra de tirer de la satisfaction de son bulletin de notes. En quelque sorte, son succès scolaire (sous-objectif) remplace le besoin initial d'approbation parentale (objectif majeur) car celle-ci est associée à son succès.

Attentes du champ

Nous avons évoqué plus haut la notion de carte cognitive où non seulement la relation entre le stimulus-réponse (S-R) est apprise, mais aussi tout ce qui lui est associé (l'environnement et l'état interne de l'individu). Pour Tolman, les « attentes du champ » désignent les éléments qui se suivent et qui sont associés dans un contexte particulier. Au lieu d'être un apprentissage « S-R » nous parlons d'un apprentissage « S-S » (stimulus-stimulus).

Autrement dit, lorsque l'individu perçoit un stimulus, il attend l'arrivée du suivant. Le renforcement de cet apprentissage se fera parce que l'attente sera renforcée par l'arrivée du second stimulus. Le renforcement se fait par la confirmation de l'hypothèse qu'un deuxième stimulus va arriver (quand celui-ci arrive).

Exemple : recevoir une bonne note à un contrôle et obtenir de ses parents un bonus comme de l'argent.

Modalité cognitive-champ

Cette notion a été élaborée par Tolman pour expliquer la stratégie employée par l'individu pour résoudre un problème. C'est une notion peu élaborée dans la théorie de Tolman, mais son existence témoigne de l'idée qu'il était conscient de l'importance de la part innée de l'individu dans le processus d'apprentissage. Ainsi, l'individu utiliserait à la fois une base innée, mais aussi les expériences antérieures pour répondre à une situation.

Il s'agirait d'une forme de « métastratégie » qui serait employée de manière habituelle par l'individu. Autrement dit, l'expérience et l'apprentissage créent chez l'individu cette « modalité cognitive-champ » où l'individu va faire appel à des moyens qui ont fonctionné par le passé. Ces deux derniers concepts, *attentes du champ* et *modalité cognitive-champ*, auront une influence importante dans l'élaboration des schémas de Young et l'approche thérapeutique qui en découlera par la suite.

Les schémas de Young

Dans les prises en charge en TCC, nous constatons que les notions et les concepts de la psychologie, surtout en psychologie cognitive, sont intégrés dans l'approche thérapeutique. Un bon exemple en est la notion de schéma, concept originalement défini par Piaget, qui définit un ensemble de connaissances plutôt abstraites.

Par la suite, il sera communément admis que la construction des schémas est le produit de l'interaction de l'individu avec son environnement tout au long de son développement. Cette notion a été reprise pour d'autres notions en psychologie cognitive.

Il n'est pas donc étonnant que cette notion ait été reprise par Young dans l'élaboration de sa thérapie des schémas. En l'occurrence, c'est à partir des schémas de pensée que l'individu manifestera des difficultés psychologiques. Dans ces cas, les schémas ne fonctionnent pas de manière optimale et les individus souffrent des croyances qu'ils ont établies à partir de leurs vécus. La thérapie consiste à modifier ces schémas pour intégrer des informations plus adaptées qui aident l'individu à mieux fonctionner dans son environnement (Rusinek, 2014).

Discrimination des besoins

Cette notion renvoie à l'idée simple que l'individu serait capable de distinguer ses différents besoins et d'y répondre. Ce concept propose que la capacité de distinguer entre la faim et la soif, par exemple, donne à l'individu la capacité d'élaborer une réponse appropriée (soit chercher de la nourriture, soit chercher à boire).

Tolman a construit ce modèle à partir d'expériences sur des rats. Les rats sont placés dans un labyrinthe en forme de T. À l'une des extrémités du T est placée de la nourriture et à l'autre extrémité de l'eau. Selon son état (ses besoins), le rat peut choisir de se diriger à droite ou à gauche et ainsi se renforcer dans son apprentissage en fonction de son besoin. Pour Tolman, la capacité d'effectuer une discrimination entre les différents états et d'y répondre fait partie de l'élaboration de la carte cognitive.

Expérience de discrimination entre les besoins (Tolman)

Un rat est placé à la base du T et il va selon ses besoins (faim ou soif) se diriger et apprendre à se diriger soit vers la droite (nourriture) soit vers la gauche (eau). Il y aura renforcement selon les besoins.

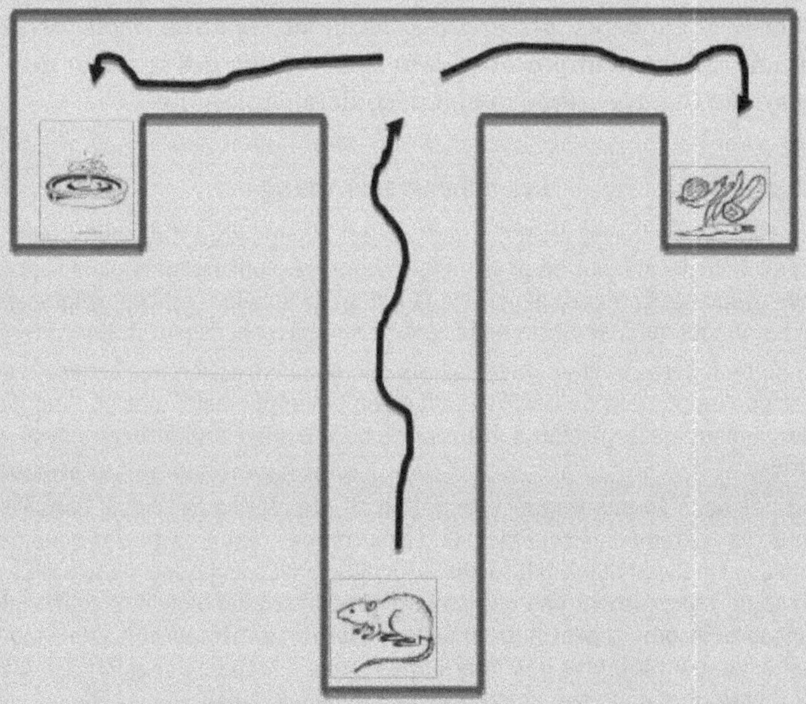

Schémas moteurs

Alors que sa théorie se fonde sur les concepts cognitifs, Tolman a imaginé qu'il pouvait exister un lien entre certains mouvements et les processus cognitifs dans l'apprentissage. Le « schéma moteur » pour lui était l'association entre les idées et le (ou les) mouvement(s). Ce qui lui a permis d'expliquer l'apprentissage de mouvements complexes, par exemple la conduite d'une voiture, pour lesquels il concevait une connaissance cognitive du fonctionnement entre les différents éléments moteurs (mouvements) permettant la conduite. Cela a ouvert la porte à la conceptualisation d'un apprentissage par automatismes.

Tolman avait pour objectif de relier entre elles les notions identifiées par les autres scientifiques, mais aussi d'apporter des éléments plus cognitifs. Il a mis en avant, comme d'autres événements dans l'histoire de la psychologie, le besoin de mieux comprendre la pensée humaine. Hergenhahn (1982) désigne Tolman comme un « éclectique » parce que ce dernier souhaitait mieux saisir et prendre en compte l'intégralité du processus qui englobe l'apprentissage chez l'être humain.

La suite du développement des connaissances sur l'apprentissage, d'un point de vue cognitif, fait appel à la théorie de Bandura. Pourtant, avant l'arrivée de Bandura et en même temps que Tolman effectuait ses expérimentations, John Dollard et Neal Miller ont ajouté des concepts et des notions importantes qui ne peuvent pas se classer dans la théorie de l'apprentissage. Cependant leur apport théorique sera une source d'inspiration pour la théorie d'apprentissage de Tolman.

John Dollard (1900-1980) et Neal Miller (1909-2002)

Il n'est pas facile de classer Dollard et Miller dans une catégorie spécifique de la psychologie, en partie car ils sont issus d'autres domaines que la psychologie avec des connaissances et des formations complémentaires. Rychlak (1981) souligne l'importance de l'étendue de leurs connaissances et de leurs orientations théoriques.

John Dollard était influencé par la sociologie, l'ethnologie et l'anthropologie. Neal Miller était formé à la psychologie expérimentale et à la physiologie ; il a réalisé bon nombre de ses travaux sur le modèle animal. Par un hasard extraordinaire, ces deux hommes, dont les origines scientifiques divergeaient tant, se sont formés à la psychanalyse pendant les années 1930 ; Dollard à Berlin et Miller à Vienne. Rychlak note que cette formation a fortement influencé la suite de leurs travaux.

Nous avons vu précédemment pourquoi et comment le comportementalisme, fondé sur les principes du fonctionnalisme, avait précédé le cognitivisme. Cependant, parallèlement au développement de la psychologie expérimentale, de la psychologie de l'apprentissage et de la psychologie sociale... Sigmund Freud et la psychologie clinique prenaient naissance et avançaient depuis vingt ans.

Il faut se rappeler que le modèle psychanalytique était le seul existant pour une approche clinique à l'époque où Dollard et Miller ont réalisé leurs travaux. Ils présentaient alors une articulation très intéressante entre apprentissage et psychologie clinique. Leur modèle incorpore certains éléments de la psychanalyse sans pour autant s'appuyer sur les mêmes principes fondamentaux. C'est surtout leur intérêt pour l'apprentissage et son rôle dans la manifestation de troubles psychopathologiques qui les a poussés à chercher à mieux comprendre les processus pouvant exister. Rychlak (1981) suggère que Dollard et Miller avaient pour objectif de mieux expliquer la théorie de la personnalité de Freud par le biais des principes d'apprentissage, en l'abordant sous un angle empirique. L'originalité de Dollard et de Miller tient au fait qu'ils croyaient en la possibilité d'un changement du comportement à partir des influences provenant de l'environnement.

Il est intéressant de voir qu'ils ne réfutent pas l'approche de Freud et qu'ils ont souligné ce que l'approche freudienne pouvait apporter de positif au domaine de la psychologie et de la psychothérapie. Ce qu'ils réfutent surtout, c'est de considérer l'approche freudienne comme une théorie empirique de la personnalité.

Alors que Dollard et Miller n'ont pas proposé une définition claire de la personnalité, ils sont souvent classés parmi les spécialistes de la personnalité ; par ailleurs l'un de leurs ouvrages est intitulé *Personnalité et psychothérapie* (*Personality and Psychotherapy*, 1950). Rychlak (1981) résume leur approche en disant que malgré l'absence d'une définition claire de la personnalité, Dollard et Miller ont considéré qu'elle faisait partie du comportement de l'individu. Le comportement se manifestera de façons diverses selon l'individu. Dollard et Miller ont donc insisté sur l'importance à la fois de la personnalité et de l'environnement pour expliquer les comportements.

Une notion clé dans leur approche est ce qu'ils ont appelé l'« attachement ». Il se définit comme le lien créé entre les différents éléments au moment d'une situation précise, par exemple en associant des mots (« j'ai peur ») à un état émotionnel (l'angoisse), à un comportement (la fuite), et ce dans un contexte spécifique (se trouver sur une grande place). Nous voyons apparaître donc une notion associationniste plus élaborée qui aide à comprendre non seulement l'état de l'individu dans son contexte, mais aussi la manifestation d'une réaction comportementale psychopathologique (en l'occurrence, la fuite due à une agoraphobie).

Cette notion d'attachement a permis à Dollard et Miller d'avancer vers une conceptualisation plus fine et plus adaptée, surtout en psychologie clinique, pour rendre compte du stimulus et de la réponse. Pour eux, « une réponse est toute activité chez l'individu qui peut être fonctionnellement reliée à un apprentissage antérieur ; un stimulus est tout élément auquel une réponse peut être ainsi reliée » (1941, p. 59). Ils donnent l'exemple d'un chien qui va répondre à l'ordre de « faire le beau » ; il y a donc une réponse qui a été apprise, et un stimulus qui est l'ordre.

Leur définition repose sur des faits plutôt observables, même si c'est l'individu qui est responsable de l'observation interne de ses pensées et de l'identification de son état. Pour Dollard et Miller, une théorie de l'apprentissage est l'étude des conditions sous lesquelles une réponse et un stimulus deviennent liés (1941). Selon eux, l'apprentissage se fait suivant des principes psychologiques spécifiques.

Ils ont avancé que *practice does not always make perfect* (p. 2, 1941 ; « l'entraînement ne rend pas toujours performant »). Le lien entre stimulus et réponse pourrait ne se faire que selon certaines conditions ; afin d'apprendre quelque chose, l'individu doit être dirigé *(drive)*, pour faire la réponse *(behavior)*, et récompensé *(reward)* pour avoir répondu en présence des indices *(cues)*. Nous pouvons considérer que ce modèle avec ces éléments est le précurseur du modèle d'analyse fonctionnelle SORC, qui apparaîtra dans le développement des TCC de nombreuses années plus tard (figure 2.3). L'analyse fonctionnelle est un modèle de réflexion des situations problème, des symptômes. Elle est à la base de l'approche en thérapie comportementale et cognitive.

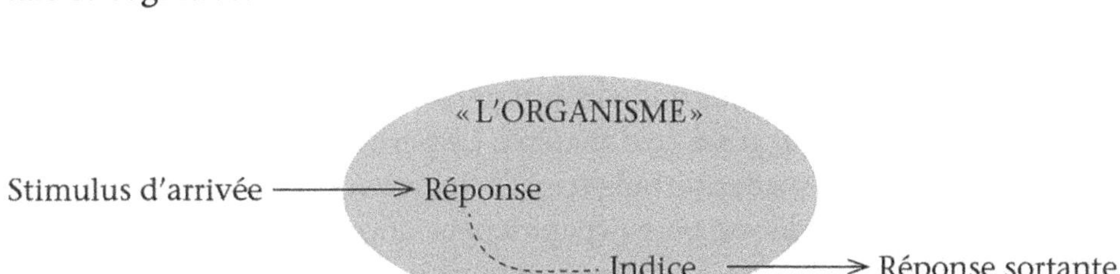

Figure 2.3 – Lien entre stimulus et réponse (d'après Rychlak, 1981)

Dollard et Miller ont insisté sur les relations entre ces éléments, surtout entre besoin et renforcement, pour trois raisons principales :

- La réduction immédiate du besoin agit par elle-même comme un renforcement.
- Un renforcement sans un état préalable de besoin est impossible.
- Le besoin doit être inéluctablement réduit après un renforcement, de manière progressive, afin d'arriver éventuellement à un état de besoin « nul » (1950).

Une autre contribution majeure de Dollard et Miller a été le rôle de l'imitation dans l'apprentissage. Nous avons vu que les fonctionnalistes n'avaient pas pu intégrer la possibilité d'un apprentissage par observation. Par la suite, Tolman a mis l'accent sur l'apprentissage latent, sans pour autant trouver d'explication au processus, sauf à le considérer comme une manifestation de l'activité cognitive de l'individu.

L'imitation, pour Dollard et Miller, est un processus d'apprentissage au cours duquel des réponses similaires peuvent être données dans un contexte similaire (1941). Ils proposent deux types d'imitation :

- L'imitation simple, qui implique le fait de répliquer ce que l'autre fait. Pour Dollard et Miller, ce type d'imitation nécessite que l'individu qui imite possède la même idée que celui qu'il imite. Par exemple, Rychlak (1981) considère qu'un enfant qui imite les sons émis par les adultes afin de bien prononcer les mots le fait sachant que sa prononciation doit se conformer et ressembler à celle de son modèle. Du coup, l'enfant possède un cadre pour son imitation.
- Une imitation dépendant de la correspondance au comportement *(matched-dependent)* : dans ce type d'imitation, l'individu observe un comportement qu'il reproduit sans tenir compte de ce qui a provoqué ce comportement. Il ne fait que suivre le comportement. Cette notion a permis d'établir une théorie explicative des mouvements de foule.

Prenons un exemple clinique. Souvent, la manifestation d'une attitude anxieuse de l'enfant suit un modèle donné par l'adulte. C'est le cas d'un enfant qui n'a jamais pris l'avion et qui voit son père anxieux au cours du vol lors de turbulences : il va lui aussi être anxieux. Le père répond à des indices qui aiguisent sa peur (« il y a des turbulences, l'avion va s'écraser ») alors que l'enfant répond à la peur de son père (« papa a peur donc cela veut dire que c'est dangereux et moi j'ai peur ») sans pour autant intégrer les mêmes indices.

Hergenhahn (1982) ajoute une catégorie à l'imitation proposée par Dollard et Miller lorsque par exemple deux personnes répondent de la même manière dans un contexte particulier. Par exemple, le fait d'applaudir à la fin d'un concert serait le fruit d'un apprentissage par imitation simple pour Dollar et Miller. Hergenhahn propose, quant à lui, que ce genre d'imitation intègre les deux types d'imitation car le fait d'applaudir est en effet une imitation, mais il est difficile d'en connaître les raisons et de s'assurer que tout le monde le fait pour les mêmes raisons. Ce genre d'imitation rentrerait dans le concept de conformisme social, autre concept traité par Dollard et Miller par ailleurs.

Les fonctionnalistes n'ayant pas pu rendre compte d'un apprentissage par observation, Tolman a apporté une dimension intéressante par la notion d'apprentissage latent ; Dollard et Miller ont contribué à la connaissance de ce type d'apprentissage en développant une théorie sur l'imitation. D'ailleurs, avec l'imitation dépendant de la correspondance, nous pouvons admettre que le contexte et les conditions n'ont pas forcément besoin d'être identiques pour arriver au même comportement appris. Pour Dollard et Miller, un apprentissage fait par observation et ensuite reproduit pourrait se réduire à un type de conditionnement opérant (Hergenhahn, 1982). Cependant, même cette avancée n'est pas capable de rendre compte des nuances de l'apprentissage, fonctionnel et/ou dysfonctionnel, de l'être humain.

Dollard et Miller, par leurs travaux, ont contribué à une théorie permettant un abord psychothérapeutique. Nous ne pouvons pas compléter leur approche ici car cela nous ferait dévier trop de notre objectif. Cependant, retenons que la théorie de Dollard et Miller, utilisant les qualités fonctionnelles des théories de l'apprentissage avec la réalité clinique des comportements dysfonctionnels, a permis d'apporter un cadre à la compréhension psychologique de l'être humain.

Dollard et Miller, par le biais de leurs découvertes et de leurs propositions, ont donné lieu clairement à la naissance de l'approche TCC, en liant l'apprentissage, le comportement et la psychologie clinique. Cependant, leur approche restera à un niveau plutôt conceptuel.

Albert Bandura (1925-2021)

■ L'apprentissage vicariant

Bandura est connu comme celui qui a réuni la psychologie de l'apprentissage avec la psychologie clinique et, ce, par le biais d'études empiriques en recherche clinique.

Pour lui, la question de l'apprentissage par observation n'avait pas été totalement résolue par l'explication de l'imitation de Dollard et Miller. Il était persuadé qu'il pouvait y avoir des apprentissages qui n'étaient pas seulement issus d'une expérience directe avec l'environnement, et non réductibles à l'imitation.

Bandura a tenté de démontrer cet apprentissage par l'utilisation d'un modèle. Plusieurs expériences ont été réalisées en en modulant les conditions expérimentales.

L'expérience réalisée en 1963 permet de bien saisir l'impact, sur des enfants, du comportement agressif d'un adulte envers une poupée Bobo, selon que ce comportement est sanctionné ou non (voir l'encadré ci-dessous). Il y a apprentissage d'un comportement et renforcement de celui-ci selon la sanction ou non du comportement.

Impact sur les enfants du comportement agressif d'un adulte sur une poupée Bobo (Bandura, 1963)

Dans cette expérimentation, Bandura définit trois groupes d'enfants qui vont visionner un film où un adulte frappe une poupée Bobo. Dans un premier groupe, les enfants visionnent un film où l'adulte est ensuite « récompensé » d'avoir frappé la poupée. Un deuxième groupe voit l'adulte se faire punir de ce comportement, alors que pour le dernier groupe il n'y a ni récompense ni punition du comportement agressif. À la suite de ce visionnage, les enfants sont placés individuellement dans une pièce avec des jouets, et notamment cette fameuse poupée Bobo. Bandura et son équipe observent alors les comportements agressifs (physiques et verbaux) des enfants. Il ressort de cette étude que les enfants ayant visionné le film où l'adulte agresse la poupée Bobo et en est récompensé développent des comportements agressifs de façon plus importante que ceux des deux autres groupes.

Le terme qui sera retenu pour exprimer l'apprentissage de ce comportement est « vicariant ». En effet, il existe une similitude, dans une approche médicale, avec le fonctionnement vicariant d'un organe qui consiste à venir suppléer l'insuffisance fonctionnelle d'un autre organe, dans le sens de se substituer à lui.

Bandura voit dans cette expérience non seulement un apprentissage vicariant mais aussi le renforcement vicariant, positif ou négatif selon l'absence ou non de sanction. Comme Hergenhahn (1982) le résume, les enfants ont tous appris le comportement agressif par un processus vicariant, mais la présence du renforcement ou de la punition pourrait avoir pour effet d'augmenter ou d'inhiber la manifestation du comportement. En montrant qu'à partir d'un modèle de comportement agressif il y a développement de comportements agressifs chez l'enfant, Bandura a ouvert une voie jusqu'alors inconnue de manière formelle dans l'apprentissage, qui utilise un processus d'identification à un modèle et de reproduction par imitation *(modeling)*. Nous pouvons considérer que deux notions peuvent être retenues, celle d'un modelage, dans le sens de se conformer à un modèle, et celle d'une modélisation, dans le sens de concevoir un processus pour suivre un modèle.

À l'inverse des explications données par Dollard et Miller sur l'imitation, Bandura (1977) propose que l'apprentissage par observation se manifeste régulièrement et dans différents contextes. Pour expliquer cet apprentissage, il suggère que quatre processus sont nécessaires pour encourager l'apprentissage par observation :

- Le premier processus est celui de *l'attention*. Si l'on ne prête pas attention au modèle, on n'apprend pas. C'est une idée relativement simple. Les processus attentionnels vont nous permettre de sélectionner un certain nombre de modèles dans notre environnement et d'en faire un tri. Nous verrons plus loin les qualités qui pourraient encourager à prêter attention au modèle.
- *La rétention* est un processus par lequel nous retenons l'information acquise par l'attention. Nous avons donné un exemple dans l'apprentissage latent de Tolman (apprentissage par le repérage d'une machine à café en arrivant dans l'enceinte d'une entreprise). Cela implique un stockage des informations en mémoire. Les informations observées y seraient stockées sous forme verbale et/ou imagée.
- *Le processus de reproduction motrice*, qui demande des capacités d'élaboration mentale des actions motrices à mettre en place pour reproduire le comportement. Pour pouvoir réaliser le comportement, l'individu doit disposer d'un certain nombre de savoir-faire. Il est essentiel de pouvoir saisir puis retenir l'information, mais aussi d'être doté d'une capacité motrice pour le reproduire. Par exemple, dans la conduite d'une voiture il faut retenir la manière de faire fonctionner la boîte de vitesses ; il y a une explication intégrée au niveau cognitif suivie de l'expérience directe qui consiste à changer de vitesse. L'individu qui fait cet apprentissage verra dans un premier temps que sa performance n'est pas optimale (la voiture « saute » en changeant la vitesse). Mais avec la multiplication des essais, ainsi qu'une répétition plutôt cognitive, Bandura suggère que le processus de reproduction motrice se met en place (1977).
- Enfin, Bandura a laissé une place importante aux *processus motivationnels* dans sa théorie. Selon lui, le renforcement sert à deux choses : d'abord il crée une attente chez l'individu et, ensuite, il crée une incitation pour manifester le comportement.

Bandura effectue une distinction entre l'acquisition des représentations mentales d'un comportement et son utilisation ultérieure, qui sera effective ou non.

Dans une autre expérience semblable, Kaufman, Baron et Kopp (1966) ont démontré que ce sont nos croyances qui peuvent aussi créer une motivation sous forme d'attente quant à notre réussite. Autrement dit, si nous croyons profiter d'un renforcement à la suite du comportement, cela sera plus fort que ce qui se manifeste dans l'environnement.

Le déterminisme réciproque

Une autre question sous-tendant les travaux de Bandura était : « Pourquoi les êtres humains agissent-ils ainsi ? » Si le comportement peut être appris par divers moyens (directs et vicariants) et renforcé, non seulement par processus vicariant, mais aussi par les croyances de l'individu, quelles sont les raisons du comportement au final ?

Les fonctionnalistes faisaient reposer les raisons du comportement de l'être humain sur une base théorique fonctionnelle, qui en faisait une partie de la nature de l'être humain. Autrement dit, ce seraient les processus innés qui permettraient d'expliquer le développement du comportement. Pourtant, une approche plus humaniste mettait l'accent sur le choix libre de l'être humain (Hergenhahn, 1982). Bandura a trouvé une autre explication par le biais de son concept de « déterminisme réciproque ».

Pour lui, il existe une interaction entre la personne, l'environnement et la manifestation du comportement (figure 2.4). Ce système postule que l'influence de chaque composant – personne (P), environnement (E), comportement (C) – peut primer à un moment ou à un autre, et que cette influence sera dynamique. C'est-à-dire que ces facteurs s'influencent en permanence et se déterminent mutuellement, chacun pouvant avoir un rôle sur l'autre et subir l'influence de celui-ci. Il y a donc un déterminisme réciproque.

Bandura présente une expérience où un rat (P) est mis dans une cage électrifiée (E) où il doit appuyer sur un levier pour éviter le choc (C). Il avance que l'environnement potentiel est identique pour n'importe quel rat, mais que l'environnement « réel » dépend de son comportement. Il se pose la question : « L'environnement contrôle-t-il l'animal ou inversement ? » (Bandura, 1977). La réponse, en s'appuyant sur le déterminisme réciproque, est que le rat peut être à la source du contrôle ou sous sa dépendance, selon l'angle sous lequel est regardé le processus. Il existe à la fois un contrôle de l'environnement mais aussi une influence de celui-ci.

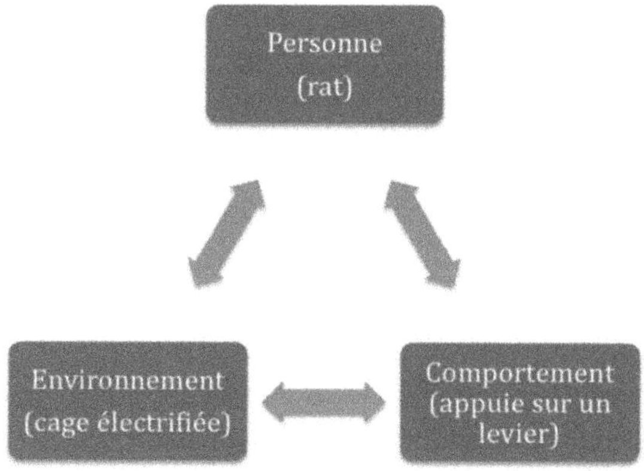

Figure 2.4 – Déterminisme réciproque : interaction entre une personne, son environnement, et la manifestation de son comportement

Cette notion de déterminisme réciproque permettra d'aller plus loin que les travaux de Skinner, dans lesquels ce dernier a reconnu l'importance de l'environnement sans pour autant rendre compte de son rôle explicite dans la manifestation du comportement. Bandura, par le biais de cette notion, découvre un maillon manquant entre les explications des fonctionnalistes et celles des cognitivistes derrière la manifestation du comportement.

L'impact du déterminisme réciproque en psychothérapie

Dans les psychothérapies comportementales et cognitives, le déterminisme réciproque permet d'apporter une base explicative au problème présenté par le patient. Le trouble est vu comme résultant de différentes composantes intégrant l'individu lui-même (par ses comportements et ses mécanismes cognitifs) et son environnement, mais aussi comme le point d'ancrage de la thérapie qui doit intégrer une prise en charge de tous ces éléments. C'est d'ailleurs au travers des « analyses fonctionnelles » (voir chapitre 5) que sont regroupées ces différentes notions pour comprendre le fonctionnement du trouble. Le processus thérapeutique agira sur les composantes du modèle de déterminisme réciproque pour effecteur un changement afin d'améliorer le trouble du patient.

Au fur et à mesure de ses travaux de recherche, l'élément « P » (l'individu) prendra, pour Bandura, de plus en plus d'importance. En effet, une autre question l'intéressait, celle des mécanismes internes mis en jeu par l'individu et comment ceux-ci pourraient avoir un effet sur le comportement. Jusqu'ici, la théorie de Bandura avait mis l'accent sur l'importance de l'environnement et du comportement appris. Bandura intègre alors deux autres notions dans son déterminisme réciproque concernant l'individu : la régulation par soi-même de son comportement et l'auto-efficacité.

Bandura est arrivé à la conclusion que le comportement de l'être humain était largement gouverné par la régulation de son comportement par lui-même. Si ce n'était pas le cas, il n'y aurait que l'environnement qui pourrait influencer le choix d'un comportement, ce qui limiterait les possibilités, d'adaptation (Bandura, 1977). Une chose apprise à partir de son expérience et de son environnement devient une référence pour son comportement à l'avenir (un « standard »). Ces références auront une influence importante sur son comportement et la régulation de celui-ci. Bandura avançait que l'*auto*-renforcement était plus puissant que le renforcement provenant de l'extérieur. Cependant, il avait également compris que des références excessivement élevées pouvaient aussi causer de la détresse pour l'individu. Cette détresse pourra se manifester par une attitude d'impuissance et de la dépression.

Une autre variable qui aurait un impact sur le comportement serait l'auto-efficacité, c'est-à-dire la croyance que l'individu a de ses propres capacités à répondre aux exigences de l'environnement. Les éléments qui influencent la perception de notre auto-efficacité proviennent non seulement de nos croyances sur nos capacités mais aussi de nos expériences. Il est important de noter que notre auto-efficacité perçue n'est pas forcément équivalente à notre auto-efficacité réelle. Nous pouvons nous croire incapables de répondre à des exigences mais cela ne sera pas forcément le cas, et inversement.

◘ Application de la théorie de Bandura à l'approche clinique

Nous avons vu que le *modeling* était un élément clé de la théorie de Bandura. Au début, les expériences de Bandura ont mis l'accent sur la possibilité d'apprendre par le biais de l'observation, par un processus vicariant. Par la suite, Bandura a démontré qu'il était possible non seulement d'apprendre, mais de « désapprendre » (inhiber) un comportement préalablement appris par un processus utilisant un modèle.

Bandura a réalisé une série d'expériences relevant de la recherche clinique pour traiter les phobies (Bandura, Grusec et Menlove, 1967 ; Bandura et Menlove, 1968 ; Bandura, Blanchard et Ritter, 1969). Ces expériences ont confronté des enfants ayant des phobies (de chiens et de serpents) à un modèle qui ne montrait pas de peur dans la situation phobogène pour l'enfant. L'idée étant que l'enfant pourrait élaborer une réponse plus adaptée devant l'objet phobogène. La réponse des enfants fut mesurée en termes de comportements d'approche vers l'objet phobogène (aller vers l'animal, le toucher, le caresser, et arriver à rester seul avec l'animal). Nous retrouvons dans ce protocole l'approche développée par Mary Cover Jones sur le petit Peter et sa phobie des lapins. Dans un premier temps, Bandura et ses collègues ont utilisé un modèle adulte (comme pour l'expérience avec la poupée Bobo agressée) *in vivo* (expérience directe) pour mettre en place le processus de désinhibition de la phobie chez les enfants observateurs puis acteurs. Par la suite, Bandura et ses collègues ont montré que l'apprentissage vicariant pouvait se faire par un modèle symbolique (par le visionnage de films où l'adulte développe un comportement non phobique). En faisant varier les qualités du modèle, les résultats ont mis en évidence la chose suivante : les enfants souffrant de phobie manifestaient moins de comportements phobiques. Ce qui a amené Bandura à définir les qualités nécessaires du modèle pour qu'il encourage l'apprentissage vicariant (voir encadré).

Quelles sont les qualités que doit avoir un modèle ?

Selon Bandura, le modèle utilisé pour encourager l'apprentissage doit répondre à un minimum des critères suivants :

- Le modèle doit être similaire à l'observateur. Pour favoriser l'identification avec le modèle, il est préférable que le modèle présente des correspondances avec l'observateur. Par exemple, un enfant apprendra plus facilement en observant un autre enfant. D'où l'intérêt dans une classe de développer des apprentissages en groupe.
- Le modèle doit être perçu comme quelqu'un de respecté. Dans une situation positive d'éducation, le professeur est un modèle respecté.
- Dans le même ordre d'idées, l'observateur considère que le modèle a un statut important. C'est-à-dire qu'un enseignant possède un nombre important de savoirs, ce qui lui confère un statut particulier.
- Le modèle doit pouvoir faire preuve d'une compétence élevée dans l'apprentissage en cours. Par exemple, l'enseignant est capable d'utiliser son savoir pour le mettre en pratique.
- L'observateur attribue une puissance au modèle. C'est le cas pour l'enseignant, qui a la possibilité de sanctionner un élève.
- Le modèle doit apparaître comme attractif. Par exemple, un enseignant qui arrivera à faire rire ses élèves ou qui rendra ludique un apprentissage sera perçu comme attractif.

Ainsi, l'apprentissage vicariant de même que le renforcement vicariant pourraient être mis à profit dans une approche de psychologie clinique. En dehors de la démonstration que l'apprentissage vicariant pourrait inciter l'acquisition du comportement, les travaux de Bandura ont démontré par la suite qu'il était possible d'inhiber, de désinhiber, de faciliter et de créer des réponses plus adaptées à l'environnement.

L'impact du modèle sur le comportement souligne l'importance que peut avoir le comportement d'un individu sur la survenue d'un même comportement chez un autre individu. Alors que Dollard et Miller ont découvert les qualités imitatives du comportement entre deux individus, Bandura a mis l'accent sur l'impact *social* du comportement. Selon lui, que nous apprenions par processus direct ou par processus vicariant, c'est surtout par l'intermédiaire des autres personnes, lors de situations sociales, que nous apprenons. Les influences des processus cognitifs (surtout s'ils sont défaillants) et des attitudes envers soi (auto-efficacité, notamment) auront une importance pour cet apprentissage également. Ces attitudes ont été apprises préalablement dans le contexte des relations entre les personnes, soit par le biais d'un modèle, soit en les élaborant soi-même au sein des situations sociales. Pour Bandura, donc, l'apprentissage est largement un processus social. Ce qui l'a amené à parler d'« apprentissage social ».

Les travaux de Bandura démontrent clairement l'intérêt de son approche pour la psychologie clinique. Si, d'un côté, cela a permis de mieux comprendre la mise en place d'apprentissages qui pouvaient aussi être de mauvais apprentissages, d'un autre côté, l'apport de mécanismes cognitifs pour expliquer leur mise en place a permis une approche thérapeutique. Les processus vicariants nécessitent une capacité avancée pour symboliser les événements, ce qui permet de comprendre que le processus thérapeutique, qui est largement symbolique, peut aussi avoir un impact sur l'individu. La thérapie est un processus largement cognitif et symbolique. Les théories fonctionnelles, en mettant de côté ces aspects cognitifs, occultaient une possibilité thérapeutique. Si la cognition n'avait pas de place dans l'apprentissage, la thérapie n'aurait pas de sens car le simple fait de parler de ses problèmes et de se les représenter autrement, d'apprendre autre chose en somme, ne pourrait se faire. Les apports théoriques de Bandura, en intégrant des aspects cognitifs, ont permis de mieux saisir comment une thérapie pouvait être utile.

Conclusion

Après un premier chapitre ayant pour but d'exposer les fondements de la psychologie et de comprendre comment cette science est née et a pu évoluer, le deuxième chapitre a été consacré aux influences importantes du xxe siècle. Les découvertes de Pavlov sur le conditionnement ont largement contribué au paradigme associationniste, même si, au début, il n'était pas question de les intégrer à la psychologie.

L'étude de l'apprentissage s'est vu transformée par la notion de conditionnement répondant. Cette dernière a d'abord été intégrée au modèle associationniste, puis modifiée pour mieux en expliquer les principes. Thorndike, puis Skinner, ont proposé un regard plus fonctionnaliste de l'apprentissage par le biais du conditionnement opérant. Si l'animal et l'être humain peuvent être conditionnés par le processus d'apprentissage, d'autres notions sont entrées en jeu pour expliquer comment ce processus pouvait aider l'organisme à s'adapter.

L'adaptation s'est avérée ne pas être le seul modèle possible d'apprentissage. Plusieurs constats et variables ne pouvaient s'intégrer au modèle fonctionnaliste. Il a donc fallu reconsidérer les processus plutôt non observables, jusque-là mis à l'écart dans le domaine de l'apprentissage. Grâce à l'évolution même de la psychologie, et notamment à l'étude de la cognition, le paradigme cognitiviste a pu être mis en avant dans l'étude de l'apprentissage.

Cette révolution cognitiviste s'est néanmoins opérée prudemment, en faisant attention à ne pas intégrer, à tort, des concepts inutiles. L'approche des gestaltistes a tout d'abord proposé un cadre conceptuel de compréhension de la perception fondé sur les aspects cognitifs. Tolman, quant à lui, a ajouté des éléments allant dans le sens d'une structure fonctionnelle tout en permettant l'arrivée des éléments cognitifs nécessaires pour construire une base solide en apprentissage.

Ce sont finalement les apports de Dollard et Miller qui ont permis de relier la psychologie clinique à l'apprentissage. Ces deux auteurs, psychanalystes de formation, ont contribué au développement d'une approche spécifique en psychologie. À cette époque, le lien entre psychologie clinique et apprentissage paraissait très pertinent et presque évident, élément qu'avec le temps, nous avons eu tendance à oublier. En réexaminant l'histoire, il est très clair que l'apprentissage, partant du principe du fonctionnalisme et intégrant la cognition a beaucoup à offrir à la psychologie clinique. Cela, tant au niveau de la compréhension de la pathologie qu'au niveau de la prise en charge du patient.

À la suite de ces travaux, Bandura a mis au point des méthodes de prise en charge fondées théoriquement sur le modèle de Dollard et Miller. Sur la base de ses travaux en psychologie clinique, il a même ajouté des éléments à la fois nécessaires à la compréhension de l'être humain et essentiels au développement de cette nouvelle approche clinique, qui serait plus tard appelée l'« approche comportementale-cognitive ».

Au-delà de ces découvertes et de ce retour rapide sur les influences historiques du XXe siècle, il reste à comprendre en quoi l'être humain représente un terrain favorable et unique d'application des théories de l'apprentissage. Nous allons donc considérer les domaines complémentaires en psychologie qui apportent des connaissances sur l'être humain et qui sont, selon nous, incontournables pour comprendre tout l'intérêt clinique des TCC.

Chapitre 3

Développement de l'être humain et prédisposition à la psychopathologie

Sommaire

Dans ce chapitre, nous continuerons à présenter des concepts étroitement liés au domaine des TCC et nous verrons à quel point ces concepts contribuent à la compréhension de la constitution psychologique même de l'être humain. En particulier, nous tenterons de présenter les éléments qui sont en lien avec les mécanismes constitutifs du psychisme de l'individu et la manière selon laquelle ils se sont développés.

Dans un premier temps, nous présenterons quelques bases physiologiques pour comprendre le comportement et les circuits innés chez l'être humain. Cette partie sera suivie d'une autre partie sur le développement de la cognition, concept clé non seulement pour les TCC mais aussi pour la compréhension du fonctionnement global de l'individu.

Enfin nous terminerons par la théorie de l'attachement et ses notions clés pour mieux comprendre non seulement la cognition mais aussi comment l'expérience et l'apprentissage peuvent avoir un effet sur l'organisation de la cognition et sur l'adaptation de l'individu.

Comme dans les chapitres précédents, nous resterons ici sur des bases concernant les définitions des différents concepts, notre objectif majeur étant de mieux comprendre la relation entre ces concepts et les TCC.

1. Neurobiologie du comportement et des émotions

Le système nerveux chez l'être humain est divisé en deux parties du point de vue anatomique : le système nerveux central (SNC) et le système nerveux périphérique (SNP). Le SNC est composé du cerveau et de la moelle épinière ; le SNP, des nerfs crâniens et des nerfs de la moelle épinière (Clark, Boutros et Mendez, 2005).

Au niveau physiologique, le système nerveux se divise en un système somatique (SS) et un système autonome ou autonomique (SA).

- Le premier système (SS) est responsable du fonctionnement plutôt conscient de l'individu : la perception des sensations, le fonctionnement moteur, la proprioception.
- Le second système (SA) assure l'autorégulation de l'organisme. Le SA est sous le contrôle du cortex cérébral, de l'hypothalamus et du bulbe rachidien. Il intervient au niveau des viscères (cœur, poumons) pour assurer leur sensibilité et leur motricité. Il va permettre la régulation d'un certain nombre de glandes endocriniennes et permettre ainsi des sécrétions hormonales.

Le SA est constitué du système nerveux sympathique (SNS) et du système nerveux parasympathique (SNP). Ces deux systèmes sont constitués de nerfs (regroupement d'axones) qui vont innerver les différents organes du corps. Pour exercer leurs actions, ils utiliseront des neurotransmetteurs. Ces deux systèmes, sympathique et parasympathique, ont des actions opposées sur la plupart des organes. Ainsi, le système sympathique favorise l'augmentation de la fréquence cardiaque, la dilatation des bronches, et il relâche le tonus vésical alors que le système parasympathique effectue les actions inverses. Cette double organisation permet à l'individu de s'adapter et de réguler ses besoins. Par exemple, lors d'un stress, il va y avoir activation du système sympathique entraînant de la tachycardie, une dilatation des pupilles, et de la sueur. Dès lors que le stress disparaît, le système parasympathique contrebalance ces effets.

Au niveau cellulaire, deux types de cellules composent le système nerveux : les neurones et les cellules gliales. Alors que ces cellules sont en nombre égal dans le cerveau, il y a quatre fois plus de cellules gliales dans le cortex cérébral que de neurones (Kandel, Schwartz, Jessell, Siegelbaum et Hudspeth, 2012). Les neurones sont spécialisés dans la transmission des informations par des mécanismes bioélectriques (c'est-à-dire par des phénomènes à la fois biologiques par des échanges ioniques et des phénomènes électriques), alors que les cellules gliales jouent un rôle de soutien pour les neurones.

La synapse tripartite (deux neurones et un astrocyte) selon Henneberger *et al.* (2010)

C'est une petite révolution qui s'opère depuis quelques années par la remise en question du fonctionnement d'une synapse toujours vu comme la relation étroite entre deux neurones. Il semble que l'astrocyte ait un rôle fondamental dans la transmission de l'information. Il peut lui aussi libérer une substance appelée gliotransmetteur dans la synapse comme la D-Sérine. Les travaux de Oliet et son équipe au niveau de l'hippocampe (région impliquée dans la mémoire et l'apprentissage) montrent qu'un astrocyte contrôle la plasticité des synapses présentes dans son arborisation. Les astrocytes seraient nécessaires au bon fonctionnement des récepteurs NMDA (il s'agit de récepteurs au glutamate de type N-méthyl-D-aspartate). Cette nouvelle donne laisse envisager des cibles de choix au niveau thérapeutique.

Les neurones libèrent, chacun, un neurotransmetteur qui leur est spécifique (Kandel *et al.*, 2012). Clark *et al.* (2005) proposent l'existence de trois catégories de neurotransmetteurs : les acides aminés, les monoamines, et les neuropeptides. Chacune comprend un ensemble de neurotransmetteurs :

- des monoamines (acétylcholine, sérotonine, adrénaline et dopamine) ;
- des neuropeptides (les opioïdes, la vasopressine et l'ocytocine) ;
- des acides aminés (acide glutamique, acide gamma amino-butyrique, ou GABA).

Neurotransmetteurs cérébraux selon Stahl (2002)

Tableau A

Amines
- Sérotonine (5HT)
- Dopamine (DA)
- Noradrénaline (NA, norépinéphrine)
- Adrénaline (Ad)
- Acétylcholine (Ach)
- Tyramine
- Octopamine
- Phényléthylamine
- Tryptamine
- Mélatonine
- Histamine

Peptides hypophysaires
- Corticotropine (ACTH)
- Hormone de croissance (GH, *growth hormone*)
- Lipotropine
- *Alpha-melanocyte-stimulating hormone* (alpha-MSH)
- Ocytocine
- Vasopressine
- *Thyroid-stimulating hormone* (TSH)
- Prolactine

Hormones circulantes
- Angiotensine
- Calcitonine
- Glucagon
- Insuline

- Leptine
- Peptide atrial natriurétique
- Oestrogènes
- Androgènes
- Progestérone
- Hormones thyroïdiennes

Hypothalamic-releasing hormones
- *Corticotropin-releasing factor* (CRF)
- *Gonadotropin-releasing hormone* (GnRH)
- Somatostatine
- *Thyrotropin-releasing hormone* (TRH)

Acides aminés
- Acide gamma-aminobutyrique (GABA)
- Glycine
- Acide glutamique (glutamate)
- Acide aspartique (aspartate)
- Gamma-hydroxybutyrate

Hormones intestinales
- Cholécystokinine (CCK)
- Gastrine
- Motiline
- Polypeptide pancréatique
- Sécrétine
- Peptide intestinal vasomoteur (VIP, *vasoactive intestinal peptide*)

Peptides opioïdes
- Dynorphine
- Bêta-endorphine
- Met-enképhaline
- Leu-enképhaline
- Kyotorphine

Peptides divers
- Bombésine
- Bradykinine
- Carnosine
- Neuropeptide Y
- Neurotensine
- *Delta sleep factor*
- Galanine
- Oxérine

Gaz
- Monoxyde d'azote (ou oxyde nitrique, NO)
- Monoxyde de carbone (CO)

Lipide neurotransmetteur
- Anandamide

Neurokinines/tachykinines
- Substance P
- Neurokinine A
- Neurokinine B

Les neurones vont donc, selon leur localisation, avoir un rôle ; pour l'exprimer, ils vont utiliser des neurotransmetteurs qui leur sont propres. C'est ainsi que la dopamine a un rôle essentiel dans le comportement permettant la locomotion et la motivation. C'est ce neurotransmetteur qui serait impliqué dans les cas de schizophrénie. La noradrénaline, elle, est impliquée dans l'éveil, l'attention et la vigilance. Enfin, la sérotonine interviendrait pour expliquer les troubles anxieux et dépressifs du fait de son action notamment au niveau du système limbique (et donc des centres liés aux émotions).

Rôle des neurones et des cellules gliales

Le cerveau est constitué de 100 milliards de neurones. Les neurones sont constitués d'un corps cellulaire et d'extensions que sont les dendrites et l'axone. L'axone va avoir comme rôle principal de se mettre en contact avec les autres neurones et de transmettre l'information. Une impulsion électrique est émise au niveau du segment initial (base de l'axone qui émerge du corps cellulaire). Cette décharge électrique va entraîner une modification au niveau de la membrane de l'axone avec des échanges d'ions de part et d'autre de la membrane. Ce mécanisme va permettre une transmission de l'influx nerveux tout au long de la membrane de l'axone jusqu'à la zone de contact (appelée synapse) avec un autre neurone. Cet influx nerveux va alors entraîner la libération de neurotransmetteurs dans la fente synaptique (espace séparant les deux neurones). Ces neurotransmetteurs vont agir sur des récepteurs présents sur le deuxième neurone et entraîner une réaction chez ce neurone. Cette réaction chimique permet la transmission de l'information.

Afin que les neurones puissent remplir pleinement leurs actions, ils vont avoir besoin d'être nourris et protégés. C'est le rôle des cellules gliales avec, parmi elles, les astrocytes qui entourent les neurones et leur apportent les nutriments nécessaires, et les cellules microgliales, qui les protègent en éliminant les germes éventuels.

Le cerveau et son fonctionnement ont un rôle important sur le comportement et l'adaptation de l'individu. Comme nous l'avons appris lors de nos cours en anatomie et en neuropsychologie, les différentes aires du cerveau sont responsables des fonctionnements moteur, émotionnel et cognitif. Le domaine de la neuropsychologie est dédié à l'étude du cerveau et à la manière dont celui-ci agit sur le comportement de l'individu (Shepherd, 1994).

Modèle animal de Gray et McNaughton

Ce modèle permet de mieux comprendre l'implication des différentes structures cérébrales face à un danger et offre des extensions pour la compréhension des mécanismes mis en jeu chez l'homme.

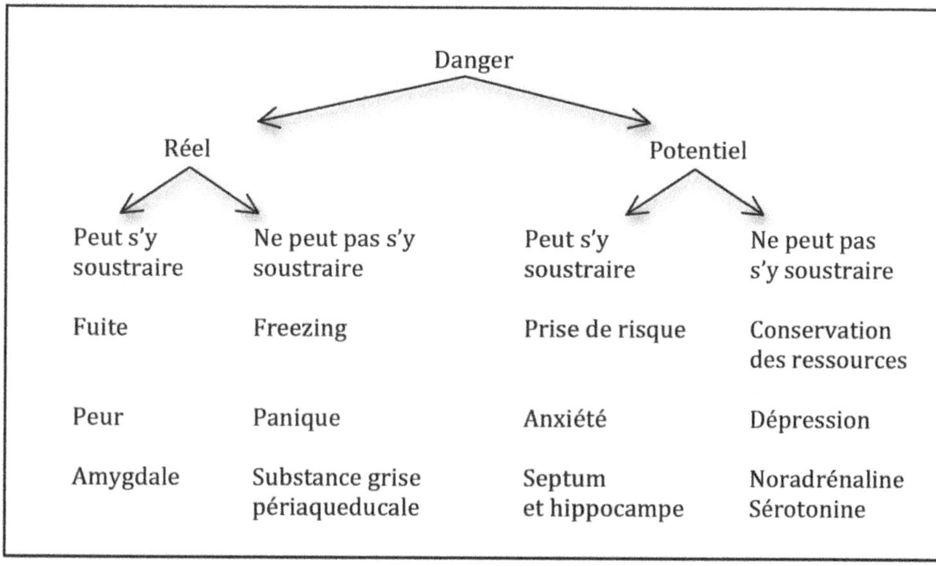

Figure 3.1 – Modèle animal de Gray et McNaughton (traduit par Belzung, 2007)

Certaines parties du cerveau vont plus particulièrement nous intéresser. Nous allons les étudier séparément.

L'hypothalamus correspond à un ensemble de noyaux de la base du crâne. Il gère l'activité du système endocrinien. C'est notamment le cas par la sécrétion de la corticolibérine, appelée plus communément *Corticotropic Relaising Factor* (CRF) ou *Corticotropic Relaising Hormon* (CRH). Ce neuropeptide va être sécrété lors de stress et agir au niveau de l'hypophyse pour favoriser la sécrétion de la corticostimuline ou *Adrenocorticotropic Hormon* (ACTH) qui stimulera à son tour la glande corticosurrénale pour libérer des glucocorticoïdes (cortisol). L'hypothalamus va aussi agir au niveau de la régulation de la température corporelle, du sommeil, de la prise de nourriture et de boissons, des activités impliquées dans les interactions agressives avec l'environnement (pour les parties postérieures et latérales) ou du calme et du sommeil (parties antérieures et médiales), des états d'alerte et du développement de caractéristiques sexuelles secondaires (Belzung, 2007 ; Felten, 2011).

L'amygdale est un regroupement de noyaux localisés au niveau des lobes temporaux. L'amygdale serait préférentiellement impliquée dans les réactions anxieuses et de peur. Il semble que l'amygdale basolatérale puisse attribuer une valence émotionnelle à un stimulus donné (Belzung, 2007). En effet cette portion amygdalienne reçoit des fibres nerveuses provenant de zones corticales temporales traitant des informations sensorielles (nos différents sens détectant un stimulus vont en rendre compte à cette zone). Cette amygdale basolatérale va ensuite transmettre l'information vers notamment l'hippocampe, le cortex préfrontal, le thalamus et une autre partie amygdalienne : l'amygdale centrale. Cette dernière zone permet la coordination de la réponse autonome et comportementale au stimulus (Belzung, 2007).

L'hippocampe fait partie du système limbique et il est situé dans la partie médiale du lobe temporal antérieur. Pour O'Keefe et Nadel (1978), l'hippocampe permet d'établir une carte cognitive de l'environnement, c'est-à-dire une cartographie de l'environnement, notamment par traitement spatial des informations. Pour d'autres auteurs, comme Olton (1979), il serait impliqué dans la mémoire de travail (par utilisation de l'information pour une tâche immédiate).

Gray (1982) détermine, de son côté, un système d'inhibition comportemental que l'hippocampe constitue avec le septum. Ce système serait activé dans les situations anxiogènes. Des stimuli comme des signaux de punition, d'absence de récompense, de nouveauté ou effrayants induiraient une augmentation de l'attention et une inhibition comportementale (coordonnée par l'hippocampe et le septum ; Belzung, 2007).

Le septum est localisé entre les ventricules latéraux. Il reçoit des informations de l'hippocampe, des bulbes olfactifs et d'une partie du thalamus. Il transmet des informations à l'hippocampe, à l'amygdale et à l'hypothalamus. Il semble que le septum intervienne dans l'agressivité et le plaisir. Il aurait aussi un rôle dans l'apprentissage et la mémoire (Belzung, 2007).

Le cortex préfrontal représente un tiers du volume cortical. Cette zone a été rendue célèbre par le dramatique accident survenu à Phineas Gage, chef d'équipe chargé de faire exploser une roche lors de la construction d'une voie ferrée au XIXe siècle. Son crâne fut transpercé par une barre de fer lors d'une explosion, entraînant une lésion du cortex préfrontal responsable d'un changement radical de son comportement : il devint agressif, capricieux, irritable, impatient. Le cortex préfrontal reçoit des afférences des cortex associatifs, du thalamus et de l'amygdale. Il transmet des informations notamment vers : les aires motrices, le thalamus, l'hypothalamus, l'hippocampe, l'amygdale.

La partie dorsolatérale du cortex préfrontal serait impliquée dans les fonctions exécutives. En cas de lésion, il existe notamment un déficit de mémoire de travail et dans la génération des mots. Les lésions de la partie orbito-frontale sont responsables d'une irritabilité, d'une désinhibition comportementale, d'une impulsivité, de changements d'humeur ou de problèmes dans la prise de décision (cas de Phineas Gage). Lors de lésions dans la partie médiale apparaît une perte de motivation, d'intérêt et d'initiative motrice (Belzung, 2007).

La figure 3.2 présente une proposition de compréhension du stimulus-réponse avec les voies neuro-anatomiques impliquées et le lieu d'action possible des thérapies comportementales et cognitives.

La voie courte est automatique et inconsciente, la voie longue fait intervenir la conscience (aires préfrontales). Les troubles émotionnels utilisent surtout la voie courte.

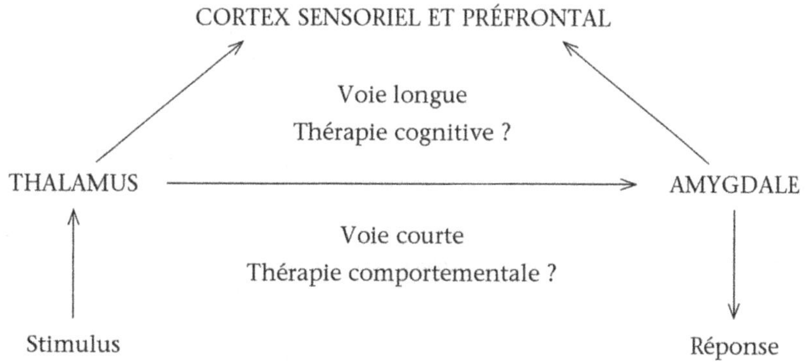

La voie courte est automatique et inconsciente, la voie longue fait intervenir la conscience (aires préfrontales). Les troubles émotionnels utilisent surtout la voie courte. L'habitation est facilitée par le cortex préfrontal.

Figure 3.2 – Voies du traitement de l'information émotionnelle (d'après Le Doux, 1998)

Le cerveau peut aussi être compris selon les différents systèmes de fonctionnement qui y cohabitent (Kandel *et al.*, 2012). Le système de neurotransmission permet la communication entre les neurones par l'intermédiaire des neurotransmetteurs. Les systèmes sensoriels ont pour fonction de traiter les informations acquises par les récepteurs sensoriels grâce aux cellules spécifiques permettant la vision (cellules rétiniennes), l'odorat (cellules olfactives)… ainsi que d'autres informations concernant les conditions externes (température, position du corps, etc.). Nous verrons plus loin que ce système est à la fois clair et simple mais qu'il peut impliquer un niveau important de complexité lorsque le traitement de l'information intervient dans les processus de sensation et de perception (Lieury, 2015).

Les systèmes moteurs, quant à eux, comprennent les aires du cerveau qui sont impliquées dans l'origine des mouvements, surtout en agissant sur les muscles (Kandel *et al.*, 2012). Rappelons que ces systèmes moteurs sont à l'origine des réflexes plutôt automatiques, thème d'étude des structuralistes au début de l'étude de la psychologie. Et enfin, le système d'éveil concerne notre capacité à porter notre attention aux aspects internes de nous-mêmes et au contexte externe ; de même, ce système règle le fonctionnement de la veille, du sommeil et des rêves.

Fonction	Origine des données	Structure cérébrale impliquée
Apprentissage de la peur	IRMf	Amygdale Cortex cingulaire antérieur Insulae Cortex prémoteur
Peur conditionnée	Patients avec lésions	Amygdale
Anticipation de la peur	TEP	Cortex préfrontal Aire temporale droite Insulae
Sentiment de peur	Neuro-imagerie	Cortex cingulaire Cortex orbito-frontal Insulae Hypothalamus Aires somato-sensorielles secondaires
Ressentir une angoisse avec une composante viscérale	Crise d'épilepsie partielle	Insulae
Ressentir une peur intense	Crise d'épilepsie partielle	Cortex orbito-frontal Cortex cingulaire

Tableau 3.1 – Identification des circuits de la peur chez l'homme (selon Belzung, 2007)

Nous avons vu dans le chapitre précédent que Thorndike était persuadé que l'apprentissage pourrait impliquer une action directe des neurones. Et il n'était pas loin d'avoir raison. Très tôt dans l'étude de la neuropsychologie, l'acétylcholine a été identifiée comme un neurotransmetteur très important dans les fonctions liées à la mémoire et à l'apprentissage (Kalat, 1984). L'implication de la dopamine sur les mécanismes de récompense et d'anticipation semble aussi avoir un effet important sur l'apprentissage (Clark *et al.*, 2005). La dopamine semble être impliquée dans l'apprentissage de concepts et de règles (Clarke *et al.*, 2005 ; Houck et Wise, 1995). De même, elle semble présenter un lien étroit avec la tendance à l'approche dans l'apprentissage et serait ainsi liée à l'exploration (Cloninger, 1987).

Une contribution majeure des connaissances sur le fonctionnement du système nerveux chez l'être humain nous vient des études sur les pathologies.

Pour ce qui est des systèmes de neurotransmission et de mémoire et/ou apprentissage, il est connu que les troubles tels que le syndrome de Korsakoff (déficience de thiamine, ou vitamine B1, retrouvée dans les cas graves d'alcoolisme) ou la maladie d'Alzheimer (régression progressive des capacités mnémoniques et détérioration globale du fonctionnement cérébral) ont pour origine des troubles dans le système de neurotransmission (Kalat, 1984 ; Clark *et al.*, 2005).

En termes de régulation de l'humeur et d'adaptation de l'individu, le système de neurotransmission joue plusieurs rôles importants. Comme nous l'avons vu pour les neurotransmetteurs impliqués dans l'apprentissage et la mémoire, c'est surtout le dysfonctionnement qui a pu renseigner sur le fonctionnement normal de ces systèmes. Par exemple, les patients souffrant de schizophrénie semblent produire et/ou libérer moins de glutamate. De même, la production de la dopamine chez ces patients semble être altérée (Clark *et al.*, 2005).

Comme nous nous venons de le voir, la dopamine est déjà impliquée dans les mécanismes d'apprentissage par le rôle joué dans le système de récompense. Ce rôle de la dopamine semble aussi être impliqué dans les troubles addictifs, notamment pour la cocaïne, car certains patients présentent des dérégulations de ces systèmes après une utilisation prolongée de ce genre de substance (Clark *et al.*, 2005).

Ayant des fonctionnements similaires et parallèles, la noradrénaline (norépinephrine) est associée avec la vigilance, l'éveil et l'anticipation des récompenses (Cloninger, 1987). Une production non optimale de noradrénaline implique l'insomnie, la perte de poids et l'irritabilité. Une surproduction de noradrénaline semble avoir pour effet des manifestations anxieuses.

La sérotonine est un neurotransmetteur qui semble avoir un effet médiateur sur les processus de cognition, de l'humeur, de l'éveil et de l'appétit. La sérotonine est aussi impliquée dans la dérégulation de l'humeur et le sommeil, et dans la manifestation des impulsions agressives et des comportements violents (Clark *et al.*, 2005).

Anomalies morphologiques et fonctionnelles au cours de différentes pathologies anxieuses

Pathologie	Données morphologiques	Données fonctionnelles
État de stress Post-traumatique	↓ Volume hippocampe	↓ Hippocampe ↑ Cortex cingulaire, insulae, amygdale, cortex préfrontal, cortex orbito-frontal
Trouble de panique	↓ Volume lobes temporaux et amygdale	Asymétrie gauche/droite hippocampe et régions para-hippocampiques
Trouble obsessionnel-compulsif	↓ Volume noyau caudé	↑ Cortex cingulaire antérieur et orbitofrontal Rien dans amygdale ou hippocampe
Phobie spécifique		↑ Cortex orbito-frontal, cingulaire, insulae, aires visuelles
Phobie sociale		↑ Amygdale et cerveau antérieur droit

On peut observer à la fois un patron de déficit ou d'hyper-activation spécifique à chaque pathologie et des traits communs.

N.B. Les données très sporadiques concernant l'anxiété générale ne seront pas présentées.

Ce regard relativement bref sur le système nerveux de l'être humain nous permet de comprendre l'implication profonde et importante du cerveau dans notre fonctionnement. Au-delà de cette complexité et du fait que le cerveau humain soit organisé pour générer des manifestations comportementales, émotionnelles, et cognitives, nous souhaitons souligner que son rôle doit être pris en compte dans la compréhension des troubles psychopathologiques. Outre les dysfonctionnements possibles, il est important de considérer l'impact des régimes, du sport et du sommeil sur le fonctionnement, optimal ou non, du cerveau et la manière selon laquelle ceux-ci peuvent avoir un impact sur le comportement de l'individu.

2. Le modèle cognitif

Le domaine de la cognition, comme c'est le cas pour la plupart des domaines que nous avons présentés jusqu'ici, est un vaste domaine qui a fait l'objet de plusieurs ouvrages. La cognition doit être retenue dans une assertion large, regroupant l'ensemble des mécanismes cognitifs, des modèles et des aspects théoriques afférents.

Comme nous l'avons remarqué précédemment, la psychologie cognitive a mis du temps avant de devenir un domaine d'étude spécifique en psychologie. John Anderson, grand cognitiviste américain, s'est demandé avec justesse comment la psychologie avait pu ignorer les mécanismes cognitifs aussi longtemps (1985).

L'étude de la cognition trouve ses racines dans l'approche des structuralistes, qui avaient tenté d'étudier l'introspection avec des méthodes empiriques. L'échec connu par les structuralistes a probablement poussé les scientifiques de cette époque, comme Thorndike et Watson, à « mettre de côté » cette cible d'étude par manque de moyens acceptables au niveau scientifique.

Nous voyons donc que l'étude de la cognition de l'être humain nécessite une certaine souplesse dans les réflexions des chercheurs. Malgré les avancées en psychologie, la cognition demeure un domaine complexe tout en restant passionnant par l'ensemble des découvertes effectuées et à venir.

Nous traiterons d'abord du développement des travaux sur la cognition, puis proposerons les définitions des grands concepts du traitement de l'information, l'encodage, et les processus de mémoire, tout en restant proches de notre intérêt pour les TCC.

2.1 Développement de la cognition et des approches cognitives

En psychologie du développement, il existe une dichotomie entre, d'une part, les influences de l'hérédité et, d'autre part, celles de l'environnement sur le développement de l'individu (ce que nos collègues anglo-saxons nomment *nature and nurture*), la part revenant à chacune d'elles n'étant pas toujours claire. Cette question a été reprise sous plusieurs formes : empirisme *versus* nativisme, biologie *versus* culture, etc. Cette dichotomie trouve ses origines dans la philosophie grecque. Depuis, il a été communément admis que l'interaction de ces deux influences était essentielle au développement de l'enfant (Miller, 2002). En outre, les avancées dans les techniques d'imagerie cérébrale démontrent que le cerveau vit des changements et des modifications tout au long de sa vie, et ceci en fonction des expériences vécues par l'individu.

Comme nous l'avons vu, le cerveau de l'être humain est doté, d'une part, de structures qui conduisent la sensation et la perception et, d'autre part, de structures qui soutiennent les processus cognitifs, notamment les différentes aires du cortex cérébral.

Par ailleurs, le cerveau est organisé d'emblée pour établir les connexions fondamentales qui aideront l'enfant à gérer ses perceptions, à organiser ses cognitions et à élaborer une relation avec le monde externe. Ces bases étant acquises très tôt, le développement cognitif suit un processus amenant l'enfant à développer des capacités de réflexion et de traitement de l'information qui vont l'influencer pendant toute sa vie.

Les apports théoriques de Piaget

La théorie de Jean Piaget est le plus souvent associée au développement cognitif chez l'enfant. Cette théorie est parfois partiellement remise en question, car les méthodes de Piaget étaient plus observationnelles que scientifiques (observation de ses propres enfants parmi d'autres), il n'y avait pas de prise en compte des différences culturelles, et une possible sous-estimation des capacités de l'enfant a été soulevée (Miller, 2002). Pourtant cette théorie propose un cadre clair pour comprendre le développement de la cognition de l'enfant.

Piaget fut considéré comme révolutionnaire dans ce domaine car il avait avancé l'idée que l'acquisition de la cognition n'était jamais définitivement ni terminée ni figée et que tout au long de son développement l'enfant allait continuer à développer ses capacités cognitives. Le processus décrit par Piaget souligne justement l'interaction entre les capacités en voie d'acquisition chez l'enfant et son expérience du monde extérieur, lesquels s'influencent mutuellement. Autrement dit, les connaissances de l'enfant sur le monde se modifient et changent tout au long du processus du développement cognitif.

L'organisation de sa théorie fait partie de l'école structuraliste (présentée au chapitre 1). Ce qui est à la fois un atout – car Piaget cherchait à opérationnaliser les éléments les plus basiques pour rendre compte de la complexité des mécanismes cognitifs – et un désavantage majeur dans son approche car, comme c'était le cas pour les structuralistes et l'introspection, la définition des éléments de base s'est révélée un défi impossible à réaliser de manière exhaustive et précise.

La théorie de Piaget s'organise autour d'une série de stades par lesquels l'enfant passe afin d'acquérir ses capacités cognitives d'adulte. Les stades de Piaget ont, pour la plupart, été remis en question de nos jours car ils n'avaient pas fait l'objet d'une approche empirique pour cautionner leur existence. En effet, Piaget a mené une observation de ses propres enfants puis d'autres enfants afin de bâtir sa théorie du développement cognitif.

Malgré cette lacune empirique, les stades décrits par Piaget ont apporté une notion fondamentale du développement cognitif de l'enfant (et plus tard de l'adulte).

Piaget pensait que l'enfant passait par des stades d'une complexité croissante et son approche suggère que l'individu peut acquérir de nouvelles manières d'utiliser sa cognition tout au long de sa vie. Cela fut effectivement démontré par la suite au travers d'études scientifiques en psychologie même si les mécanismes sous-jacents ne sont pas encore totalement compris.

Les différents stades de Piaget

- Le premier stade est le stade « sensorimoteur », allant de la naissance à l'âge de deux ans. Ce stade se construit en fonction du développement des différents sens et du développement moteur. Pendant ce stade, l'enfant va comprendre son monde et son impact sur le monde à partir de son vécu. Il va acquérir et développer l'utilisation de ses capacités motrices. Celles-ci vont en retour l'informer sur sa place dans le monde et l'aider à construire une base simple de connaissances. Pendant cette période, les enfants se montrent « scientifiques » dans leur approche du monde ; le bébé est réputé laisser tomber sans cesse les objets depuis sa chaise haute tout en évaluant si quelqu'un va, ou ne va pas, les chercher. C'est ce rôle d'expérimentateur qui va lui permettre de mieux cerner ce qui se passe autour de lui. De même, l'enfant de 18 mois est connu pour passer son temps à déverser le contenu de son verre afin de tester ce qui se passe. Cela agace profondément les parents alors que la finalité du comportement est d'expérimenter comment fonctionne le liquide. Les actions de ces enfants ne sont pas conçues pour manipuler ou frustrer les autres (même si les parents le pensent parfois !), l'enfant cherche simplement à construire des associations entre ce qu'il fait et les conséquences de ses actions. Ces bébés expérimentateurs apprennent donc non seulement de quoi ils sont capables au niveau moteur et sensoriel, mais aussi comment leurs actions peuvent avoir un effet sur l'environnement, notamment sur les individus de leur entourage.
- Le deuxième stade est celui de la « période pré-opératoire », allant de 2 ans à 7 ans. Elle est considérée comme la période où l'enfant commence à utiliser les notions acquises préalablement pour symboliser son monde.

  Cette période permet à l'enfant d'affiner ses connaissances et d'acquérir des informations incontournables et essentielles. Par exemple, la dénomination des objets, des couleurs et des événements l'aide à s'exprimer et à se situer dans son vécu. Les processus symboliques sont surtout caractérisés par l'acquisition du langage. Les jeunes enfants débutent l'apprentissage du langage et le font à une vitesse importante ; les questionnements des jeunes enfants de 5 à 6 ans laissent souvent les parents désemparés par la nécessité de formuler une réponse qui doit être à la fois précise et compréhensible pour l'enfant. Par exemple, les questionnements sur le fonctionnement du monde (« Pourquoi la nuit tombe ? »)

demandent aux parents de prendre en compte les connaissances établies de l'enfant (forme de la Planète, rotation de celle-ci) et de tout bien expliciter, parfois avec l'aide d'un support (globe), pour les aider à mieux comprendre ces notions (pourquoi la journée est-elle découpée en « jour » et « nuit »).

- Le troisième stade est celui de la « période des opérations concrètes » qui permettra à l'enfant de 7 à 11 ans d'élaborer des connaissances fondées sur la logique afin d'effectuer de nombreuses opérations mentales. Cette période est surtout marquée par l'acquisition de la lecture et par la capacité à réaliser les opérations mathématiques. Les enfants entrent dans une période où l'apprentissage à l'école, au sens classique, est possible et primordial. Si la période précédente a permis à l'enfant de symboliser son monde avec le langage et d'acquérir des informations essentielles pour le comprendre, ce nouveau stade lui permet de développer des capacités d'apprentissage autonome. Ce stade est marqué par l'existence de capacités de réflexion relativement rigides, qui empêchent l'enfant de relativiser et de nuancer ses expériences.
- Le dernier stade est celui de la « période des opérations formelles » et va accompagner l'enfant du tout début de son adolescence (environ 11 ans) jusqu'à l'âge adulte. Cette période est notable pour le développement de la capacité à réfléchir sur des notions totalement abstraites, partant des principes de logique préalablement acquis. Nous avons souligné plus haut les changements au niveau cérébral qui soutiennent ce développement. Par exemple les études récentes mettent en avant un processus d'élagage neuronal suivi par l'acquisition de connexions neuronales plus solides. Il semblerait que cette période donne lieu en effet à des capacités cognitives de haut niveau, qui relient les connaissances acquises, les états de l'individu, ses émotions, etc.

En parallèle de l'élaboration de ces stades, Piaget a défini plusieurs termes qui sont souvent repris en psychologie cognitive et notamment en TCC :

- *La permanence de l'objet* : l'acquisition de cette notion permet à l'enfant de concevoir l'existence d'un objet, même en son absence. Par exemple, avant l'acquisition de cette notion, un enfant qui envoie un ballon sous le canapé pense que celui-ci n'existe plus. Cette notion, une fois acquise, permet de concevoir qu'un objet continue d'exister même s'il est hors de la vue.
- *La conservation* : c'est une notion que l'enfant va acquérir et qui lui permettra de comprendre qu'un objet peut être présent sous une forme différente et pourtant être en même quantité. L'exemple de Piaget est celui d'une boulette d'argile. Si celle-ci est étirée, elle prend une autre forme et l'enfant pourra avoir la perception (erronée) d'une plus grande quantité. C'est le cas aussi de l'eau si celle-ci est présentée dans un verre haut et mince, puis transvasée dans un verre plat et large, l'enfant considérera qu'il y a plus d'eau dans un verre plus haut, même s'il a pu observer le transvasement. Il n'a pas alors encore acquis la notion de conservation.

- *L'assimilation* : c'est un processus par lequel l'enfant intègre la réalité externe dans son organisation cognitive. Les éléments de l'environnement seront ajoutés à ce qui existe déjà comme éléments mémorisés et qui viennent renforcer ce qui a déjà été acquis. Il y a incorporation de nouveaux éléments sans changer de structure cognitive, ce qui permet de complexifier les connaissances. L'assimilation est un renforcement de l'intégration de l'environnement à la construction psychique existante.
- *L'accommodation* : c'est un processus de réorganisation du système cognitif afin d'intégrer une nouvelle expérience de manière satisfaisante. Si les structures existantes ne peuvent pas intégrer une expérience par assimilation (car celle-ci est nouvelle et inconnue), la réorganisation des structures cognitives permettra cette intégration. L'accommodation est une modification des structures psychiques de l'organisme pour s'adapter aux conditions extérieures.

L'assimilation et l'accommodation sont des processus dynamiques et complémentaires d'adaptation cognitive (Miller, 2002). Ces deux processus sont nécessaires pour que l'individu mette à jour régulièrement son système cognitif selon ce qu'il vit.

Schème : le dictionnaire *Larousse* propose la définition suivante : « le schème est une structure dynamique qui se construit au cours de répétitions nombreuses d'actions ou de perceptions et qui évolue en fonction de nouvelles expériences » dans la théorie de Piaget (Larousse, 1994, p. 691). Il faut concevoir un schème comme une structure de base qui contient des savoir-faire qui seront adaptables à des situations similaires. Il s'agit d'une organisation psychique abstraite qui va permettre de mettre en place des actions. Les schèmes nouveaux s'organisent par des essais et par l'assimilation d'éléments nouveaux à un schème déjà existant.

Notons que d'autres domaines de la psychologie parlent aussi de schèmes, mais avec un autre sens que celui donné par la psychologie cognitive. Notons également que les TCC accordent un sens particulier aux schèmes par le biais des thérapies sur les schémas.

Comprendre les processus d'assimilation et d'accommodation

Si nous voulons de façon simpliste décrire les processus d'assimilation et d'accommodation, nous allons prendre l'exemple de l'observation d'une tasse. Imaginons que dans votre esprit vous ayez une représentation d'un certain nombre de tasses (de couleurs, de tailles et de formes différentes). Vous êtes amené à observer un nouvel objet qu'une personne remplit de thé et qu'elle utilise pour le boire. Par un processus d'assimilation, ce nouvel objet, dont un certain nombre de paramètres laissent à penser qu'il correspond à une tasse (il comporte une anse, il est fait dans une matière résistante au chaud et il est utilisé pour boire), sera intégré au groupe de tasses déjà répertoriées. En acceptant cette tasse comme faisant partie de la catégorie des tasses possibles, nous pourrons passer à un processus d'accommodation qui fait que lorsque nous reverrons cette tasse, celle-ci sera immédiatement identifiée comme faisant partie des tasses connues.

Miller (2002) met en avant certaines faiblesses de la théorie de Piaget. Notamment, elle y voit un manque de lien entre les notions cognitives et leurs effets sur le comportement. Par ailleurs, comme nous l'avons évoqué, la validité empirique dans l'explication des stades proposés par Piaget fait défaut, même si l'on constate une évolution constante des cognitions tout au long du développement de l'enfant. Enfin, Miller note que Piaget n'amène pas assez d'informations sur les mécanismes sociaux ou émotionnels inhérents à l'acquisition des connaissances.

Malgré ces critiques, la contribution de Piaget à la compréhension des processus cognitifs de l'enfant fut importante. Le modèle qu'il a proposé nous fournit une base pour comprendre l'acquisition des mécanismes cognitifs de l'être humain tout en soulignant l'importance de ce processus. C'est grâce à Piaget que les cognitions ont été reconsidérées après l'échec spectaculaire des structuralistes dans leur étude sur l'introspection.

Le rôle des mécanismes cognitifs, comme nous le verrons, est essentiel dans les TCC ; et les bases proposées par Piaget ont donné lieu à l'étude du constructivisme, école de pensée très importante de nos jours dans les TCC.

2.2 Bases théoriques des mécanismes cognitifs

Nous avons vu au début de ce chapitre les différentes parties du cerveau dont celles consacrées à la sensation et à la perception. Ces parties sont essentielles pour comprendre les processus cognitifs que nous allons décrire ci-dessous.

Perception et attention

Parmi les différents sens développés par l'individu, la vision et l'audition sont considérées comme étant pleinement impliquées dans les processus cognitifs. Les autres sens participent à un moindre degré et nous les aborderons plus brièvement.

Quand les informations sont perçues, selon le sens utilisé, elles vont avoir un lieu de stockage différent. Ce qui est capté par la vision sera enregistré dans la mémoire visuelle (appelée « mémoire iconique »), ce qui arrivera par l'audition sera stocké dans une mémoire auditive (« mémoire échoïque » ; Anderson, 1985).

Plusieurs études ont été consacrées à la compréhension du contenu, de la qualité et de la quantité des informations captées par nos sens. Ces études nous renseignent sur le fait que les êtres humains peuvent traiter certaines informations de manière prioritaire (par exemple la perception de visages par le bébé). Par ailleurs, les études déterminent la capacité de stockage de ces mémoires en soulignant le minimum et le maximum d'éléments possible à garder. Il faut noter que l'effet de différentes variables, surtout psychologiques, comme le stress ou la concurrence d'informations, va interférer avec les capacités perceptives de l'individu. Ces interférences vont aussi venir perturber l'encodage.

Lorsque les informations arrivent dans la mémoire, selon l'attention prêtée à ces informations par l'individu et les efforts mis en œuvre pour les garder, celles-ci peuvent rester plus ou moins ancrées dans la mémoire par un processus d'« encodage ». Dans un premier temps, les informations sont enregistrées dans la mémoire à court terme (MCT), et, avec la mise en œuvre de processus spécifiques, ces informations peuvent se transférer vers la mémoire à long terme (MLT). Ce type de transfert est classique dans la vie de tous les jours. Si quelqu'un nous donne une information considérée comme importante, par exemple un numéro de téléphone, nous allons faire en sorte de garder ce numéro en tête ; si nous ne disposons pas d'un stylo (ou d'un téléphone portable pour l'enregistrer immédiatement !), nous allons répéter ce numéro afin de le garder en mémoire jusqu'à ce que nous ayons la possibilité de le noter ou de le mémoriser. De même, en révisant leurs examens, les étudiants vont garder les informations en les stockant dans leur mémoire à long terme. Pour cela, ils vont utiliser des techniques dites « mnémoniques » permettant d'encoder les données. Par exemple, pour mémoriser les différents éléments dans un système, on connaît des sigles pour pouvoir les mémoriser et les retrouver par la suite le jour de l'examen. En l'occurrence, on peut citer la célèbre phrase « Mais où et donc or ni car ? », qui reprend l'ensemble des conjonctions de coordination.

Les mémoires sensorielles peuvent encoder beaucoup d'informations détaillées et précises, mais seulement pour des périodes très courtes (Anderson, 1985).

Les études suggèrent que les mémoires iconiques restent disponibles 0,25 seconde et les mémoires échoïques, 2 à 3 secondes (Lieury, 2015) mais avec une attention accrue impliquant des processus de mémorisation, l'encodage sera plus long. Par exemple, pour garder des informations en mémoire (comme pour le numéro de téléphone plus haut), notre attention sera déployée pour que la mémoire passe d'abord en MCT puis en MLT si nécessaire.

La quantité d'informations perçues et encodées est très variable pour les perceptions visuelles. En revanche, pour les perceptions auditives, il y aurait un nombre « magique » de sept plus ou moins deux éléments (Lieury, 2015). Ce nombre d'éléments indique que nous pourrions accepter seulement sept (plus ou moins deux, selon les capacités de l'individu) informations à la fois en MCT. Par exemple, pendant longtemps, les numéros de téléphone aux États-Unis ont été composés de sept chiffres, ce qui rendait leur mémorisation commode. Pour encoder de manière plus efficace des informations en nombre supérieur, il faut utiliser un regroupement d'informations ; ainsi un numéro de téléphone français de dix chiffres peut être encodé en cinq éléments de deux chiffres (« 85 » au lieu de dire « 8 », « 5 »).

Enfin, notons que la quantité d'informations nécessaires pour percevoir les éléments est connue comme le « seuil perceptif », défini comme le minimum d'informations nécessaires pour percevoir et identifier un élément ; par exemple, les notes nécessaires pour reconnaître une chanson ou bien les traits qui forment une lettre (Lieury, 2015).

Si nous n'avons que des capacités d'attention limitées pour l'encodage d'informations visuelles et auditives, nous savons qu'il est possible d'améliorer ces capacités (Anderson, 1985). Par exemple, la mémorisation des poésies chez les enfants devient plus facile lorsqu'ils apprennent des moyens de mémorisation utilisant des techniques mnémoniques (regroupement de phrases, reconnaissance de *patterns* verbaux, etc.). Plus un processus est utilisé, moins nous aurons à y faire attention pour le mettre en œuvre. Les processus qui demandent beaucoup d'attention sont dits « contrôlés » car nécessitant un niveau élevé de contrôle. Les processus pour lesquels nous avons une habitude pratique sont plutôt « automatiques » car nécessitant moins d'attention (Anderson, 1985). Par exemple un serveur dans un bar qui utilise habituellement différentes techniques pour garder en mémoire les commandes des clients aura des processus plus automatiques qu'un serveur qui débute et qui doit prêter plus attention pour garder en mémoire les informations (processus contrôlés).

L'attention est nécessaire aussi à la perception afin que les éléments perçus restent plus longtemps et qu'ils soient encodés. La notion d'attention est très vaste, mais plusieurs chercheurs (Goldstein et Goldstein, 1990) ont proposé de décrire l'attention à travers le contrôle qui se divise en deux éléments : l'intensité et la sélectivité.

L'intensité fait référence soit à l'efficacité mise en œuvre pour prêter son attention, soit à l'activité cérébrale engagée pour bien percevoir et comprendre les informations. Lorsque nous entendons des informations nouvelles ayant une importance pour nous, nous allons prêter une attention plus intense pour mieux encoder l'information. Par exemple, si nous rencontrons quelqu'un qui nous intéresse, nous allons être plus attentifs à son nom afin de se le rappeler plus facilement ensuite. Ou encore, en écoutant un message important diffusé dans le métro ou dans une gare, nous allons être plus attentifs aux informations qui suivent le signal sonore. La vigilance se décrit par un état attentionnel soutenu. En psychologie clinique, nous verrons plus loin qu'un excès de vigilance peut engendrer de l'anxiété par une intensité (trop) soutenue prêtée à l'environnement.

L'attention peut aussi se décrire par sa sélectivité. Lorsque notre attention est sollicitée par plusieurs voies de réception, nous sommes confrontés à un choix : ou bien prêter toute notre attention à un seul élément, ou bien partager notre attention entre deux, ou plusieurs, éléments. Par exemple, dans une pièce bruyante avec beaucoup de gens autour, il est nécessaire de focaliser son attention sur la conversation en cours sans être distrait par les autres propos et sons autour de nous. De même, comme pour l'exemple plus haut, en entendant un signal sonore dans le métro ou dans une gare, notre attention sera effectivement plus intense mais aussi très sélective afin d'écarter tous les autres éléments provenant de l'environnement. Comme pour l'intensité, la sélectivité peut aussi avoir une répercussion en psychologie clinique. En effet, notre attention peut cibler des éléments qui ne sont pas importants, mais le fait de les sélectionner leur accorde une importance, ce qui pourrait entraîner un biais de par cette sélectivité. Par exemple, nous verrons dans le chapitre suivant que les êtres humains ont une préférence sélective pour les informations négatives, ce qui pourrait effectivement les rendre plus vulnérables à la survenue de pathologies psychiques à long terme.

Comme nous l'avons vu, le cerveau est impliqué de manière directe dans l'apprentissage et les mécanismes de mémoire. Il apparaît évident que toute substance qui peut avoir un effet sur le cerveau peut avoir un effet sur les capacités d'apprentissage et de mémoire. Un processus décrit par Overton (Kalat, 1982) met en avant l'effet de la prise d'une substance sur ces processus de mémoire. Connu comme un « apprentissage dépendant de l'état », ce phénomène se manifeste quand l'individu est dans un processus d'apprentissage alors qu'il est sous l'effet d'une substance (drogue ou alcool par exemple). Le rappel de cet apprentissage ne pourra se faire que dans l'état où l'apprentissage a été réalisé. Dans un registre similaire, il semble que l'état émotionnel puisse avoir un effet aussi sur les capacités de mémoire, ce qui se retrouve notamment dans les travaux de Brewin (2014) sur le rappel et les types de souvenirs chez les individus traumatisés.

Si les connaissances sont vastes sur les processus de sensation et de mémorisation impliqués dans les perceptions visuelles et auditives, les mécanismes concernant les perceptions tactiles, olfactives et gustatives sont moins bien compris. Nous savons cependant que les autres types de perceptions sont encodés dans la mémoire et associés à d'autres informations, mais les processus impliqués sont peu étudiés.

Il est bien connu que les perceptions olfactives peuvent être associées à des souvenirs ayant un poids émotionnel très fort. L'odeur du parfum des fleurs peut ainsi facilement évoquer des souvenirs agréables (mariages) que désagréables (obsèques). De même, Lieury (2015) évoque la fameuse madeleine de Proust où l'auteur, goûtant ce gâteau, ravive le souvenir de la madeleine qu'il a partagée avec sa grand-mère.

Exemple clinique des mécanismes de perception et mémorisation au cours d'un accident grave

Les prises en charge de patients victimes d'un traumatisme grave, par exemple lors d'un accident de voiture, amènent à évaluer les différentes perceptions, sensations et cognitions présentes lors de l'accident.

C'est ainsi qu'un patient victime d'un accident grave évoquait l'ensemble de ce qu'il avait pu ressentir et imaginer alors que son véhicule prenait feu et qu'il était coincé par sa ceinture de sécurité. Il expliquait l'angoisse qui montait, la douleur qu'il pouvait ressentir car les flammes commençaient à l'atteindre. Il réussit à sortir de son véhicule gravement brûlé et fut hospitalisé plusieurs mois en raison de l'importance des brûlures. De nombreuses années après son accident, il présenta sans raison apparente une attaque de panique qui l'amena à consulter. La thérapie chercha à comprendre les facteurs pouvant expliquer cette attaque. Il s'avéra que c'est en rentrant un soir au domicile que celle-ci se déclencha. Sa compagne cuisinait et c'était l'odeur particulière d'un plat qui était en train de brûler qui avait activé le souvenir de l'accident. Cette simple odeur venait de lui rappeler (sans qu'il en ait eu conscience à ce moment-là) l'odeur de sa propre peau qui brûlait lors de l'accident. Son cerveau avait parfaitement mémorisé cette odeur. Il a pu exprimer que c'est l'odeur, lors de l'accident, qui lui avait fait prendre conscience du danger qu'il était en train de vivre, plus que la douleur elle-même (les brûlures ayant été particulièrement graves, les structures nerveuses cutanées détruites ne transmettaient plus l'information de douleur au cerveau). Cette mémoire olfactive associée à un événement traumatique grave traduit bien cette possibilité que le cerveau a d'enregistrer toutes les informations sensorielles nécessaires à sa protection.

Modèles de perception visuelle

Nous avons vu dans le premier chapitre qu'en l'absence d'une compréhension exhaustive des processus mentaux, la psychologie avançait des modèles possibles pour comprendre les phénomènes psychiques. Nos connaissances ont permis de comprendre que l'individu recevait les informations (sensation, perception), qu'il les comprenait (par des mécanismes d'association), puis les encodait dans la MCT et parfois dans la MLT (mémorisation). Mais la description de ces processus avec une certitude scientifique reste impossible. Concernant le traitement de l'information, plusieurs modèles de perception sont évoqués mais nous ne savons pas avec certitude lesquels sont réellement mis en œuvre, ni dans quelles conditions.

Afin de comprendre les modèles de perception, il faut considérer que la perception est d'abord un processus qui a pour objectif de capter les informations. Dans le cas de la perception visuelle, le processus commence par l'arrivée d'une image au niveau de la rétine (tissu neurosensoriel constitué de neurones, de cellules gliales et de cellules photo-réceptrices, les cônes et les bâtonnets, à la surface interne du globe oculaire). Les mouvements de l'œil aident à mieux percevoir l'objet visionné. Ces mouvements sont coordonnés entre la vision au niveau de la fovéa (centre de la vision regroupant majoritairement des cônes) et la vision périphérique (où prédominent les bâtonnets). L'œil explore rapidement l'objet visionné afin d'en faire une identification. Deux modèles sont proposés pour expliquer ce processus d'identification.

Un premier modèle nécessite la mise en rapport de l'image perçue avec le stock d'images déjà visionnées et encodées dans le passé (*template matching*; Anderson, 1985). Ce modèle implique qu'une image déjà mémorisée soit trouvée en concordance avec l'image visionnée. Par exemple, si nous voyons une voiture, notre cerveau va comparer cette image à d'autres images stockées et déterminer qu'il s'agit d'une voiture car les images s'y rapprochant sont celles de voitures.

Un autre modèle suppose que notre cerveau effectue une analyse des éléments constitutifs de l'objet, et que c'est à partir de ces éléments que l'objet peut être identifié. Dans l'exemple d'une voiture, si nous sommes en face d'une voiture atypique ou peu répandue (comme une voiture amphibie), nous regarderons les éléments qui constituent l'objet (carrosserie, roues, portes, glace, rétroviseurs), et nous arriverons à la conclusion que ces éléments concernent bien une voiture.

Dans le même ordre d'idée, il suffit parfois que seulement quelques éléments soient mis en avant pour identifier l'objet perçu. Si nous voyons un véhicule à trois roues, même si cette voiture n'est pas totalement en accord avec notre modèle d'une voiture, notre cerveau va présumer que malgré les différences, cet objet remplit les conditions nécessaires pour correspondre à l'idée que nous nous en faisons. De même, si une partie de la voiture est cachée par une bâche, nous pouvons reconnaître qu'il s'agit d'une voiture à partir des composants visibles (la roue, ou bien le pare-chocs), ou de la forme générale sous la bâche.

Les modalités des processus de perception peuvent se faire de deux manières. Dans un premier cas, le processus commencera par l'identification de l'objet dans sa globalité avec une reconnaissance de plus en plus détaillée des éléments qui le constituent par la suite. Dans un deuxième cas, les éléments sont identifiés isolément, puis la totalité des éléments sont regroupés pour comprendre la globalité de l'objet.

Un certain nombre de principes de la Gestalt expliquent la reconnaissance d'objets à partir de nos perceptions visuelles. Cette orientation de la psychologie pour comprendre la perception est née en Allemagne quand les psychologues du XIXe siècle, les structuralistes, pensaient que les mécanismes mentaux étaient le résultat des champs magnétiques sur le cerveau (Lieury, 2015). Certaines « lois » émanent de l'orientation gestaltiste, à savoir la loi de proximité, la loi de similitude, la loi de symétrie et la loi de clôture.

La loi de proximité nous montre que les objets qui sont regroupés ou placés à proximité les uns des autres peuvent donner un autre sens. Par exemple, une série de points peut être comprise comme une série de points individuels ou bien comme un objet plus grand (une ligne ou une forme).

La loi de similitude regroupe les objets selon des qualités qui leur sont communes. Par exemple des éléments de la même taille ou de la même couleur seront plus facilement regroupés que des objets moins similaires entre eux.

La loi de la symétrie détermine que la perception des formes est améliorée lorsqu'une symétrie est présente.

La loi de clôture permet la reconnaissance des formes par une proximité qui donne un sens à l'objet. Par exemple, un cercle qui est construit de petits points dont certains sont manquants sera moins perçu comme étant un cercle et pourra donner l'impression d'être plutôt la lettre « C ».

Comme Rychlak (1981) le souligne, ces lois ne se manifestent pas de façon exclusive les unes par rapport aux autres. Elles peuvent interagir entre elles, par exemple lors de l'utilisation des lois de la proximité et de la clôture, il est possible de dessiner un cercle par un ensemble de points.

La *Gestalt* conçoit une loi dite « loi de prégnance » (*Pragnanz* en allemand) qui détermine que l'organisation psychologique va toujours faire en sorte d'être aussi « bonne » que les conditions le permettent. Cela permettra d'identifier une forme la plus régulière, la plus symétrique, la plus simplifiée et la plus parfaite possible quand nous la percevons. Finalement, l'ensemble des lois vont se référer à cette loi de prégnance dans la mesure où elles cherchent à permettre la meilleure perception (Rychlak, 1981).

Pour finir, Lieury (2015) suppose que les illusions sont des échecs « spectaculaires » de la perception. Lorsqu'il s'agit d'illusions visuelles, les éléments de l'objet présentés sont organisés d'une manière qui prête à confusion. Par exemple, un dessin peut être fait pour présenter deux objets en même temps. L'attention accordée à certains éléments favorisera la perception d'un objet alors que l'attention accordée à d'autres éléments donnera l'impression d'un autre objet complètement différent. Notons que l'attention utilisée pour percevoir les illusions est à la fois intense et sélective.

En psychologie clinique, les illusions peuvent apparaître dans les situations ambiguës quand l'individu n'est pas sûr de ses perceptions et n'arrive pas à savoir comment comprendre sa situation. Par exemple, lorsque nous sommes confrontés à quelqu'un qui ne sourit pas, nous pouvons supposer que cette personne n'est pas contente, ou qu'elle n'est pas satisfaite, ou en donner toute autre interprétation ; alors qu'il est tout à fait possible que ce soit un individu qui n'a pas un tempérament qui le pousse à sourire souvent, même s'il est content dans sa vie. Du coup, le manque d'expressions faciales positives peut donner l'illusion de quelqu'un qui n'est pas heureux.

Des images et des illusions

Ces quelques dessins expliquent bien l'illusion. En fonction de ce que vous regardez, vous apercevrez des objets différents. Sur le premier dessin, que voyez-vous ? Un vase ou deux visages qui se font face ? Sur le deuxième dessin, que voyez-vous ? Deux cubes avec un espace vide devant eux ou trois cubes dont celui qui est au milieu ressort en avant ?

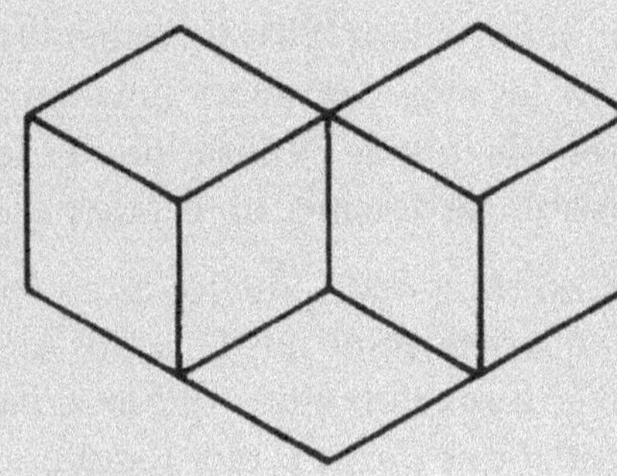

Traitement de l'information

La théorie du traitement de l'information fait partie des théories de la psychologie cognitive qui aident à mieux cerner comment l'individu comprend le monde. Issue de l'approche informatique, elle conçoit l'homme plutôt comme « une machine à penser ».

Différents auteurs s'accordent sur le principe que cette approche englobe quatre éléments de base : la pensée, l'analyse de stimuli, la modification du contexte et l'évaluation de l'obstacle.

La pensée est composée de plusieurs éléments dont nous avons déjà parlé. Nous avons évoqué les notions de sensation et de perception des stimuli, à la fois externes et internes. Nous avons abordé l'attention nécessaire pour encoder des informations, les différents mécanismes ainsi que certains types d'interférences qui peuvent agir sur l'attention. Enfin, l'encodage de ces informations en mémoire a aussi été présenté. Tous ces aspects composent le modèle du traitement de l'information.

Enfin, l'évaluation de l'obstacle fait référence au processus de résolution d'un problème. Cela nécessite de prendre en compte la difficulté du problème, qui est représentée comme un obstacle pour l'individu ; et la capacité de l'individu de le résoudre. Cette capacité dépendra du niveau de développement cognitif ainsi que de l'aptitude intellectuelle.

Cette approche du traitement de l'information est largement acceptée et développée dans les théories cognitives. Cependant si Miller (2002) retrouve des avantages dans ce modèle, elle y voit aussi des limites.

Parmi les avantages, elle avance la capacité du modèle du traitement de l'information de rendre compte de la complexité de la cognition humaine. Cependant, elle souligne, comme d'autres auteurs, que le modèle se fonde sur un modèle informatique ne laissant pas la possibilité de bien rendre compte des nuances de la pensée humaine, ce qui pourra sans doute beaucoup évoluer avec l'arrivée de l'intelligence artificielle.

Métacognition et métamémoire

Deux autres notions sont aussi importantes pour conclure l'étude de la cognition et de l'apprentissage : la métacognition et la métamémoire. Le préfixe « méta » implique un processus conducteur des processus subsidiaires.

Pour la métacognition, cette notion évoquée par Flavell implique la capacité de réfléchir sur ses propres processus cognitifs (Miller, 2002). Cette capacité demande non seulement une attention portée sur sa propre cognition et son fonctionnement, mais aussi sur l'état physiologique et le contexte qui peuvent avoir un effet sur ce processus.

C'est une capacité que nous avons à être conscients des mécanismes cognitifs (ce que nous nous disons et comment) mis en place dans une situation particulière. Pour Gombert (1990), la métacognition regroupe à la fois les connaissances introspectives et conscientes que l'individu peut avoir de ses processus cognitifs, mais aussi la capacité que le sujet va avoir de contrôler et d'organiser ses processus cognitifs pour atteindre un but. Nous pourrions le résumer par : réfléchir sur ses réflexions.

Exemple de métacognition en clinique

Dans le cas de suivi de patients souffrant de dépression, il est fréquent qu'ils présentent des cognitions négatives sur eux-mêmes. Par exemple, un patient dépressif qui présente un état de fatigue important va souvent avoir du mal à réaliser ses tâches domestiques et quand il voit qu'il n'arrive pas à les faire, il peut se dire : « Je suis nul, je ne sers à rien. » Ces cognitions par elles-mêmes sont négatives, mais le sujet peut aussi avoir conscience de ce qu'il se dit. Dans le processus métacognitif il se rend compte du regard qu'il a sur lui-même et du discours négatif qu'il se porte à lui-même, ce qui peut venir majorer encore ses affects dépressifs. Il se juge négativement et juge négativement son discours sur lui-même.

La métamémoire est la connaissance de ses propres connaissances. Nous sommes conscients du stockage d'informations et de souvenirs présents dans notre mémoire. Nous sommes conscients de ce que nous savons et de ce que nous ne savons pas. Cette métamémoire va nous permettre de résoudre rapidement un problème. Si nous savons que nous ne savons pas, nous irons chercher l'information ailleurs. Si nous savons que nous savons, nous chercherons dans notre mémoire l'information et nous pourrons aussi pour cela utiliser des stratégies pour y accéder (faire une liste de choses, rechercher deux informations que l'on sait associées).

Le rôle d'inhibition du cortex préfrontal

Nous avons vu que de nombreux processus cognitifs étaient impliqués dans l'apprentissage et le maintien de comportements ou de croyances.

Nous verrons un peu plus loin comment vont se créer des associations, des conditionnements qui vont nous permettre de comprendre le développement de troubles psychopathologiques et aussi comment les traiter.

Nous avons abordé dans le chapitre précédent le cortex préfrontal et son rôle. Il est situé dans la partie antérieure du cerveau et permet d'organiser les actions et comportements nécessaires en réponse aux besoins internes ou externes.

Cette zone du cerveau dispose de neurones qui encodent : mémoire de travail, conditionnement et valeur de la récompense, inhibition des comportements inappropriés, détection des erreurs, gestion des conflits et contrôle cognitif (Dubois *et al.*, 2021).

Il semble que cette zone du cerveau puisse venir inhiber le système limbique et notamment les amygdales (centre de la peur). C'est notamment par l'action des neurones préfrontaux qu'une action d'inhibition s'exercerait au niveau limbique, permettant de limiter la dimension émotionnelle. L'action du cortex préfrontal gauche notamment serait importante. Elle serait réduite dans la dépression, pouvant expliquer la forte participation émotionnelle (McGill, 2024).

Nous verrons plus loin que ce mécanisme d'inhibition est à développer au cours de la thérapie afin de réduire la composante anxieuse et de permettre une extinction efficace d'un comportement phobique. Nous parlerons de l'approche comportementale qui cherche à amener une habituation face à une situation phobique pour aboutir à l'extinction de la peur, alors que pour s'assurer du bon maintien de l'extinction, il faudrait surtout favoriser une inhibition par l'action du cortex préfrontal.

3. L'attachement

3.1 Naissance de la notion d'attachement

La théorie de l'attachement est née quand John Bowlby a constaté l'importance de la mère pour l'enfant. Il avait remarqué avec son collègue John Robertson (1952) qu'un enfant séparé de sa mère exprimait de la détresse, immédiatement suivie par du désespoir. Il lui semblait que l'interruption de cette relation pouvait engendrer une psychopathologie. Ce qui l'intéressait, c'était de savoir pourquoi et comment cette relation pouvait amener le sujet vers le développement d'une pathologie.

Les théories de son époque ne suffisaient pas à apporter une réponse satisfaisante à ses questionnements car elles étaient toutes fondées sur le concept d'une pulsion secondaire, spécifique : le besoin de manger. Certains chercheurs notaient cependant qu'un enfant pouvait s'attacher à quelqu'un qui ne le nourrissait pas (Ainsworth, 1964). Bowlby le remarqua plus tard : « La théorie de la pulsion secondaire ne me semblait pas remplir les critères. Par exemple, si elle était vraie, un enfant devrait facilement nouer une relation avec n'importe qui le nourrit, et ceci n'était clairement pas le cas. Mais, si cette théorie n'était pas suffisante, quelle était l'alternative ? » (1980).

Bowlby a été amené à reconsidérer les bases de ces théories et à constater que le processus impliqué dans ces théories était celui de l'apprentissage ; il a considéré que le processus était plutôt biologique et provenait de la sélection naturelle (1958).

L'histoire de la théorie de l'attachement n'implique pas seulement John Bowlby. Pendant les années 1950, Mary Ainsworth, membre de son laboratoire, avait été embauchée dans le but d'observer les enfants en appliquant les principes éthologiques de la théorie de l'attachement postulés par Bowlby. Elle a réalisé des observations en Ouganda et à Baltimore aux États-Unis, ce qui a donné lieu à la conceptualisation des différences individuelles quant à la qualité de l'attachement et à l'importance de ce dernier dans la psychologie du développement (Cassidy, 1999).

3.2 Notions fondamentales

La qualité innée du comportement d'attachement

Le point le plus important dans la théorie de l'attachement est que la base de l'attachement est innée et implique un effet sur le comportement.

Bowlby (1969/1982) détermine que les comportements essentiels à l'attachement se divisent en deux types : comportements de proximité et comportements d'interpellation. Il est évident que l'enfant peut bénéficier de la proximité du parent pour plusieurs choses (nourriture, apprentissage, etc.), mais Bowlby met surtout l'accent sur le fait que la proximité donne à l'enfant un avantage en termes de survie, en le protégeant des menaces extérieures. Les sollicitations d'interactions de la part de l'enfant vont lui permettre de garantir la participation du parent. Le comportement d'attachement est inné et a une fonction de protection. S'il n'y avait pas cette protection, l'enfant n'aurait jamais ni l'occasion d'apprendre ni celle de se nourrir. Nous voyons le paradigme fonctionnel avec l'implication de l'apprentissage comme élément fondamental dans sa théorie.

Ces comportements (d'exploration, d'interpellation, de proximité) sont considérés comme étant organisés dans un système d'attachement, concept provenant de l'éthologie. L'attachement, dans la mesure où il est inné, va persister, même si les parents ne remplissent pas les besoins de l'enfant. Ce dernier constat a été validé par les recherches démontrant que les enfants s'attachaient même aux parents maltraitants (Bowlby, 1988).

Ce qui domine dans ce concept de comportement d'attachement, c'est l'idée que ce système correspond à l'organisation d'un répertoire de comportements qu'il pourra mettre en place en réponse aux impératifs internes et externes.

Réponse aux impératifs internes et externes

Afin de bien comprendre l'attachement, il faut comprendre que l'enfant va devoir utiliser certains comportements pour répondre à des impératifs. Prenons l'exemple d'un enfant qui serait frappé par un autre. L'impératif interne sera pour lui que sa tristesse (angoisse) soit apaisée. L'impératif externe sera de stopper le fait de se faire frapper. Pour cela, il va utiliser des comportements qu'il a dans son répertoire en cherchant à les utiliser de façon optimale. C'est ainsi que pour calmer son impératif interne, il va se blottir dans les bras de sa mère et que, pour stopper l'impératif externe, il demandera l'intervention de l'adulte auprès de l'autre enfant. Ceci permettra de rendre plus sécurisant son environnement. Mais ces comportements de l'enfant seront optimaux si l'attachement lui a permis d'acquérir un panel de comportements dans lequel il pourra choisir le plus judicieusement le (ou les) comportement(s) adapté(s).

Sroufe et Waters (1977) ont remarqué que ce système ne se réduisait pas simplement à un ensemble de comportements uniformes et rigides, mais que l'on pouvait plutôt constater la fonction de ces comportements et remarquer que certains avaient un sens parallèle et une fonction similaire. À ce propos, Bowlby (1969/1982) a remarqué : « le fait qu'un enfant se déplace vers sa mère en courant, en marchant, etc., n'est d'aucune importance, l'essentiel est le but de sa locomotion, c'est-à-dire la proximité de sa mère » (p. 373). Ainsi, la stabilité de l'attachement est assurée par cette organisation, même si les comportements changent au cours du développement.

Ce concept de système organisateur s'avère encore plus intéressant, comme le souligne Cassidy (1999), car il permet à l'individu de répondre de façon souple aux changements de l'environnement tout en se focalisant sur un but. L'enfant est capable de prendre en compte les changements du positionnement de la mère quand il essaye de maintenir un contact avec elle. Cet usage souple des comportements d'attachement permet à l'enfant de fournir des réponses plus efficaces par rapport à ses buts.

Bowlby (1969/1982) a avancé l'idée que cette organisation restait toujours en veille et qu'elle était plus ou moins activée selon les exigences du contexte, semblable aux systèmes physiologiques comme le cœur qui adapte sa fréquence selon la situation ou encore le système respiratoire.

D'autres variables interviendraient aussi dans l'organisation du système d'attachement : le contexte (que nous avons déjà partiellement évoqué), l'émotion, la cognition, et les différences individuelles.

Le contexte peut être compris selon ses deux qualités distinctes : les besoins internes de l'enfant et l'existence de menaces externes. Pour activer le système d'attachement, il peut y avoir l'une ou l'autre, ou bien les deux en même temps.

Bowlby a également avancé que l'émotion était liée à l'attachement et que le lien entre l'enfant et le parent était une source de joie et de plaisir. En revanche, la perte – même l'absence provisoire – de ce lien serait une source d'angoisse, semblable au deuil.

Sur le plan cognitif, l'organisation du système d'attachement impliquerait les représentations mentales de soi, de l'objet de l'attachement (le parent) et de l'environnement. Ces représentations seraient fondées sur l'expérience de l'enfant. D'autres chercheurs, notamment Main, ont utilisé le concept du modèle interne opérant (voir plus loin) en lui accordant une grande importance (Main, Kaplan et Cassidy, 1985). Au lieu d'accorder de l'importance aux modèles internes eux-mêmes, Bowlby a proposé de mettre l'accent sur leurs effets dans le développement de la cognition (en particulier la permanence de l'objet, l'apprentissage, l'attention sélective, etc.).

L'appréciation de ces modèles comme moyens d'organiser la cognition est particulièrement intéressante car elle renvoie aux capacités à organiser son comportement. De même, nous verrons plus tard que le modèle interne aura des effets divers sur l'individu.

En ce qui concerne les différences individuelles, Main (1990) a imaginé que la capacité humaine à s'attacher était facilitée par la capacité de l'enfant à accepter une diversité de relations dans lesquelles il puisse créer des liens d'attachement. Par exemple, dans les relations avec la fratrie, les grands-parents, les amis, les enseignants, etc., l'enfant peut élaborer des relations d'attachement différentes. Bien que tout enfant soit « attaché » à ses parents, la qualité de cet attachement sera différente selon un ensemble de variables. Nous verrons plus loin les différences typiques dans l'attachement, mais nous pouvons déjà avancer que les expériences de l'enfant influenceront significativement la qualité de son attachement et l'organisation de celui-ci.

Relations entre l'attachement et d'autres systèmes comportementaux

Selon Bowlby, le système d'attachement ne peut être complètement compris sans considérer ses liens avec d'autres systèmes comportementaux. En particulier, le système exploratoire et le système d'activation de la peur sont très impliqués dans l'organisation de l'attachement. Ces deux systèmes ont des implications vastes pour l'individu, notamment en ce qui concerne l'apprentissage.

Le système exploratoire

L'enfant a besoin d'explorer son environnement ; cela lui permet d'apprendre, de ressentir et, avant tout, de faire l'expérience intégrative de ce que contient son monde. Mais, de par l'orientation fonctionnaliste de cette théorie, il est évident que le comportement exploratoire va entraîner certains risques pouvant engager sa survie si l'enfant n'est pas capable de les éviter. Ainsworth a remarqué (1964) qu'il existait un équilibre dynamique entre le système exploratoire et le système d'attachement. De plus, l'articulation entre ces deux systèmes est plus importante que chaque système pris isolément.

Le concept le plus déterminant dans la théorie de l'attachement est celui de l'existence d'une base sécurisante depuis laquelle l'enfant peut explorer le monde environnant tout en gardant un sentiment de confiance ; cette base sécurisante n'est autre que le parent. Dans le cas idéal, l'enfant maintient l'équilibre entre son besoin d'explorer et celui de se sentir sécurisé. Il utilise les deux systèmes en fonction de son évaluation du danger dans l'environnement et de son estimation de la disponibilité (ou proximité) de son parent : sera-t-il disponible si nécessaire ?

Si l'environnement paraît trop menaçant, l'enfant aura moins tendance à l'explorer. De même, si le système d'attachement est activé parce que le parent est provisoirement absent, ou bien parce que l'enfant se sent faible à cause de la fatigue par exemple, il sera moins disposé à explorer. En conséquence, les possibilités d'apprendre seront réduites.

À l'opposé, dans un cas où l'enfant se sent en sécurité sur plusieurs plans, il va explorer et découvrir son environnement. Ainsi, au lieu d'empêcher son exploration, l'attachement va lui garantir une plus grande implication dans son environnement (Bowlby, 1973). De plus, ce n'est pas seulement la présence du parent qui va donner un sentiment de sécurité à l'enfant, mais c'est aussi la croyance chez l'enfant que le parent sera disponible si nécessaire ; une croyance mise en place par des expériences de l'enfant dans des situations précédentes (ce qui est en soi un apprentissage).

Comme nous l'avons évoqué, l'aspect d'apprentissage est clairement en jeu dans la mise en place du système d'attachement et la capacité de l'enfant à explorer son environnement. S'il n'arrive pas à apprendre depuis son environnement, cela le mettra en difficulté à long terme, et ce pour au moins trois raisons.

- Tout d'abord car il aura un manque d'expérience dans les interactions avec son environnement, ce qui est pourtant nécessaire pour son bon développement.
- Mais comme nous l'avons évoqué, le fait de ne pas pouvoir compter sur un environnement propice à l'apprentissage est en soi un apprentissage qui aura des retombées sur les capacités à apprendre par la suite.
- Et pour finir, ne pas pouvoir faire confiance à son environnement et malgré tout l'explorer va, à la longue, empêcher l'individu de vivre pleinement.

Ce sont ces trois éléments, selon nous, qui favoriseront le développement des troubles psychopathologiques.

Le système d'activation de la peur

L'activation de la peur est aussi étroitement liée à l'attachement. Cette relation est simple à saisir : il faut retenir que si l'attachement semble être un comportement adapté ayant un but de survie, la peur, par les comportements d'évitement des situations menaçantes, est à la racine de l'instinct de survie. Bowlby (1973) a parlé des stimuli qui sont associés au danger sans être nécessairement dangereux : le noir, les bruits forts, l'isolement, etc.

Le vécu de la peur permet d'apprendre. En évitant les stimuli anxiogènes, la peur permet d'apprendre rapidement quels stimuli sont les plus nocifs. Cependant, un système de peur facilement activé ne permet pas à l'individu de faire la part entre les éléments véritablement dangereux et les autres qui semblent dangereux et qui pourtant ne le sont pas.

Bowlby (1969/1982) suggère que le système de la peur est aussi lié au conflit d'approche-évitement. Ce conflit est mis en jeu quand l'individu est confronté à un élément qui lui pose problème, le plus souvent un élément jusque-là inconnu. Alors que le très jeune humain (mais c'est aussi vrai pour l'animal) aura tendance à s'approcher de tout, avec très peu d'expérience, il va apprendre que certains stimuli sont dangereux. Ainsi, chaque nouveauté est vue sous un angle d'approche-évitement. Le choix d'approcher comporte des risques car si l'élément est finalement nocif, l'enfant connaîtra la peur ; mais ne pas s'approcher empêche la découverte et donc l'apprentissage. L'aboutissement de l'évitement, c'est l'apprentissage de la peur face au nouvel élément ; car l'association est rapidement faite entre l'élément et la peur.

Le lien d'attachement

Le lien d'attachement selon Ainsworth

Ainsworth (1989) a parlé du lien d'attachement comme étant une caractéristique de l'individu plutôt que la description d'un lien entre deux personnes. Alors que le système d'attachement est composé d'un ensemble de comportements, le lien d'attachement se fonde sur la relation, surtout affective (c'est-à-dire une composante émotionnelle), entre les personnes.

Ce lien affectif est durable, lié à une personne en particulier, ayant une qualité émotionnelle profonde, déterminant un besoin de proximité avec l'autre et engendrant une détresse lors de la séparation. Dans l'attachement, il y a aussi la qualité de la relation qui sera sécurisante ou non. Il faut remarquer aussi que ce lien est normalement à sens unique : l'enfant aura ce lien avec son parent, mais le parent ne cherchera pas la sécurité auprès de son enfant, sauf dans des cas pathologiques. Cependant, entre adultes, le lien d'attachement fonctionne dans les deux sens, c'est un moyen de régulation émotionnelle et de sécurité entre deux personnes (Hazan et Zeifman, 1999).

Multiples liens d'attachement

Bowlby (1969-1982) avait noté l'existence de plusieurs liens d'attachement au cours de l'enfance. L'enfant va établir, pendant sa première année, plusieurs liens avec d'autres personnes, dont la qualité primordiale sera l'attachement : la mère, le père, d'autres relations, les nourrices, etc. Main et Weston (1981) ont remarqué que ces liens pouvaient avoir des sens différents selon que les qualités d'attachement sont présentes ou absentes. Ainsi, un enfant organisera son système d'attachement à partir de ses différentes relations. De plus, il pourra avoir un lien sécurisant avec certains, mais pas avec d'autres.

Quoi qu'il en soit, l'enfant apprendra rapidement à quel point il peut explorer son environnement et utiliser certaines personnes comme base sécurisante. Cet apprentissage, aussi dur soit-il, lui permettra d'évaluer la situation externe en fonction de ses besoins et sentiments internes et, ce, selon l'expérience de différents liens d'attachement. Autrement dit, le fait de ne pas pouvoir « compter » sur certaines personnes est important pour l'enfant car c'est une réalité de la vie. Cependant, si plusieurs liens d'attachement se montrent inadéquats, l'individu aura du mal à long terme à faire confiance à différentes personnes.

D'autres chercheurs, notamment Hazan (Hazan et Zeifman, 1999), ont parlé des liens multiples d'attachement présents plus tard dans la vie. Ces liens forment aussi la base des relations pour l'individu tout au long de sa vie, même si la notion d'attachement évolue avec les besoins de l'individu.

Il est communément admis que la sécurité est un aspect primordial et nécessaire pour chaque relation, que celle-ci soit avec un parent, un ami ou, plus tard, un conjoint.

La qualité de l'attachement

Dans cette présentation, de l'attachement, nous parlons régulièrement de la notion de « sécurité ». En effet, un élément important de l'attachement est le lien fonctionnel qui garantit la survie de l'individu par cette sécurité des relations proches. Le lien de l'attachement lui-même peut avoir des qualités plus ou moins « sécurisantes », c'est la notion de qualité de l'attachement.

Très tôt dans ses travaux sur l'attachement, puis par les observations des dyades mère-enfant, Ainsworth a postulé l'existence de trois types d'attachement : sécurisant, évitant ou ambivalent/résistant (Ainsworth, Blehar, Waters et Wall, 1978).

Ces trois types d'attachement se fondent sur plusieurs éléments : les comportements de l'enfant par rapport à l'exploration de son environnement, les moments de séparation d'avec la mère, les comportements lors du retour de la mère après la séparation. Ces comportements ont été relevés lors de l'observation de la situation étrange (voir encadré).

La situation étrange (Ainsworth, 1978)

Après avoir réalisé une première étude en Ouganda sur la séparation et le sevrage de vingt-huit bébés, Ainsworth effectue à Baltimore des observations de dyades mère-enfant au domicile et finit par établir un dispositif expérimental appelé « la situation étrange » qui cherche à évaluer de façon qualitative le type d'attachement que présentent des enfants de douze mois. Ce test de laboratoire comprend sept phases :

1) L'enfant est avec son parent dans la pièce d'enregistrement avec des jouets.
2) Une personne inconnue les rejoint.
3) Cet(te) inconnu(e) capte l'attention de l'enfant et le parent quitte la pièce.
4) Le parent revient et l'inconnu(e) part.
5) Le parent quitte la pièce 3 minutes plus tard, laissant l'enfant seul.
6) L'inconnu(e) revient seul(e).
7) Le parent revient alors que l'inconnu(e) s'en va.

Ces situations filmées sont ensuite analysées grâce à des échelles interactives. Les comportements tant de l'enfant que de l'adulte sont observés. La qualité sécurisante de la relation est mesurée par :

1) les comportements de la mère qui permettent à l'enfant d'explorer son environnement ;
2) les réactions de la mère et de l'enfant vis-à-vis de l'inconnu ;
3) les réactions lors du départ de la mère ;
4) et les réactions lors du retour de la mère.

La détresse est souvent comprise comme un signe d'une mauvaise qualité d'attachement, alors que Bowlby avait souligné la normalité de cette manifestation. C'est surtout la capacité de l'enfant de se calmer après le retour de sa mère, et la capacité de celle-ci d'encourager cet apaisement qui renvoie à la qualité sécurisante de la relation.

Trois catégories d'attachement ont été définies :

- sécure « sécurisant » ou *securely attached* ;
- insécure « évitant » ou *anxiously attached avoidant* ;
- insécure « ambivalent-résistant » ou *anxiously attached ambivalent/resistant*.

Dans l'attachement sécurisant, l'enfant va utiliser sa mère comme base de départ pour l'exploration : il va explorer son environnement, tout en gardant un lien avec sa mère. Ce lien sera soit physique (l'enfant restera en contact physique avec la mère), soit psychologique (l'enfant regardera sa mère pour voir ses réactions et aussi pour garder le contact avec elle).

Si l'enfant est séparé de sa mère, il est amené à exprimer sa détresse, mais avec une réaction qui n'est ni extrême ni excessive.

Quand l'enfant est ramené près de sa mère, il exprime sa satisfaction et il reprend ses activités d'exploration.

Les autres types de qualités d'attachement contrastent avec ce type sécurisant.

Dans le type d'attachement « évitant », l'enfant explorera son environnement sans vraiment utiliser sa mère comme base de sécurité. S'il est séparé de sa mère, ses réactions de détresse seront minimes, voire absentes, et lors du rapprochement il va sembler ne pas s'intéresser à elle. Lorsque ces enfants sont pris dans les bras de leur mère, ils ont tendance à se crisper et à vouloir être séparés d'elle.

En ce qui concerne le type d'attachement ambivalent/résistant, l'enfant montre des signes de détresse en explorant son environnement, il ne peut pas se mettre à explorer car il n'arrive pas à s'organiser pour le faire. La séparation d'avec la mère entraîne une détresse extrême pour lui, il est incapable de se rassurer. Lors du retour de la mère, sa réaction pourra être soit très angoissée, avec des expressions de colère envers sa mère ; soit très passive, traduisant une détresse profonde avec une réaction de repli sur lui-même.

Ayant observé que certains enfants ne rentraient pas dans cette typologie, Main et Solomon (1986) ont proposé un quatrième type, celui de la désorganisation. Ce type d'attachement est particulier dans le fait que l'enfant semble ne pas avoir de stratégie cohérente pour explorer ou pour faire face à l'angoisse de séparation. Cet enfant montrera des signes mixtes, c'est-à-dire appartenant à la fois au registre d'un enfant sécurisé, à celui d'un enfant évitant mais aussi à celui d'un enfant ambivalent. Il n'a donc pas de comportements spécifiques de réponses.

Types d'attachement	Figures d'attachement	Comportement parental
Catégorie B Modèle sécure • Réflexe de se réfugier chez sa mère • Perçoit le danger • Distingue l'étranger, s'en méfie • A confiance • Sait son parent disponible	*Pattern* sécure	• Réponses satisfaisant aux besoins de l'enfant • Attitude de la mère adaptée • Accordage affectif au niveau des attentes et des sentiments • Acceptation totale des émotions de l'enfant • Mère très affectueuse • Constance et qualité des réponses
Catégorie A Modèle anxieux-évitant ou insécure-évitant • Même en détresse, se focalise sur son environnement • Évitement, indifférence • Pas de recherche de contact • Vulnérabilité émotionnelle • Craintif, détaché, raide • Aucune confiance dans les réponses données • S'attend à être repoussé • Tente de vivre sans soutien	*Pattern* évitant	• Tient peu compte de l'état émotionnel de l'enfant • Peu de plaisir et d'harmonie dans la relation • Tendance à être rejetant (regard, ton, gestes) • Aversion pour le contact physique • Moins affectueuse, souvent ordres et gestes brusques • Se détourne souvent de l'enfant • Absence d'expression émotionnelle de la figure d'attachement • Volonté de maîtrise de la colère empêchant une attitude d'écoute et d'empathie • Parfois attitudes intrusives • Valorisations du cognitif, dévalorisation de l'affectif
Catégorie C Modèle anxieux-ambivalent ou anxieux-résistant • État de confusion, attitudes ambivalentes • Pas de certitude de la réponse parentale	*Pattern* ambivalent	• Problèmes personnels irrésolus, incohérence des réponses maternelles • Fait combler le manque affectif par l'enfant • Vol émotionnel • Culpabilisation de l'enfant • Inconsistance, exagérément affectueuse, non disponible

Types d'attachement	Figures d'attachement	Comportement parental
• Angoisse de séparation, contact et résistance • Effort pour attirer l'attention jusqu'à être apeuré • Hyperactive son système d'attachement • Incapacité à s'intéresser à l'environnement	*Pattern* ambivalent	• Maintien d'une relation de dépendance • Chantage émotionnel • Promesses non tenues
Catégorie D Modèle désorganisé-désorienté Attitudes contradictoires ou incompréhensibles • Tentatives d'approche avortées, inhibition • Attitudes contrôlantes pour tenter de structurer le parent : résignation, colère, hostilité • Associe recherche et évitement du contact • S'agrippe en détournant le regard, pleure sans se rapprocher, reste figé les mains en l'air • Aucune stratégie d'attachement cohérente	*Pattern* désorganisé-désorienté	• Mère avec des signes de désorganisation • Deuils ou traumatismes non résolus ; dépressions • Comportement effrayant (elle maltraite) ou effrayé (a été maltraitée) • Constant état d'appréhension du danger, souvenirs personnels traumatisants

Tableau 3.2 – Types d'attachement chez l'enfant et leurs patterns chez les figures d'attachement selon Delbrouck (2013)

Il va de soi que le comportement de l'enfant n'est pas la seule variable dans la qualité de l'attachement. Comme Bowlby l'a avancé (1969-1980), ce sont les expériences de l'enfant avec sa mère (et d'autres personnes de son entourage) qui donneront lieu à la qualité de l'attachement formant les bases de son comportement. Mais la recherche dans ce domaine montre que cette qualité n'est pas nécessairement fixe et que l'enfant peut présenter des qualités d'attachement variables selon les personnes. En effet, Main (1991) a constaté qu'un enfant pouvait avoir des modèles différents d'attachement, souvent liés aux différentes personnes de son entourage ; par exemple, l'enfant pourrait être ambivalent en ce qui concerne l'attachement à sa mère et sécurisé dans son attachement à son père.

Ce constat est très intéressant mais il n'est pas totalement éclairci car la recherche dans ce domaine n'a pas encore trouvé comment ni pourquoi ces différences de qualité se mettent en place.

Le développement cognitif lié à l'attachement

Il est généralement accepté que les enfants encodent les connaissances de leur système de représentation mentale par le biais de leurs expériences sensori-motrices.

Ces connaissances englobent les relations qu'ils ont avec les personnes de leur entourage avec qui ils engagent des relations fondées sur l'attachement (George et Solomon, 1999). Les représentations mentales de ces relations sont supposées provenir des expériences réelles que l'enfant a eues avec ses parents. Bowlby (1969-1980) a postulé que ces représentations consistaient en un contenu spécifique (incluant l'affect) ainsi qu'en des règles gouvernant l'intégration de la mémoire et gérant la perception.

C'est à l'issue de plusieurs expériences répétées d'interactions que l'enfant manifeste des attentes dans ses interactions avec l'objet d'attachement. Par exemple, l'expérience répétée d'être relevé par sa mère après être tombé, entraîne l'encodage chez l'enfant, comme le dit Daniel Stern (1994), « du schéma d'être avec » la mère, et conduit à l'attente du réconfort et de la consolation face à la détresse chaque fois que l'enfant tombera. Les représentations mentales ont la capacité d'accumuler les expériences du passé et ainsi l'enfant aura un certain nombre d'attentes en relation avec les représentations qu'il s'est construites. Les expériences affectives associées aux interactions survenues dans le passé sont intégrées avec les attentes que l'enfant avait. Les expériences règlent le comportement de l'enfant avec l'objet d'attachement et, en temps voulu, organisent le comportement dans toutes les relations importantes, y compris la relation avec son propre enfant par la suite.

Très tôt, les enfants utilisent des formes symboliques de représentation mentale afin d'organiser leurs connaissances (Bretherton, 1985). Ces structures organisées peuvent être observées dans le comportement de l'enfant ainsi que dans les récits de ses expériences. Il faut noter que ces concepts de compréhension et de représentation des pensées d'autrui font partie de la théorie de l'esprit avancée par Wellman (1996), reprise et améliorée par Baron-Cohen (Baron-Cohen et Lombardo, 2013). Cette théorie essaye de définir les moyens utilisés pour comprendre les actes, les pensées et la vie d'autrui. Comme c'est le cas pour le développement de l'organisation de l'attachement, la théorie de l'esprit semble se développer à partir des expériences perceptives de l'enfant et des croyances qu'il formule à partir de ces expériences. Ces perceptions et croyances sont étroitement liées aux besoins et désirs de l'enfant.

Le test de la « boîte de Smarties » dans la théorie de l'esprit (Perner *et al.*, 1989)

La théorie de l'esprit a été étudiée au travers d'un concept appelé « la croyance erronée ». Le test est réalisé chez des enfants d'âges différents : il consiste à montrer une boîte de « Smarties » (boîte en forme de tube contenant des bonbons) et de demander aux enfants ce qu'il y a dedans. L'enfant répond qu'il y a des bonbons. L'expérimentateur ouvre la boîte et montre à l'enfant que celle-ci contient en fait un crayon. Il referme la boîte. Il demande alors à l'enfant ce qu'il pense que va répondre un autre adulte qui va rentrer dans la salle s'il lui pose la même question. L'enfant de moins de 4 ans répond « un crayon » alors qu'un enfant plus grand répondra « des bonbons » car il est capable d'attribuer une croyance erronée chez autrui quand il en a lui-même fait l'expérience. Ainsi, l'enfant de plus de 4 ans est capable de penser qu'une autre personne va elle aussi commettre une erreur ; il a donc une perception des capacités cognitives de l'autre. La réponse à ce même test réalisé chez des enfants souffrant d'autisme, ayant un âge mental supérieur à 4 ans, sera « un crayon ». Ces enfants auraient un défaut de théorie de l'esprit, ce qui expliquerait les difficultés qu'ils peuvent rencontrer dans leurs relations avec les autres.

Il faut se demander alors ce qui se passe quand le développement de l'organisation de l'un ou de l'autre système, ou des deux, n'est pas optimal. Les travaux de Fonagy et de ses collègues (Fonagy, Steele, Moran, Steele et Higgitt, 1991 ; Fonagy, Steele, Steele, Leigh, Kennedy, Mattoon et Target, 1995) proposent qu'un des critères de la psychopathologie serait un manque de fonctionnement réflexif, un terme qu'ils ont créé pour décrire le lien entre l'organisation de l'attachement et l'organisation de la théorie de l'esprit. Selon ces auteurs, ce fonctionnement réflexif attribue des pensées et des sentiments, et permet à l'individu de donner du sens aux actes de soi et d'autrui. Ces actes deviennent prévisibles et la dépendance à l'autre pour comprendre le sens de ses actes se réduit.

Une autre qualité de ce fonctionnement réflexif est qu'il peut aider l'individu à entrer dans des expériences plus profondes avec l'autre, et finalement dans une vie porteuse de sens. C'est le fait de réussir à lier les mondes extérieur et intérieur qui donne du sens à la vie. Un échec partiel de cette intégration peut engendrer des états anxieux ; un échec important de cette intégration pourrait engendrer la perception d'une réalité dépourvue de sens où s'établissent des rapports concrets et déficients entre l'individu et les autres, c'est-à-dire un type de relation qui caractérise les troubles graves de la personnalité (Fonagy, Leigh, Steele, Steele, Kennedy, Mattoon, Target et Gerber, 1996).

Un autre aspect intéressant dans l'organisation de l'attachement a été proposé par Main (1991). Elle a avancé que les différences entre les organisations de l'attachement pendant l'enfance étaient fortement liées à la qualité de la métacognition chez le parent ; et que les récits incohérents, indicateurs d'une mauvaise organisation cognitive parentale pourraient être à l'origine d'un attachement mal organisé chez l'enfant.

Main a démontré que l'absence d'une capacité métacognitive, comme l'incapacité de « comprendre la nature représentative de sa propre pensée (et de celle d'autrui) » pouvait amener à une incompréhension de l'enfant face à un comportement inattendu de l'adulte. Ils sont incapables de dépasser la réalité immédiate de l'expérience et de saisir la distinction entre cette expérience ponctuelle et ce qui la génère.

Main a mis l'accent sur le développement chez l'enfant de l'état mental que Dennet (1978) a appelé « la position intentionnelle ».

Dennet insiste sur le fait que les êtres humains sont uniques dans leur volonté de se comprendre en termes d'état mental. Comprendre les pensées, les sentiments, les désirs, les croyances a pour but de décrypter et, encore plus important, d'anticiper les actes d'autrui. Il va de soi que l'attribution d'un état émotionnel à autrui implique une explication de son comportement à notre égard.

Si, par exemple, l'enfant est capable d'attribuer à sa mère un comportement dépressif (marqué par le repli sur soi) au lieu de se l'attribuer à lui-même, il est ainsi protégé d'une blessure narcissique qui pourrait être durable. La capacité de l'enfant à élaborer des représentations (émotionnelles et cognitives) de l'état mental donne lieu aussi à l'organisation de son comportement envers le parent (Dennet, 1978).

Théorie de l'esprit et métacognition

Alors que l'individu est capable d'avoir une représentation directe de son environnement, la métareprésentation est une représentation d'une représentation. La théorie de l'esprit permet d'avoir une certaine conscience de l'état mental d'une autre personne et de se le représenter, c'est une métareprésentation. De par cette métareprésentation, la théorie de l'esprit serait ainsi une capacité de la métacognition.

L'idée que le contenu mental puisse être divisé en cognition et émotion a amené certains auteurs à distinguer deux théories de l'esprit, l'une cognitive (dite « froide ») et d'une autre affective (dite « chaude »). La théorie de l'esprit dite « cognitive » serait la capacité de l'individu à se représenter l'état épistémique de l'autre (ses connaissances), permettant de mieux comprendre les croyances et les pensées de l'autre, et d'interférer avec elles. La théorie de l'esprit affective serait la capacité de se représenter les états affectifs de l'autre, de les comprendre et d'en déduire leurs émotions et leurs sentiments selon les situations.

Il est important de souligner que dans le cadre des prises en charge en TCC, l'attention est portée sur la vie actuelle du patient, mais ces thérapies n'occultent pas les expériences précoces qui influencent fortement les comportements futurs de l'individu. L'attachement nous montre à quel point l'organisation cognitive de l'enfant est influencée par ses expériences précoces. Apprentissage et attachement sont deux points fondamentaux pour expliquer la survenue de troubles psychopathologiques par le développement de cognitions inadaptées. Ces dernières seront des points de travail thérapeutique en TCC.

Les modèles internes opérants (MIO)

Enfin, c'est par l'intermédiaire de la notion du modèle interne opérant *(internal working model)* que nous pouvons comprendre le lien clair qui existe entre attachement et TCC.

Nous avons vu plus haut que les multiples liens d'attachement donnaient lieu à un modèle de relations que l'enfant forge avec les individus de son monde. Ce modèle est d'une importance particulière pour la conceptualisation des TCC.

Un modèle interne opérant (MIO) est une représentation mentale que l'individu élabore impliquant les croyances qu'il a sur lui-même, les attentes qu'il élabore sur les autres (surtout les personnes signifiantes dans sa vie) et la relation entre lui et les autres (Bowlby, 1969/1982; Pietromonaco et Feldman Barrett, 2000).

Ce MIO est ainsi dénommé parce qu'il permet à l'individu d'élaborer un modèle qui l'aide à comprendre son propre fonctionnement et à anticiper ses relations avec les autres. Ce modèle est dit « opérant » car il est fondé sur l'expérience de l'individu, surtout en matière d'attachement. Il subit plusieurs changements au cours du développement de l'individu et devient de plus en plus stable avec le temps. Avec la maturité, le modèle s'avère très stable mais il peut continuer à intégrer de nouvelles informations (sur lui et sur les autres). Il peut se modifier pour devenir plus ou moins adapté.

Cependant, comme nous l'avons vu pour l'apprentissage puis pour l'attachement (qui est, finalement, une forme d'apprentissage), l'expérience de l'individu aura un impact important sur son vécu. Toute modification du modèle nécessite non seulement un vécu qui puisse opérer sur le modèle mais aussi une souplesse chez l'individu pour intégrer ces informations.

Le MIO intègre aussi la notion de la théorie de l'esprit.

Pour terminer cette réflexion sur les liens entre ces systèmes organisateurs de la cognition, nous voudrions insister sur la dynamique de chaque système au niveau de l'articulation qui existe entre le monde externe et le monde interne. Par rapport à l'attachement, la théorie de l'esprit et la métacognition, nous pouvons voir que leurs organisations dépendent beaucoup de la gestion de l'articulation entre soi et tout ce qui est extérieur à soi, y compris autrui.

Nous considérons que le MIO élaboré par l'individu permettra de comprendre les difficultés qu'il a pour bien comprendre et fonctionner dans son monde. Nous pensons que si un individu n'arrive pas à élaborer un modèle cohérent de ses relations avec autrui, il risque de mal comprendre non seulement les intentions et les croyances des autres, mais aussi de lui-même. Le risque est bien sûr qu'il soit en inadéquation avec le monde qui l'entoure et que cela génère le développement de troubles psychopathologiques.

Notre objectif n'est pas de remettre en cause les relations parentales, les expériences précoces ou les capacités cognitives mises en œuvre par l'individu lors de son développement psychologique, nous souhaitons cependant souligner à quel point il est important de comprendre cette organisation afin d'aider l'individu à élaborer un fonctionnement cognitif plus adapté. Ce dernier point est bien sûr l'élément central d'une prise en charge en thérapie cognitive.

Conclusion

Les deux premiers chapitres ont permis de retracer l'histoire de la psychologie ainsi que les courants de pensée qui l'ont fortement influencée. Ce chapitre a adopté un point de vue transversal en examinant les concepts fondamentaux en psychologie qui définissent l'être humain et qui nous aident à mieux comprendre son fonctionnement.

Nous avons commencé par les notions issues de la neurobiologie dans l'objectif d'appréhender le comportement et la cognition de l'être humain ainsi que l'influence du système nerveux sur ces derniers. Les informations présentées ont ainsi pu aider à comprendre quelles parties du cerveau et quels mécanismes sont en jeu non seulement dans les productions, motrices et cognitives, mais aussi dans les perceptions humaines.

Avec un focus sur la cognition et la présentation du modèle cognitif en général, nous avons vu notamment que la cognition se construisait chez l'enfant et donnait lieu à des capacités non seulement de perception et de traitement de l'information, mais aussi de pensée sophistiquée à l'âge adulte. Notre objectif était de mettre en avant que notre manière de concevoir le monde commence à partir de ces processus cognitifs.

Si les processus cognitifs sont fondamentaux dans le fonctionnement de l'individu, il est difficile de les dissocier des qualités hautement humaines. Nous avons donc fait le choix de terminer ce chapitre par une présentation de la théorie de l'attachement. Alors qu'à première vue, il peut paraître éloigné de notre intérêt pour les TCC, nous pensons au contraire que cette conceptualisation originale doit être considérée comme une influence très précoce de la cognition par des facteurs humains.

L'attachement nous aide à comprendre comment l'apprentissage, dès la naissance, au sein des relations significatives, peut modeler et appuyer notre perception du monde, d'autrui et de nous-mêmes. Si les mécanismes d'apprentissage sont clairement compris en psychologie, c'est dans le cadre de l'attachement que nous voyons à quel point les relations importantes de notre vie créent et déterminent notre espace cognitif.

Alors que les TCC se donnent pour objectif de considérer la vie actuelle du patient et de traiter plus spécifiquement les problèmes altérant la vie quotidienne, il n'est pas inintéressant de considérer en quoi l'apprentissage a pu créer initialement un cadre cognitif qui ne fonctionne pas de manière optimale chez l'individu. Même si le patient n'a pas forcément besoin de repérer l'origine de son problème (et nous pensons qu'il est difficile d'identifier une origine exacte du problème de toute façon), il est important pour son thérapeute de comprendre en quoi les relations, avec soi et les autres, contribuent au cadre cognitif.

Le rappel historique ainsi que la présentation des sous-domaines de la psychologie nous offrent maintenant un socle conceptuel suffisant pour envisager les TCC comme une méthode pleinement adaptée à la prise en charge des troubles émotionnels, cognitifs et comportementaux. Il reste à présenter les concepts auxquels nous avons fait référence dans ces trois premiers chapitres pour partir vers une compréhension plus exhaustive des notions psychologiques fondamentales inhérentes aux TCC.

Chapitre 4

Notions de base en apprentissage et conditionnement liés aux TCC

Sommaire

Les trois premiers chapitres ont eu pour objectif de situer les TCC en termes d'histoire, de découvertes scientifiques et d'apport des différents domaines de la psychologie. Nous allons, dans ce chapitre et le suivant, présenter des concepts clés provenant de ces différents domaines de la psychologie, notamment ceux de la psychologie de l'éducation et de la psychologie clinique.

Alors que d'autres ouvrages présentent des définitions de ces concepts, notre orientation se fera sur la mise en application de ces concepts sur le plan clinique lors des prises en charge en TCC. Nous mettrons en avant des exemples et des illustrations cliniques en lien avec les TCC. Nous verrons que ces approches permettent non seulement un modèle de prise en charge psychothérapeutique, mais aussi une compréhension de l'individu dans le contexte de sa vie. En effet, les interactions entre ces différentes notions et l'individu sont aussi pertinentes pour la psychopathologie et sa prise en charge que pour la compréhension même de l'individu, même quand il est dans un état plutôt adapté.

Les théories présentées ont été fondées sur des notions scientifiques pointues et complexes ; elles ont permis une élaboration de la structure de l'apprentissage. Nous n'avons abordé dans les chapitres précédents que la partie la plus pertinente dans la compréhension de la psychologie en lien avec les TCC. D'autres ouvrages proposent des définitions plus complètes de ces concepts en les replaçant dans leur contexte original (Doré et Mercier, 1999 ; Lieury, 2011).

1. L'association

Le grand concept qui va servir de lien et sous-tendre tous les autres concepts est la notion d'association. Nous avons vu au premier chapitre la place importante occupée par l'associationnisme en psychologie. Cette notion a formé la base d'une école philosophique et a été reprise dans différents domaines scientifiques. Le mot « association » est fréquemment utilisé dans le langage courant. Son acception est facilement comprise alors que sa définition en psychologie est spécifique.

L'origine latine du mot association est *associatus*, qui n'est autre que le participe passé du mot *associare* dont le sens était simplement « se joindre à ». Il faut noter l'existence de la racine latine *socius* à l'intérieur du mot, ce qui signifie « compagnon ». L'idée d'association, à partir de son origine langagière, sous-tend que deux éléments se mettent ensemble, et deviennent « compagnons ».

Aristote a parlé de l'association dans ses écrits il y a plus de 2000 ans, après quoi John Locke et David Hume ont repris dans leurs écrits cette notion, qui influence les bases de leurs réflexions sur l'éducation et la psychologie.

John Locke (1632-1704) : premiers pas vers l'exposition en thérapie comportementale

John Locke est souvent considéré comme le père de la psychologie empiriste. Son œuvre majeure *Essais sur l'entendement humain* en 1690 met largement en avant son concept du fonctionnement de l'esprit et son opposition à la notion d'« idées innées » développée par son contemporain Descartes.

John Locke décrira, dans le chapitre sur l'éducation de son livre *The Works*, comment amener un jeune enfant qui a peur des grenouilles à surmonter cette confrontation. Il préconise qu'un autre enfant se saisisse d'une grenouille et la place à bonne distance du jeune peureux. Dans un premier temps l'enfant doit l'observer de loin. Une fois qu'il est capable de le faire, il s'approche progressivement, puis, étape par étape, l'enfant va toucher la grenouille puis la tenir dans ses mains sans émotion. Il semble que ce soit le premier écrit connu où une approche aussi précise d'une expérience de désensibilisation est décrite.

Dans ce qui nous intéresse, l'association implique que lors de l'apprentissage deux éléments vont se lier. Le lien qui s'établit entre eux peut se réduire à une association simple, par exemple le fait de s'arrêter à un feu quand celui-ci est rouge (feu rouge = stop) où la réaction de l'individu au feu rouge est quasiment automatique.

Dans un autre cas de figure, aller au restaurant associe l'idée que c'est pour y manger (restaurant = manger) mais cette association est soumise à des aléas (le restaurant peut être fermé ou complet). Que l'association soit simple ou non, elle va de toute façon être enregistrée dans l'esprit de l'individu et sera difficile à supprimer, surtout s'il y a répétition de l'expérience. Nous verrons plus loin que c'est à partir de plusieurs associations liées ensemble à un niveau complexe que l'on construit les schémas qui sont impliqués dans la psychologie du développement et dans une approche spécifique en TCC.

Si les deux éléments ne se trouvent pas associés comme l'individu l'avait anticipé, cela crée une perturbation. Il est possible que cette perturbation amène à contourner cet obstacle en « réparant » l'association d'une autre manière. Ainsi, ayant décidé d'aller manger dans un restaurant, nous avons formé une association qui risque d'être mise à mal s'il ne reste aucune table de libre. L'obstacle sera contourné en allant manger ailleurs, et l'association sera ainsi « réparée ». L'association entre *manger* et *se rendre dans un restaurant* est donc maintenue, malgré un échec provenant de l'expérience de temps en temps.

Dans d'autres cas, l'association est tellement forte qu'il est impossible de la contourner, ce qui, en soi, peut causer un déséquilibre important chez l'individu. Prenons un exemple simple, dans le cas d'un individu qui a l'habitude de manger souvent au même restaurant : s'il se trouve dans l'impossibilité de pouvoir y manger, il peut réagir de manière forte – par la colère et/ou la déception – et refuser de croire qu'il ne peut pas y manger. Si l'association est forte, il est souvent difficile de la casser ; nous verrons notamment que certaines associations, surtout négatives, par exemple la peur associée à un objet (comme une araignée), peuvent être très difficiles à modifier.

Alors que la notion d'association paraît relativement banale, nous ne saurions insister suffisamment sur son importance. Une relation simple entre deux éléments, l'association, est la base essentielle de la construction cognitive d'un individu. C'est à partir des associations que l'individu établit dans son quotidien qu'il peut comprendre sa propre place, celle des autres, ce qu'il peut attendre des autres et de son environnement, qu'il peut s'orienter dans l'espace et le temps, etc. Nous avons vu au chapitre 3 la mise en place de cette organisation cognitive lors du développement de l'individu.

La mise en place de ces processus d'association suit des règles communes à tous les individus, mais, elle met aussi en œuvre des processus spécifiques à chaque individu. Chacun fera des associations selon un style personnel ; le fait de faire ces associations va ensuite créer des attentes, des attitudes et des attributions. Les associations peuvent aussi suivre des lois différentes. Nous avons évoqué au chapitre 1 les lois proposées par Aristote sur la différence entre l'association par similitude, par différence, et par contiguïté. Nous ajouterons ici qu'il est possible que ces trois lois agissent sur une même association, qui serait d'une nature détaillée et compliquée.

Exemple pratique : notez ce à quoi vous associez le mot « bureau ». Vous venez d'émettre votre propre association, mais au mot « bureau » nous pouvons adjoindre de nombreuses associations comme : un meuble similaire (comme une table) ou un autre bureau (différent ou similaire), une pièce, un lieu, certaines activités ; mais aussi une situation plaisante ou déplaisante, ou encore un lieu de convivialité, de réflexion, de gain… et nous voyons toutes les lois d'association apparaître par l'évocation du concept « bureau ».

Ce bref exemple permet aussi de toucher du doigt toute la difficulté qu'ont pu avoir les structuralistes dans leur recherche sur l'introspection.

Comme nous avons vu au chapitre 3, Miller et Dollard (1941) mettent l'accent sur la différence entre les conditions de l'apprentissage et les mécanismes de l'apprentissage. Les conditions de l'apprentissage peuvent être variables en étant liées à l'individu lui-même, au contexte, à la culture, à la classe sociale, etc. Ainsi, nous voyons que l'association et l'apprentissage peuvent impliquer un fait très simple, ou bien un fait très complexe avec des variables diverses qui interviennent. En revanche, les règles d'apprentissage reposent surtout sur la notion relativement simple d'association. Ce sont elles que nous allons voir dans ce chapitre.

L'influence des variables sur l'alcoolisme selon Dollar et Miller (1941 et 1950)

Dollard et Miller furent parmi les premiers à comprendre la complexité du problème de l'alcoolisme et sa prise en charge en psychologie. Leur modèle, qui intègre des variables diverses (individu, relations, contexte, classe sociale) a permis de comprendre pour la première fois les éléments précis en jeu dans l'alcoolisme. Un élément de base était la réduction du ressenti anxieux qui était procurée par l'alcool. Ces auteurs ont notamment cité l'usage d'alcool dans une démarche d'« auto-thérapie » du patient ; nous continuons de nos jours à parler de l'effet de « l'auto-médicalisation » ou de « l'auto-médication » par l'alcool (Dollard et Miller, 1950). Mais ces auteurs sont allés plus loin pour comprendre d'autres variables, y compris la classe sociale, et comment cette variable pourrait avoir un effet sur la consommation et l'abus d'alcool. Ils ont avancé que, selon la classe sociale, l'alcool était perçu et utilisé différemment. Par exemple, dans les classes moins favorisées, il existait peu de contraintes sociales concernant la consommation d'alcool par les hommes. À la différence des classes sociales plus favorisées, ceux-ci n'étaient pas tenus de « boire comme des gentlemen ». Ces habitudes étaient encore plus complexes quand l'alcool était consommé avec les femmes – plus de contraintes – ou dans les groupes où la religion était importante – encore plus de contraintes. Même si leurs conclusions peuvent nous paraître simplistes et réductrices, il est important de souligner que la culture et la classe peuvent de nos jours apporter des éléments importants à prendre en compte dans la prise en charge. Comprendre pourquoi un individu a associé l'alcool avec un ressenti moins important d'anxiété repose donc sur un ensemble très divers et varié de variables qui se trouvent en lui, dans son contexte et liés à son sexe, sa classe sociale, et son origine culturelle, ou même encore sa religion.

2. Le conditionnement

La notion de conditionnement est la base essentielle de l'apprentissage dit « associatif ».

L'étude sur le conditionnement suit un long chemin dans l'histoire de la psychologie comme nous en avons parlé au chapitre précédent. La découverte du conditionnement répondant a été suivie de près par la conceptualisation du conditionnement opérant par Skinner et d'autres.

2.1 Le conditionnement répondant

Le conditionnement répondant a été découvert inopinément et développé par Pavlov lors des études qu'il menait sur les sécrétions digestives des chiens. Nous avons vu au chapitre 2 que Pavlov avait remarqué qu'un chien commençait déjà à saliver lors de l'émission du son sans présence de nourriture (alors que le son avait précédé l'apport de nourriture dans les essais précédents). Pavlov en avait déduit que le chien associait le son et l'arrivée de la nourriture. Nous voyons clairement apparaître la notion d'association dans ce processus d'apprentissage.

Nous pouvons illustrer ce processus chez les êtres humains. Par exemple, les êtres humains ont une peur innée des bruits forts. Souvent, leur réaction est de sursauter lors d'un bruit fort. Si nous produisons un bruit fort en même temps que nous allumons une lumière, nous allons créer une nouvelle association entre un bruit fort (stimulus inconditionnel) et la lumière (stimulus neutre) avec comme réponse un sursaut (réponse inconditionnelle qui devient conditionnelle). Cette réponse peut être visualisée dans le contexte des orages : comme le tonnerre est précédé par l'éclair, les individus sensibles aux bruits de tonnerre peuvent sursauter seulement en présence de l'éclair qui n'est pas un stimulus initialement associé à une peur innée.

Le conditionnement répondant est très facile à mettre en place justement car il utilise des stimuli inconditionnels ; cependant il nécessite l'existence d'une réponse inconditionnelle dans le répertoire de l'individu, ce qui limite les applications possibles. Ce type de conditionnement est durable. Une fois le conditionnement en place, il est difficilement rompu car la qualité même du processus du conditionnement ne demande ni élaboration ni réflexion de la part de l'individu sur le problème. Rompre des associations créées sur la base d'une réponse innée et automatique nécessite un entraînement long et ardu. C'est ce qui explique que les psychothérapies demandent du temps pour engager des changements, en gardant à l'esprit qu'il faudra mettre en place des associations plus cohérentes et répétées afin de permettre à l'association inadaptée de s'éteindre (ou du moins d'être mise en veille de façon durable).

Construction d'une agoraphobie

Le processus de mise en place d'une agoraphobie utilise ce type de conditionnement. Prenons le cas d'une jeune femme qui arrive sur une grande place publique. Si elle ressent une sensation d'angoisse à ce moment-là, elle peut associer la survenue de l'angoisse à la grande place. Alors même que l'angoisse pouvait survenir pour une tout autre raison. Le cerveau a simplement mémorisé que dans cette situation il a ressenti une sensation désagréable. Dans ce premier temps nous retrouvons un processus d'association qui intègre le conditionnement répondant. Par la suite, si la personne se rend de nouveau sur cette grande place et ressent une angoisse, elle va venir se renforcer dans l'idée que cette situation est dangereuse car génératrice d'angoisse. Nous considérons que cet exemple tient d'abord à un processus de conditionnement répondant, mais qu'il est très rapidement associé à des processus cognitifs qui vont faire intervenir un conditionnement opérant. En effet, dans un deuxième temps, en fuyant l'endroit (place publique), l'angoisse disparaît et la personne se renforce dans ce comportement qui l'a soulagée de quelque chose de désagréable (conditionnement opérant par renforcement négatif).

2.2 Le conditionnement opérant

Dans le conditionnement opérant, aussi connu sous le nom de « conditionnement instrumental », l'accent est mis sur l'association entre le comportement et ses conséquences. Comme nous en avons parlé au chapitre 2, Skinner imaginait que l'environnement « opérait » sur l'individu, c'est-à-dire qu'il amenait quelque chose à l'individu dans un changement de son comportement. Ce sont donc les conséquences du comportement de l'individu qui seront renforcées par le processus de conditionnement opérant. À la différence du conditionnement répondant, qui dépend surtout du stimulus qui le précède, le conditionnement opérant est contrôlé par les conséquences qu'il entraîne.

Le conditionnement opérant met en place l'association de (ou des) stimulus (stimuli) et de (ou des) réponse(s) plus complexes. Parfois ce conditionnement utilise une réponse inconditionnelle de la part du sujet, mais dans un contexte qui nécessite alors la mise en place d'une réponse élaborée et organisée.

Skinner est à la base de la notion de conditionnement opérant et il est l'un des chercheurs les plus réputés dans le domaine. C'est pour cela que le conditionnement opérant est aussi appelé « conditionnement skinnérien ». Certaines de ses études ont été réalisées avec un appareil construit pour l'animal (souvent des rats ou des chats) ne permettant que des actions limitées. Ces appareils, qui ont par la suite été appelés « boîtes de Skinner », ont été évoqués au chapitre 2.

Alors que les différences entre le conditionnement répondant et le conditionnement opérant peuvent être difficiles à repérer, certains comportements dépendent clairement de l'un ou l'autre. Prenons des exemples concrets pour ces deux cas. Tout réflexe physiologique (sursauter quand on est surpris ; la contraction de la pupille en présence d'une lumière forte) dépend du conditionnement répondant. Le conditionnement opérant est plus complexe dans sa mise en œuvre, par exemple lors des mouvements du corps pour danser ou se mettre à chanter. Dans ces cas, la musique précède la réponse (danser ou chanter), elle correspond finalement à un stimulus, et la sensation agréable procurée par cette activité devient un renforcement.

Cependant, la différence peut être très subtile entre les deux types de conditionnement. Le fait d'avoir peur devant un stimulus naturellement anxiogène semble relever non seulement du conditionnement répondant mais aussi du conditionnement opérant. En effet, un stimulus qui peut être anxiogène, comme de voir une araignée, suscitera une réaction naturelle de peur. Mais cette réaction devrait s'estomper avec l'expérience car, dans nos contrées, les araignées ne sont pas mortelles. Pourtant, cette peur peut rester intense en raison d'un processus de conditionnement opérant : l'individu choisit de continuer à avoir peur des araignées malgré son expérience sans incident négatif avec elles. Ainsi, d'une certaine manière, le conditionnement répondant d'avoir peur des araignées devient, finalement, une peur conditionnelle.

Il existe des différences entre le conditionnement répondant et le conditionnement opérant comme le souligne Hergenhahn (1982). De façon simple, le conditionnement répondant est contrôlé par le stimulus qui le précède et le conditionnement opérant est contrôlé par les conséquences qui en découlent. Une distinction peut être faite sur les réponses à un stimulus. En effet, ce qui permet de comprendre l'importance de l'association lors d'un conditionnement opérant, c'est que le nombre de réponses est élevé. Alors que pour le conditionnement répondant, c'est l'intensité de la réponse qui détermine la puissance de l'association.

Par exemple, l'intensité avec laquelle un individu sursaute devant un bruit fort serait un indicateur de la puissance du conditionnement répondant ; de même, la régularité avec laquelle le rat appuie sur le levier (dans la boîte de Skinner) serait un indicateur de la puissance du conditionnement opérant.

Dans notre exemple avec les araignées, l'intensité de la peur des araignées est un indicateur du conditionnement répondant pour cette peur. Il faut noter que les cognitions associées aux araignées (« elles sont dangereuses », « elles vont me piquer », « je vais mourir ») indiquent la puissance du conditionnement opérant entre l'araignée et la peur qui va être entretenue par le biais des croyances de l'individu.

Nous avons vu au premier chapitre que les paradigmes en psychologie donnaient des orientations spécifiques aux travaux des différents chercheurs. Hergenhahn (1982) souligne une grande différence entre l'approche de Pavlov, qu'il désigne comme étant du paradigme de l'associationnisme, et celle de Skinner, qu'il désigne plutôt comme étant fonctionnaliste. Cette différence réside dans le mécanisme même du conditionnement. Le conditionnement répondant nécessite la mise en place d'une association entre stimuli et réponses ; alors que le conditionnement opérant cherche plutôt à établir, ou à rétablir, l'adaptation fonctionnelle de l'individu. Skinner avait mis l'accent sur ce point en disant que c'est l'animal (ou l'individu) qui établit le lien en mettant en place des actions qui lui sont favorables et dont résulte l'obtention du renforcement souhaité.

2.3 Association et conditionnement

Nous avons vu, pour les deux types de conditionnement, que l'association se faisait, qu'elle soit volontaire, et/ou réfléchie, ou qu'il s'agisse simplement d'un réflexe. Associer les stimuli et les réponses apparaît comme un élément purement comportemental. Cependant, cette association met aussi en place toute une série d'autres associations chez l'individu telles que des croyances, des émotions. Celles-ci vont être à leur tour associées au contexte du conditionnement.

Rappelons que certains travaux de comportementalistes ont été critiqués à l'origine en raison de la mise en place d'une procédure peu éthique. Le cas des études menées par Watson et Rayner (1920) est souvent évoqué. Leur travail avait pour objectif de démontrer une origine possible des phobies par le biais du conditionnement répondant. Dans cette étude, un enfant bien connu (le petit Albert) a été conditionné pour avoir peur des rats. Pour cela, un bruit très fort était associé à la présence du rat. Dans la mesure où les chercheurs ont induit un état de peur qui a donné lieu à une attitude phobique chez cet enfant, l'étude est critiquable sur le plan éthique.

Par ailleurs, comme beaucoup de comportementalistes de son époque, Watson avait énoncé son opposition à la notion d'introspection (introduite par les structuralistes) et se trouvait donc en conflit avec les autres scientifiques de son époque. De plus, son étude était menée avec son assistante de laboratoire avec qui il avait entamé une relation amoureuse ; comme Clément (2006) le note, cette relation n'était pas dans les mœurs de l'époque et a aussi eu un effet néfaste sur sa réputation en induisant un regard préjudiciable sur les résultats de ses travaux.

Watson, le conditionnement et le petit Albert

C'est en 1920 que Watson conçoit et filme la célèbre étude de la création d'une phobie chez un jeune enfant. Cette expérimentation ne serait plus possible aujourd'hui en raison des nombreux problèmes éthiques qu'elle soulève. Elle fut aussi critiquée quand Watson la présenta.

Au cours de cette expérience, Watson présente à un enfant de 11 mois un rat. Le rat en tant que tel est considéré comme un stimulus neutre (ne déclenche pas autre chose qu'une observation de la part de l'enfant). Alors que l'enfant regarde ce rat, l'expérimentateur fait retentir un bruit fort (stimulus inconditionnel qui doit entraîner une réaction inconditionnelle de peur). En entendant le bruit fort alors qu'il regarde le rat, l'enfant a peur et se met à pleurer. L'expérience est répétée plusieurs fois et on constate ensuite que la seule présence du rat entraîne une réaction de pleurs. Ainsi, le rat est devenu un stimulus conditionnel entraînant une réponse conditionnelle (pleurs). Nous observons un conditionnement répondant tel que celui décrit initialement par Pavlov. La peur s'est ensuite généralisée à d'autres animaux. En voici la modélisation sous un aspect comportementaliste :

SN (stimulus neutre), RN (réponse neutre), SI (stimulus inconditionnel), RI (réponse inconditionnelle), SC (stimulus conditionnel), RC (réponse conditionnelle).

SN (rat) → RN (pas de pleurs)

SN (rat) + SI (bruit fort) → RI (l'enfant pleure)

SN devient un SC (rat) → RC (l'enfant pleure)

Par ailleurs, les critiques faisaient état de la simplicité du conditionnement, sous-entendant que l'homme n'est pas un animal et que les mécanismes sont obligatoirement plus complexes. Le comportementalisme a été associé pleinement à cette notion simple de conditionnement et aux aspects peu éthiques et peu moraux pour l'époque. Oubliant ainsi que le comportementalisme ne s'arrête pas à ces seuls aspects mais qu'il implique de nombreux autres processus, comme nous allons le voir.

Rappelons aussi, que d'autres de ses contemporains avaient d'autres convictions. Par exemple, Freud et son usage de la cocaïne pour sevrer les dépendances à l'opium, le traitement s'étant révélé tout aussi dangereux que le mal! Notre regard est aujourd'hui critique, mais à l'époque, un tel traitement était concevable.

Watson, le contre-conditionnement et le petit Peter

En 1924, John Watson et Mary Cover Jones vont réaliser une expérience de désensibilisation d'une phobie des lapins chez un jeune garçon du nom de Peter. Dans cette expérience, l'enfant avait une phobie des lapins; selon la théorie comportementaliste, cette phobie résultait d'un conditionnement répondant où le lapin était devenu un stimulus conditionnel entraînant une réponse conditionnelle: pleurs de l'enfant. Watson et Cover Jones décidèrent de créer un nouvel apprentissage chez cet enfant en associant la présence (au début lointaine) d'un lapin et d'une sensation agréable (manger des biscuits et boire du lait). Le niveau de peur initial était bas en raison de l'éloignement du lapin. Progressivement l'animal fut rapproché au point que l'enfant put manger ses biscuits avec le lapin sur ses genoux.

Cette expérience constitue une base pour le concept de désensibilisation systématique, qui consiste chez une personne présentant une phobie à associer la présentation (soit en imagination soit *in vivo*) à l'élément redouté avec de la relaxation (chez une personne entraînée à ressentir de la détente ou du bien-être par la relaxation).

En voici la modélisation:

SI (stimulus inconditionnel), RI (réponse inconditionnelle), SC (stimulus conditionnel), RC (réponse conditionnelle). (Le SC doit cependant avoir certaines caractéristiques.)

SI (nourriture) → RI (satisfaction, détente)

SC (lapin) → RC (l'enfant pleure)

SC (lapin) + SI (nourriture) → RI (détente)

(Le SC doit avoir cependant certaines caractéristiques)

3. Le renforcement et la punition

3.1 Le renforcement

Nous avons évoqué dans la définition du conditionnement opérant que l'association se faisait dans un processus plutôt lié au choix fait par l'individu.

Skinner a avancé que ce choix se fondait sur les conditions de l'environnement et l'état de l'individu (animal) dès lors que cela pouvait s'avérer « favorable » pour lui. Autrement dit, la perception favorable de la mise en place d'une telle association devait, selon Skinner, impliquer un renforcement et ainsi consolider la mise en place du conditionnement.

Cette notion de renforcement est considérée comme fondamentale, surtout dans la mise en place du conditionnement opérant. Pourtant, nous avons vu que l'apprentissage était un processus plus compliqué que le conditionnement. Rappelons que Tolman et Honzik (1930), puis Bandura (1977), ont avancé que le renforcement était plutôt une variable de performance d'un apprentissage, et que l'apprentissage impliquait d'autres variables plus difficiles à quantifier (motivation, attention, cognition, etc.). Nous allons voir les liens possibles.

Nous pouvons noter dans l'exemple proposé d'un rat dans sa cage la présence d'un renforcement (nourriture), mais il est possible de mettre en place un conditionnement opérant sans la présence d'un renforçateur. Ceci dit, le renforcement peut aider à établir les associations nécessaires pour le conditionnement ; autrement dit, il faut renforcer les associations afin d'éviter leur perte.

Hergenhahn (1982) avance deux principes du conditionnement opérant :

- Toute réponse suivie par un renforcement aura tendance à être répétée.
- Un renforcement est tout élément qui augmente les chances d'avoir une réponse opérante.

Ces deux principes nous amènent très clairement à déterminer que chaque individu va créer des associations qui seront nécessairement très personnelles, les rendant alors difficiles à comprendre de manière objective par les autres. C'est ainsi que nous pouvons penser que des comportements psychopathologiques peuvent se mettre en place et qu'ils sont difficilement compréhensibles par l'entourage. Par exemple, dans le cas des troubles obsessionnels et compulsifs, certains patients développent des associations entre des situations et des comportements ritualisés qu'ils mettent en place pour réduire leur anxiété. Le lien fait par le patient entre son comportement et la réduction de son anxiété n'est pas visible par les autres.

◘ Renforcement primaire et renforcement secondaire

Pour bien comprendre la notion de renforcement, quelques définitions s'imposent. Tout d'abord, les individus réagissent à des renforcements *primaires* et *secondaires*.

Un *renforcement primaire* est un élément qui va entraîner un bénéfice indispensable pour la survie, comme la nourriture ou l'eau. Il y a un consensus sur la définition des renforcements primaires, ce sont : la nourriture, les boissons, le repos ou sommeil, et la proximité sociale ou l'affection. L'association entre l'élément et la qualité renforçatrice est évidente pour la survie de l'individu, elle est donc qualifiée de « primaire ».

Un *renforcement secondaire* est un élément ou une situation devenu(e) renforçateur (renforçatrice), mais qui n'avait pas obligatoirement de qualités renforçatrices au début. Souvent, un renforcement secondaire est à l'origine neutre pour l'individu, jusqu'au moment où il *associe* des qualités positives à ce renforcement. Par exemple, les jeunes enfants ne sont pas intéressés par l'argent car les billets et les pièces de monnaie n'ont pas de qualités renforçatrices (un billet par lui-même n'est qu'un morceau de papier). Cependant, quand ils apprennent que l'argent peut leur procurer des bonbons ou des jouets, l'argent devient renforçateur, de manière secondaire. Du coup, le renforcement secondaire est dit « conditionnel » car l'individu a établi une association entre le renforcement et ses qualités (positives ou négatives). Nous pouvons inclure dans cette catégorie les conditionnements mis en place de façon opérante ou, moins souvent, répondante.

Miller et Dollard (1941) expliquent que les variables psychologiques se joignent aux conditions sociales pour conférer au renforcement primaire des qualités secondaires. Au renforcement primaire de la nourriture, qui aurait la fonction simple de réduire la faim, nous pouvons ajouter un élément complémentaire dans le contexte qui modifie le renforcement. Par exemple manger du chocolat répond à la faim mais peut être associé positivement au fait de s'être senti bien après en avoir mangé car c'était partagé avec des amis. Nous voyons que cette transformation adopte des caractéristiques très personnelles, et qu'elle est liée à des variables et à des conditions spécifiques à chaque individu.

En plus de ces qualités primaire et secondaire, le renforcement peut être catégorisé selon deux valences de renforcement distinctes : le renforcement positif et le renforcement négatif.

◘ Renforcement positif et renforcement négatif

Le renforcement positif consiste en l'obtention de quelque chose qui représente une récompense pour l'individu. Ainsi, le comportement sera renforcé en raison du bénéfice apporté. Dans l'exemple de Pavlov sur le conditionnement répondant, la nourriture pourrait agir comme un renforcement positif (car il y a un bénéfice) et primaire (car la nourriture est naturellement renforçatrice) chez le chien. Les renforcements positifs secondaires peuvent être par exemple : un gain d'argent lors d'une bonne réponse à un jeu ou d'une bonne action, un commentaire agréable lors d'un travail bien fait, etc. Il y a donc création d'une association, de l'ordre du positif, entre la situation et la récompense.

Le renforcement négatif relève d'une relation plus complexe. Un renforcement négatif est la soustraction de quelque chose qui serait néfaste pour l'individu, voire néfaste pour sa survie, s'il persistait. Ce comportement de soustraction de quelque chose de désagréable sera renforcé car il améliore ou protège l'individu. Prenons l'exemple d'une situation où un individu est placé dans une pièce extrêmement froide (situation désagréable). Le fait de quitter cette pièce est un renforcement négatif dans la mesure où l'on supprime quelque chose de désagréable. Le renforcement négatif fonctionne par le processus d'un retrait de quelque chose de désagréable. La métaphore classique de se taper la tête contre un mur et de trouver que cela fait du bien quand on arrête en est un bon exemple. Il y a donc création d'une association entre le retrait d'une situation et le bénéfice obtenu. Skinner (1953) a insisté sur cette distinction en expliquant qu'il fallait retirer quelque chose de désagréable de l'environnement pour définir un renforcement négatif, par exemple, supprimer des températures extrêmes (trop chaud, trop froid), une lumière trop brillante, des bruits forts désagréables, ou encore un choc électrique afin d'établir un fonctionnement renforçant avec cette valence négative.

Skinner et le renforcement négatif

Dans le cadre de ses expérimentations, Skinner a pu expliquer le renforcement et le fait qu'un individu poursuivait un comportement parce qu'il lui apportait un bénéfice. Il s'agit donc d'un renforcement positif.

Skinner a modifié son expérience initiale en plaçant un rat dans sa fameuse boîte mais avec une électrification du plancher. L'animal reçoit ainsi des décharges électriques. La boîte comporte un levier et si l'animal appuie dessus, les décharges électriques cessent. Progressivement l'animal apprend que, par son comportement, il peut supprimer une situation désagréable, il y a donc un renforcement qui est dit négatif (c'est-à-dire par soustraction d'un élément désagréable).

Le renforcement consiste donc à donner à l'individu quelque chose qu'il désire, ou bien à supprimer quelque chose qui le fait souffrir. Les deux situations représentent quelque chose de bénéfique pour lui. Un lien clair est établi entre l'action du comportement et le renforcement. En tout cas, l'objectif primordial du renforcement, peu importe qu'il soit positif ou négatif, serait d'augmenter les chances que la réponse souhaitée se manifeste.

Renforcement intrinsèque et renforcement extrinsèque

Un autre aspect important concernant le renforcement est la provenance de celui-ci. Un renforcement venant de l'extérieur de l'individu est dit « extrinsèque » et un renforcement mis en place par association chez l'individu est dit « intrinsèque ». La plupart des renforcements que nous avons évoqués jusqu'ici sont extrinsèques, c'est-à-dire que le renforcement mis en place est d'origine extérieure. Par exemple, si nous souhaitons encourager un enfant à s'entraîner plus souvent à jouer d'un instrument de musique, nous pouvons lui proposer des renforcements positifs (nourriture, argent, jeux, compliments) en récompense des séances d'entraînement. Le renforcement (chocolat par exemple) est donc dépendant de son comportement (jouer du violon) et il vient de l'extérieur.

Un renforcement peut aussi être intrinsèque, provenant de l'individu lui-même. Une simple définition serait l'établissement d'une association positive entre le comportement et son résultat par le biais des sentiments, pensées ou croyances de l'individu. Éprouver du plaisir dans le comportement que l'on réalise ou se féliciter, être content de sa performance en sont des exemples simples. Si nous reprenons l'exemple de l'enfant apprenant à jouer d'un instrument de musique, le fait qu'il prenne du plaisir du fait de son comportement (parce qu'il voit qu'il améliore ses capacités) va le renforcer à poursuivre dans ce sens. Il s'agit alors d'un renforcement intrinsèque. C'est ce qu'il faut idéalement rechercher.

Passer d'un renforcement extrinsèque à un renforcement intrinsèque

Il est possible de passer d'un renforcement extrinsèque à un renforcement intrinsèque avec le temps. D'ailleurs, c'est une situation souhaitable car le renforcement intrinsèque est plus puissant. Dès lors que le renforcement devient intrinsèquement lié au comportement, il y aurait moins de risques que l'apprentissage se perde par la suite.

Lorsque nous adoptons un nouveau comportement, nous passons souvent d'un renforcement extrinsèque à un renforcement intrinsèque. Par exemple, un individu qui souhaite arrêter de fumer le fera initialement sur la base d'une motivation extrinsèque (monétaire, pour des raisons de santé, etc.). Cependant, une fois sevré du tabac, il peut constater des éléments renforçateurs qui lui plaisent : retrouver le goût des aliments, ressentir une meilleure forme physique, se sentir fier d'avoir stoppé le tabac. Ces éléments sont plutôt de nature intrinsèque. Et le fait d'avoir créé ce renforcement intrinsèque assurera de manière plus durable un arrêt du tabac. L'implication directe en psychothérapie comportementale et cognitive est qu'il est très important que l'individu arrive à identifier des éléments qui sont de nature intrinsèque afin de consolider les gains en thérapie et ainsi éviter des rechutes.

Nous pouvons également créer une association qui oscille entre extrinsèque et intrinsèque avec des liens difficiles à démêler. Afin d'encourager un comportement, nous pouvons créer un renforcement spécifique (se donner du temps pour une activité agréable après avoir travaillé sur une tâche importante), il y a une notion de renforcement intrinsèque car nous sommes contents de l'effort mis en place pour réaliser ces tâches. Par exemple, après avoir fait les tâches ménagères, nous pouvons prendre un temps pour nous détendre. Alors que les tâches ne constituent pas immédiatement, en soi, un renforcement intrinsèque, après les avoir réalisées, nous pouvons profiter d'un moment de détente, mais aussi d'un environnement devenu propre, ce qui contribue à l'expérience de détente et au développement d'une attitude positive envers soi pour les avoir réalisées.

Il est facile de constater que le renforcement extrinsèque est moins puissant que le renforcement intrinsèque. Comme nous l'avons souligné, le renforcement extrinsèque dépend de sa provenance de l'extérieur ; si le tiers n'est pas présent pour donner le renforcement, l'individu reste sans renforcement. C'est une situation qui peut s'avérer instable et qui peut donc avoir un effet néfaste sur l'association faite. De même, le renforcement extrinsèque est plus vulnérable à l'habituation (voir plus loin). Pour être simple, le fait de recevoir un renforcement extrinsèque trop souvent peut enlever de sa puissance : par exemple l'enfant récompensé pour avoir pratiqué de son instrument de musique par du chocolat peut avoir moins envie du chocolat, car il n'a pas faim ou bien parce qu'il aimerait goûter autre chose. Nous observons un échappement du renforcement extrinsèque. *A contrario*, le renforcement intrinsèque, lui, ne perd pas aussi facilement son pouvoir. Nous verrons à quel point, en pratique clinique, il est important que les patients trouvent un renforcement intrinsèque au changement afin que le changement reste durable dans le temps.

Peur en avion : multitude de renforcements

La peur en avion relève d'une prise en charge complexe car elle peut faire appel à différents troubles. En effet, pour certains, il s'agit d'un lieu d'agoraphobie comme un autre ; pour d'autres, il s'agit d'une situation de danger avec des préoccupations excessives comme d'autres préoccupations au cours d'un trouble d'anxiété généralisée ; il peut aussi exister une phobie liée à la hauteur ; ou encore, la peur relève d'un facteur traumatique en lien avec un accident ou un autre incident en avion. Nous voyons alors qu'il y aura une multiplicité de renforçateurs possibles, d'autant que la peur en avion associe souvent plusieurs de ces composantes.

L'idéal serait de trouver un renforcement positif intrinsèque pour aider à prendre un vol. Malheureusement ces renforcements sont difficiles à trouver. Ils le sont d'autant plus que les multiples renforcements négatifs sont présents et que la possibilité d'exposer les patients ne peut se faire aussi facilement que dans les phobies des araignées.

3.2 Punition ou inhibition

La punition est souvent confondue avec le renforcement négatif. La chose essentielle à retenir est que la punition consiste à retirer quelque chose d'agréable alors que le renforcement négatif consiste à retirer quelque chose de désagréable.

La punition cherche à réduire un comportement, c'est pourquoi il est possible de parler de punition ou d'inhibition (d'un comportement).

Prenons l'exemple d'un enfant qui se comporte correctement, il peut être renforcé avec quelque chose d'agréable, par exemple recevoir un jouet convoité. Nous observons alors un renforcement positif d'un comportement souhaité. Si l'enfant se comporte de manière inadaptée, nous pouvons lui retirer quelque chose qui est important pour lui, comme un jouet, et c'est donc une punition. Nous pourrons parler de punition négative (ou inhibition négative) car il y a une soustraction d'un élément qui doit amener à une réduction du comportement problème.

Le retrait de son jouet sera désagréable mais si son comportement redevient adapté, nous pouvons lui rendre son jouet. En lui rendant son jouet nous exerçons un renforcement négatif car nous avons effectivement supprimé une situation désagréable pour l'enfant (ne plus avoir son jouet).

Il est parfois difficile de tracer la limite entre renforcement négatif et punition. Rappelons que le renforcement, décrit par Skinner, est toute chose qui augmente les chances qu'un comportement se manifeste. Dans cet exemple, si nous souhaitons que l'enfant se comporte de manière positive, il va être récompensé par l'obtention du jouet convoité.

Retirer le jouet est effectivement une punition. Le fait de le retirer n'augmentera pas forcément la manifestation du comportement désiré. Cependant, la promesse de lui restituer son jouet en échange de son comportement adapté est un renforcement négatif – car on lui enlève un état désagréable.

Des exemples simples du renforcement et de la punition

Renforcement positif :

Bonne réponse à une question → argent

Punition (liée à un renforcement positif) → retirer argent

Renforcement négatif :

Bonne réponse à une question → retirer le choc électrique

Punition (liée au renforcement négatif) → remettre le choc électrique

S'il est vrai que le renforcement positif augmente les chances qu'une réponse souhaitée apparaisse, la punition ne diminue pas, paradoxalement, les risques qu'une réponse non désirée soit éliminée.

Skinner (1971) a remarqué que la punition était conçue pour éliminer les réponses non souhaitées selon la croyance qu'un individu risquerait moins de donner une réponse non souhaitée après avoir subi une punition. L'idée étant de créer une association entre mauvaise réponse et punition. En fait, le renforcement est un mécanisme simple alors que la punition est beaucoup plus complexe car l'association est moins facile à créer et à contrôler.

Le but est donc d'inhiber un comportement non souhaité. La probabilité qu'un comportement non désiré soit inhibé peut dépendre de ce que l'on peut ajouter ou retirer après le comportement non désiré.

Prenons le cas de figure d'un enfant qui se voit donner une fessée après avoir dit un gros mot (nous rappelons que le fait de donner une fessée n'est pas du tout préconisé sur le plan éducatif). L'idée de la fessée est qu'il ne recommence plus à dire de gros mots, il est donc recherché d'inhiber un comportement. C'est une inhibition et elle est dite positive car pour y arriver il a fallu que l'enfant reçoive quelque chose (une fessée), l'enfant a gagné quelque chose de désagréable. Nous parlerons d'inhibition positive ou de punition positive.

Si un enfant dit un gros mot mais que cette fois-ci nous lui retirons quelque chose qu'il aime (un jeu vidéo par exemple), le but est d'inhiber le comportement (dire des gros mots) en retirant quelque chose d'agréable, il s'agit donc d'une inhibition négative, ou punition négative.

Cependant nous allons voir que l'espoir de faire réduire un comportement non désiré n'est pas si évident que cela.

La punition est très présente dans la vie de tous les jours, surtout en ce qui concerne l'éducation des enfants. Ce fonctionnement est peut-être maintenu car il est vrai que la punition arrête un comportement lorsqu'elle est appliquée. Mais cet arrêt n'est pas forcément dû à l'arrivée d'une nouvelle association. Les recherches démontrent depuis longtemps que la punition est inefficace pour établir des associations entre les stimuli et les réponses (par exemple: punir pour avoir dit un gros mot). Lorsque la punition est retirée, il est possible que l'individu continue à se comporter comme avant. Skinner (1971) avait avancé l'idée que la punition n'était donc pas efficace à long terme.

Pour expliquer l'inefficacité avérée de la punition, Hergenhahn (1982) propose six axes de réflexion:

- *La création de liens émotionnels inattendus et non souhaités.* La punition crée parfois une réaction de peur, qui peut avoir pour effet de créer des associations de peur à d'autres stimuli de l'environnement alors que ceux-ci ne sont pas menaçants. Par exemple, si un chien est frappé de la main lorsqu'il saute sur ceux qui arrivent au domicile, il peut commencer à avoir peur d'une main levée (même si c'est la main qui le caresse dans d'autres circonstances) ou du retour de son maître, car c'est souvent à ce moment-là qu'il est puni. Nous voyons donc que l'association qui s'est produite n'est pas forcément celle que l'on cherchait à créer.
- *L'indication du comportement incorrect; pas d'indication du comportement correct.* Le renforcement envoie le message que l'action de l'individu était efficace car quelque chose de souhaitable arrive (que le renforcement soit de type positif ou négatif). Alors que la punition ne communique que le message suivant: cette réponse ne procurera pas le renforcement souhaité. Ceci met l'individu dans l'impossibilité de deviner quelle est la bonne réponse à fournir. Dans l'exemple précèdent, il faudrait donc montrer au chien le comportement à avoir (ne pas sauter), même si ceci implique de le bloquer physiquement afin de l'empêcher de sauter.
- *La justification de l'application de quelque chose de pénible.* La punition permet à l'individu qui contrôle l'environnement d'infliger quelque chose de désagréable, voire d'agressif, envers quelqu'un d'autre. Dans le cas de l'éducation des enfants, c'est la fessée qui a souvent été la réponse à un comportement désagréable. Donner une fessée à un enfant sert plus à l'adulte à évacuer son agressivité sur l'enfant. Il y a donc une justification de ce comportement punitif. Le parent est frustré et montre de manière claire et nette sa frustration. En plus, il est rare que le parent soit critiqué pour sa réaction même si la plupart des gens s'accordent sur l'idée que la violence n'est pas une réponse acceptable dans les relations humaines.
- *Sans la menace d'une punition, le comportement aura probablement lieu.* Nous avons avancé plus haut que la punition ne servait probablement

pas à établir l'association souhaitée, et pouvait, par ailleurs, créer des associations non souhaitées, surtout au niveau émotionnel. Comme l'association souhaitée n'est pas claire et que le comportement désiré n'est pas forcément indiqué lors de la punition, le comportement non souhaité risque de réapparaître. Par exemple, les enfants qui disent des gros mots et qui sont punis par leurs parents ou par leurs enseignants continuent quand même à les proférer en leur absence. En effet, quand l'adulte qui punit est absent, les enfants sont souvent renforcés positivement par les copains qui vont rigoler et s'amuser en disant ces mots tabous (étant rassurés car le risque de punition est loin).

- *L'encouragement de l'agressivité envers celui qui donne la punition et envers les autres.* Dans l'exemple de la fessée, la punition est considérée comme un acte agressif. Et nous savons que la punition n'augmente pas les chances que la réponse souhaitée soit éliminée, donc donner la fessée à un enfant lui apprend indirectement que l'agression est acceptable dans certains cas. Les réponses agressives chez l'être humain sont organisées par des parties du cerveau où le raisonnement et la logique n'interviennent pas forcément en premier lieu. L'agression reçue entraîne rapidement une réponse agressive qui sort du contrôle raisonné de l'individu. Si quelqu'un nous frappe, la réaction de frapper en retour est rapide et intervient souvent avant même que l'individu ait eu le temps de réfléchir. Ces réponses agressives sont innées. Mais dans le cas où l'individu ne répond pas immédiatement par une réaction agressive, il aura cependant appris par le biais de ce modèle que l'agressivité était acceptable. Ce qui explique combien il est paradoxal de voir des parents donner une fessée ou même frapper leurs enfants et de les voir par la suite agacés et en colère quand leurs enfants frappent à leur tour leurs frères, leurs sœurs ou leurs amis. Les parents sont surpris le jour où leur enfant se retourne contre eux et répond en les agressant, alors que ce sont eux qui ont modélisé ce comportement. Dans ce cas, la punition a servi de modèle à un nouveau comportement non souhaité ; ce qui est très loin de l'intention initiale de la punition.
- *Le remplacement fréquent d'une réponse indésirable par une autre réponse indésirable.* Jusqu'ici, nous avons vu que la punition n'était pas efficace pour plusieurs raisons. Nous avons évoqué que le comportement souhaité n'était pas indiqué par la punition elle-même et que la punition pouvait créer des liens émotionnels inattendus et non souhaités. La punition peut donc servir à créer de nouvelles associations ou des réponses non souhaitées. Dans l'exemple du chien qui saute de façon intempestive, au lieu d'arrêter de sauter, il peut développer un autre comportement qui va être d'essayer d'éviter d'être frappé tout en sautant malgré tout sur

l'individu. Ou encore, dans le cas d'un chien « très sensible », il va éviter son maître lorsque celui-ci revient à la maison, ce qui n'est pas la réponse souhaitée. Être accueilli par son chien lorsque l'on rentre chez soi doit faire partie des éléments agréables avec les animaux de compagnie.

3.3 Programmes de renforcement

Le renforcement est donc un concept essentiel mais complexe dans son application en psychologie. Les renforcements sont vus comme des moyens d'établir une association entre un élément et une réponse souhaitée dans le modèle du conditionnement opérant.

En psychologie, le terme de contingence est utilisé pour expliquer l'interdépendance entre le renforcement et l'association créée. Le renforcement est donc *contingent* de la réponse souhaitée ; autrement dit, si le comportement n'a pas lieu, le renforcement n'existera pas.

Contingences

Le terme de contingence fait appel à une notion de statistique dans le sens où c'est la relation de probabilité du lien qui existe entre deux éléments (il peut s'agir de deux stimuli associés ou d'une réponse avec ses conséquences).

Prenons un exemple théorique en cherchant à comprendre la contingence qui peut exister entre un stimulus inconditionnel (SI) et un stimulus conditionnel (SC), c'est-à-dire ce qui peut se passer entre ces deux stimuli. Il existe deux probabilités : la probabilité qu'un SI survienne quand un SC est présenté et la probabilité qu'un SI survienne si le SC n'est pas présenté.

Quand le SI apparaît systématiquement avec le SC il y a une contingence positive. La survenue du SI sera prédictible quand le SC sera mis en place.

Quand le SI n'apparaît jamais en présence du SC il y a une contingence négative. Le recours au SC n'entraînera pas l'apparition du SI (Clément, 2013).

En plus des qualités inhérentes au renforcement que nous avons vues plus haut, c'est-à-dire les qualités positives ou négatives, le renforcement peut être délivré de manière plus ou moins efficace. Le recours à des *programmes* de renforcement peut encourager plus ou moins l'apparition des réponses souhaitées.

Tout d'abord, il est possible de choisir entre un programme de renforcement en continu, c'est-à-dire de renforcer *toutes* les bonnes réponses, ou un programme intermittent qui ne renforce que de temps en temps la réponse désirée.

Le renforcement continu a le mérite d'être très efficace dans un premier temps : chaque réponse est renforcée. Ainsi, l'individu recommence immédiatement à fournir la réponse souhaitée. Par exemple, un enfant à qui l'on donne un bonbon après une bonne réponse redonnera la bonne réponse rapidement par la suite afin d'être renforcé de nouveau par cette récompense tant désirée. Hergenhahn (1982) souligne l'importance d'avoir d'abord un renforcement continu afin de garantir l'acquisition et la consolidation du conditionnement visé. Si le comportement est renforcé chaque fois, les chances qu'une association se crée sont plus fortes. Cependant, après une période initiale de renforcement continu, il faut passer à un programme en discontinu, et ce pour plusieurs raisons.

Tout d'abord, le problème avec le renforcement continu est que s'il n'est pas poursuivi, la réponse pourra s'arrêter (il y aura alors extinction, c'est ce qui se passait dans la situation des chiens de Pavlov qui ne recevaient plus de nourriture. Alors que la cloche sonnait, à la longue, ils ne salivaient plus avec le son de la cloche). En plus, à un moment donné l'individu renforcé peut s'habituer à son renforcement et du coup celui-ci n'est plus aussi renforçateur qu'avant (développement d'une habituation, voir plus loin) ; par exemple l'enfant à qui l'on donne un bonbon pour chaque bonne réponse n'aura plus envie au bout d'un certain temps de manger des bonbons, soit parce qu'il n'a plus faim, soit parce qu'il est malade, ou encore parce que cela perd de son intérêt !

Par ailleurs, le renforcement continu est très coûteux en termes de temps et d'effort (être présent pour récompenser chaque fois la bonne réponse est compliqué pour celui qui renforce). Finalement, il n'est pas le plus efficace pour susciter systématiquement une réponse et de plus l'extinction de la réponse sera plus probable. Le renforcement intermittent, où seulement une partie des bonnes réponses sera renforcée, a l'avantage de mieux résister à l'extinction et d'être moins coûteux (en temps et en énergie) pour celui qui renforce.

Deux modalités peuvent se concevoir pour le renforcement intermittent : la quantité de réponses et/ou l'intervalle de temps. De plus, la modalité de passation peut être constante ou variable.

Ainsi, quatre types de renforcement intermittent sont possibles. Pour chacun d'eux, nous allons prendre un exemple classique provenant de la psychologie expérimentale : un rat qui appuie sur un levier pour obtenir de la nourriture (un exemple de ces quatre programmes et les réponses générées par chacun est présenté dans la figure 4.1) :

- *Le renforcement intermittent à intervalle de temps constant* : dans ce premier cas, les réponses sont récompensées à un intervalle de temps fixe (toutes les *x* minutes ou secondes). Pour le rat par exemple, peu importe le nombre de fois où il appuiera sur le levier, toutes les cinq minutes, s'il appuie, il sera récompensé.
- *Le renforcement intermittent à quantité de réponses constantes* : dans ce cas, il s'agit de récompenser au bout d'un certain nombre de réponses (toutes les *x* réponses). Le rat doit appuyer un certain nombre de fois sur le levier afin d'obtenir une récompense. Par exemple, il peut être récompensé tous les cinq appuis sur le levier. Il obtiendra ainsi une récompense en appuyant à la 5ᵉ fois, à la 10ᵉ fois, à la 15ᵉ fois…
- *Le renforcement intermittent à intervalle de temps variable* : dans ce cas, le renforcement est donné après un temps moyen. Par exemple, le rat sera renforcé en moyenne toutes les cinq minutes. Il pourra être renforcé lors d'un appui à 3 minutes, puis à 7 minutes, soit une moyenne de 5 minutes. Un autre programme pourra créer des renforcements après 3 minutes, puis 8 minutes, puis 5 minutes, puis 9 minutes, puis 1 minute, puis 7 minutes, puis 2 minutes. La moyenne restera de 5 minutes.
- *Le renforcement intermittent à quantité de réponse variable* : dans ce cas, le renforcement est donné après un nombre moyen de réponses. Par exemple, le rat sera récompensé en moyenne après *x* bonnes réponses. Concrètement, il ne sera pas récompensé après 5 bonnes réponses mais après une moyenne de 5 bonnes réponses, par exemple après 2, puis 7, puis 5, puis 9, puis 1, puis 3, puis 8 bonnes réponses, soit une moyenne de 5.

Pour les programmes intermittents à réponse variable, le rat enregistre qu'en appuyant sur le levier, il sera récompensé, mais il ne sait pas exactement quand après l'appui ni au bout de combien d'appuis. Au bout d'un moment, il va comprendre que sa réponse semble suivre une logique dépendant du nombre de réponses qu'il fait ou d'un certain laps de temps. Et il établira une stratégie par rapport à cela.

Nous avons vu que le programme continu était coûteux avec une perte d'efficacité dans le temps (car l'extinction du comportement peut arriver ou l'habituation peut nuire à la motivation).

Les programmes intermittents sont donc très efficaces, et ceci de manière plus ou moins importante selon le type de programme intermittent (ceux à composante variable résistent mieux à l'extinction). Comme Skinner le souligne (1971) ce sont les réponses obtenues par un conditionnement opérant qui témoignent de son efficacité. Pour chacun de ces programmes, l'efficacité est fonction du nombre et de la probabilité des réponses.

La figure 4.1 montre que chaque programme suscite plus ou moins de réponses : le programme à quantité de réponses constante donne lieu à un nombre important de réponses, alors que le programme à intervalle de temps variable donne lieu au nombre le moins important de réponses. Ceci dit, le nombre de réponses obtenu n'est pas le seul facteur à considérer ; un moindre risque d'extinction est très important aussi. Dans les programmes intermittents variables, même si les réponses correctes sont moins nombreuses pendant le conditionnement, ils mettront plus de temps avant de s'éteindre et de donner lieu à l'extinction.

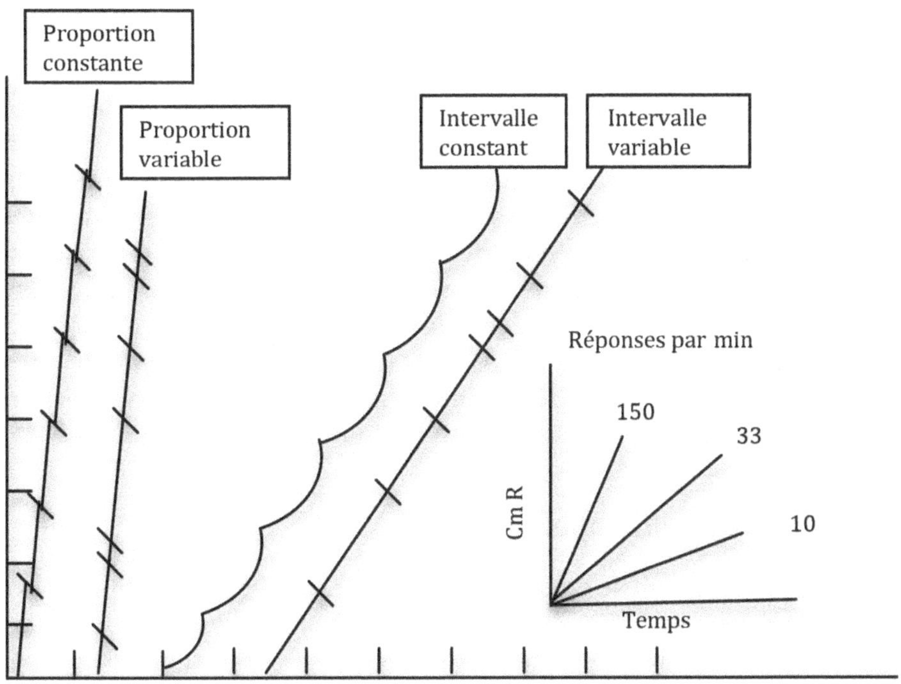

Figure 4.1 – Types de réponses selon le programme de renforcement

Renforcement et vie de tous les jours

Nous avons vu au chapitre 2 que Skinner s'était intéressé à la fin de sa carrière aux contingences existantes dans la vie quotidienne et comment elles pouvaient avoir un effet sur le comportement des individus (voir encadré « What's wrong with daily life »). L'hypothèse de Skinner était que la vie quotidienne manquait de renforcement et que les individus manquaient de raisons pour se comporter de manière positive. Pourtant, nous pouvons constater que des tentatives existent pour remédier à ce problème. Au niveau commercial, la mise en place des cartes de fidélité reprend l'idée d'un programme de renforcement (intervalle ou proportionnel, selon les règles du magasin). Ces cartes cherchent à rendre plus fidèles les consommateurs en les renforçant, voire en les récompensant, pour avoir fait des achats. De même, les compagnies d'assurances pratiquent depuis longtemps les réductions « bonus-malus » afin d'encourager une conduite avec moins d'accidents (ou moins d'accidents constatés qui demandent une prise en charge des assurances). Et encore, nous voyons également des loisirs qui se fondent clairement sur les principes d'un programme de renforcement : les jeux d'argent sont justement très puissants car le programme de renforcement de proportion variable est très séduisant.

3.4 Vitesse de renforcement

La vitesse de renforcement est considérée comme primordiale dans les programmes de conditionnement opérant. Ceci est en partie vrai ; par exemple pour le dressage d'un animal, le renforcement rapide donnera lieu à la répétition rapide de sa réponse, au moins dans un premier temps. Cela renvoie au renforcement en continu. L'idée est d'associer la réponse à son renforcement pour que ce lien soit fort. Les animaux, tout comme les êtres humains, sont capables d'associer leur comportement et le renforcement même quand les deux sont séparés dans le temps. Cette notion de vitesse de renforcement perd alors de son importance, car l'association n'est finalement pas fondée sur la vitesse d'arrivée du renforcement.

3.5 Comportement superstitieux

Pour comprendre la mise en place d'un comportement superstitieux, nous allons prendre un exemple sur un modèle animal. Par exemple, un rat qui reçoit de la nourriture sans avoir besoin d'appuyer sur un levier peut établir un lien entre l'activité qu'il était en train de faire à ce moment-là et la survenue de ce renforcement. S'il était par exemple en train de se gratter, il répétera cette action en espérant recevoir de nouveau le renforcement. Si par hasard le système le renforce de nouveau (le rat reçoit de nouveau de la nourriture au moment où il se gratte), l'association entre le renforcement et son comportement sera encore plus forte. Ce processus va créer des associations inattendues et difficilement contrôlables.

De cette manière il est possible de générer des comportements de « superstition » car l'animal ou l'individu établira un lien entre son comportement à l'instant et la survenue du renforcement. Il y aura alors création d'une conception erronée de l'origine de ce renforcement.

Ce type de comportement superstitieux peut s'établir quand un rat est placé dans la boîte de Skinner et qu'il appuie sur le levier. En effet, l'animal intègre le comportement d'appuyer sur le levier mais aussi des comportements qui ont précédé cet appui. Ainsi, c'est un ensemble de comportements qui sont enregistrés comme étant à l'origine de l'apparition de la nourriture. Les actes inutiles pour obtenir la nourriture mais renforcés en même temps que celui amenant la nourriture sont appelés comportements superstitieux. Ce n'est que quand l'animal oubliera de réaliser les comportements superstitieux que ces derniers vont progressivement ne plus être renforcés et donc s'éteindre.

Obsessions de malheur au cours d'un trouble obsessionnel et compulsif

Dans le cas des obsessions de malheur nous pouvons retrouver un procédé similaire au comportement superstitieux.

En effet, un individu va associer la survenue d'un événement avec ce qu'il était en train de faire à ce moment-là.

Par exemple, alors qu'il était en train de s'informer sur Internet d'une maladie dont il avait entendu parler, un individu apprend que l'un de ses proches auquel il est très attaché vient de mourir brutalement. L'individu peut alors associer le fait de penser ou de réfléchir à une maladie à la responsabilité de la mort d'un proche. Par la suite, chaque fois qu'il va commencer à penser ou à s'informer sur une maladie, sa peur d'entraîner la mort d'un proche va le pousser à développer des rituels (de type conjuratoire) pour calmer son angoisse avec la croyance que ce rituel permettra d'éviter ce danger. Comme aucune mort d'un proche ne survient, il y aura un renforcement supplémentaire le laissant penser que son rituel a été protecteur. L'individu peut parfaitement être conscient du caractère absurde de ce type de raisonnement mais ne pas pouvoir s'empêcher de poursuivre ses rituels.

3.6 Le lien entre les croyances et le comportement

Notons que les croyances de l'animal, ou de l'individu, peuvent fortement impacter le développement du comportement.

Cette relation a été clairement démontrée par Kaufman, Baron et Kopp (1966) quand ils ont étudié les effets de la croyance que les individus avaient sur le programme de renforcement auquel ils étaient soumis. Dans cette étude, les individus devaient fournir une réponse manuelle afin d'obtenir un renforcement. Tous les participants suivaient un programme de renforcement intermittent à intervalle variable (renforcés en moyenne toutes les minutes). Trois groupes étaient alors évalués. Le premier était correctement informé qu'il participait à un programme à intervalles variables. Le deuxième groupe était faussement informé et pensait être dans un programme intermittent à intervalle fixe (exactement toutes les minutes). Le troisième groupe, lui aussi faussement informé, croyait être dans un programme intermittent à proportion variable (en moyenne toutes les 150 réponses). Les résultats étaient impressionnants : les participants du troisième groupe (croyant faussement suivre un programme à proportion variable) ont donné le plus de réponses correctes. Ceux du deuxième groupe (les participants croyant injustement suivre le programme à intervalle fixe) ont donné le moins de réponses correctes. Le premier groupe (dont les participants avaient été correctement informés qu'ils participaient à un programme à intervalle variable) a montré un taux de réponses entre les deux autres groupes. Cette étude démontre, entre autres, la relation entre les croyances sur le renforcement et le comportement obtenu. Il est remarquable que ces individus, même face aux contradictions qu'ils ont dû vivre pendant l'expérience, aient continué à croire aux conditions énoncées.

4. Notions annexes au conditionnement et processus d'apprentissage

4.1 Apprentissage en un seul essai

Nous avons vu que Thorndike avait postulé que l'apprentissage ne relevait pas d'un processus fondé sur la perspicacité mais plutôt d'un processus construit par incrémentation. Pourtant, il existe des fois où nous pouvons apprendre immédiatement la réaction ou le comportement tout en le consolidant afin que la fois suivante le stimulus provoque cette réponse. Ce cas de figure se connaît comme « apprentissage en un seul essai » *(one-trial learning)*. C'est un phénomène relativement spontané et difficile à prédire ; il dépend surtout de l'expérience de l'individu qui serait peut-être plus amené à formuler la réponse souhaitée. L'exemple le plus simple serait un enfant qui touche une casserole chaude : il apprend par la suite à ne plus toucher les casseroles sans vérifier si elles sont froides. Ce genre d'apprentissage est souvent lié à un vécu fort (en l'occurrence, la douleur causée par la chaleur) mais nous pourrions aussi voir ce genre de vécu chez un individu qui aurait des difficultés à se fier aux autres. À la suite d'une rupture amoureuse particulièrement difficile, l'individu aura du mal à se fier à une autre personne, ayant trop peur de revivre la rupture amoureuse.

4.2 L'extinction

L'extinction est la disparition d'un comportement qui a été préalablement conditionné. Alors qu'un comportement peut exister pendant un certain temps, à un moment donné il peut s'éteindre, partiellement au début, et de façon complète par la suite.

Dans le cas de l'expérimentation *princeps* de Pavlov, le chien est conditionné par la cloche qui sonne avec l'apport de nourriture (et il salive). Par la suite la cloche seule amène une réaction de salivation. Si l'expérience se poursuit avec la seule présence du son de cloche comme stimulus, l'animal finira par ne plus saliver en entendant la cloche. Il y a extinction d'un comportement conditionné. Pavlov a établi (1927) dans son expérience que cette extinction survenait en moins de dix essais répétés avec le seul stimulus conditionnel.

L'extinction peut s'observer sur un chien qui est conditionné à se rouler sur le dos à la suite d'un ordre verbal renforcé avec une friandise (conditionnement opérant). L'animal peut stopper ce comportement à long terme pour diverses raisons (renforcement inadéquat, disparition du renforcement, intérêt pour d'autres activités, nouveau comportement qui supprime l'ancien, etc.).

4.3 Le recouvrement spontané

Dans les exemples ci-dessus, nous avons l'impression que le comportement initialement conditionné disparaît complètement au bout d'un certain temps. L'absence de renforcement régulier pouvant expliquer cela.

Il apparaît que la réponse à un stimulus conditionnel finit par s'affaiblir progressivement et au final par disparaître. Mais, une fois que l'extinction est en place, une nouvelle expérience de stimulation avec le stimulus conditionnel peut être tentée. Et dans ce cas, il y a réapparition de la réponse conditionnelle. Celle-ci apparaît donc comme ayant été mémorisée puis non utilisée. Il y aurait donc, non pas une extinction de l'apprentissage, mais une absence de manifestation de la réponse en absence de renforcement.

Thorndike a considéré dans sa loi d'exercice qu'il existait une connexion entre un stimulus et une réponse et que celle-ci se maintenait si elle était utilisée fréquemment ou s'affaiblissait en absence de pratique.

Cette explication permet de mieux comprendre la réapparition d'un trouble psychopathologique alors que celui-ci semblait avoir disparu.

Exemple clinique d'un recouvrement spontané

L'état de stress post-traumatique (ESPT) est lié à un vécu traumatisant lors d'une situation où l'individu a par exemple été confronté à un risque de mourir ou bien au fait de voir une autre personne mourir. Par la suite, cet individu peut revivre la situation sans cesse, avoir des difficultés à réintégrer la vie quotidienne et il élabore des peurs liées aux éléments du contexte. Par exemple, une femme qui a vécu un viol peut effectivement manifester un ESPT et ainsi avoir des difficultés dans un premier temps pour vivre normalement. Une prise en charge thérapeutique peut l'aider à dépasser ses difficultés au quotidien : ressentir moins d'anxiété, inhiber l'apprentissage de certaines peurs et vivre plus normalement. Cependant, il peut arriver que cette femme, en ressentant par exemple l'odeur du parfum de son agresseur, puisse revivre son traumatisme malgré tout le travail thérapeutique entamé. Nous constatons alors un exemple d'un recouvrement spontané de ses peurs associées à un élément spécifique du contexte du viol.

4.4 L'habituation

L'habituation arrive quand l'organisme devient moins sensible à certains éléments de son environnement. Nous pouvons prendre l'exemple simple d'un bruit répétitif ou habituel auquel l'individu est de moins en moins sensible. Il a fini par s'habituer à ce stimulus.

Ainsi, lors d'un conditionnement avec un renforcement qui se met en place, la répétition de ce renforcement peut conduire à une habituation du stimulus. Dans ce cas, le renforcement devient moins efficace au moins provisoirement. Par exemple, un chien à qui l'on donne une friandise pour le dresser à un comportement spécifique peut s'habituer aux friandises, surtout s'il n'a plus faim. Il faut noter que les renforcements primaires sont très sensibles à l'habituation, au moins provisoirement. Dans la vie de tous les jours, l'habituation arrive quand un stimulus dans notre environnement cesse de nous interpeller ; par exemple l'alarme de la voiture du voisin qui se met en route sans raison valable et fréquemment.

Adaptation sensorielle et habituation

L'adaptation sensorielle est la capacité de nos cellules sensorielles réceptrices (au niveau de nos différents sens : ouïe, audition, odorat...) de présenter une diminution de leur sensibilité quand des stimuli répétés de faible intensité surviennent de façon constante. C'est ainsi que nos sens ne prêtent plus attention par exemple au bruit d'une machine à laver qui tourne, à un parfum ou à un bijou portés quotidiennement. Cela semble vrai dès que les stimulations ne sont pas trop fortes. Dès lors que nous sommes placés dans une situation où la stimulation sensorielle est importante l'adaptation est plus compliquée (lumière puissante, température très basse, bruit fort...).

L'habituation intervient quand les stimulations sont plus complexes ; elle fait intervenir la formation réticulée. Cette structure cérébrale semble bloquer les informations pour que le cerveau ne soit plus encombré d'informations qui n'ont pas ou plus de valeur et sur lesquelles le sujet ne peut (ou ne cherche pas à) agir. C'est le cas de façon naturelle pour les personnes qui vivent près de lieux bruyants (aéroport, grands axes routiers), près d'usines malodorantes...

La phobie des lapins

Dans l'étude de la thérapie du petit Peter que nous avons citée en début d'ouvrage, Mary Cover Jones a utilisé différentes approches pour faire cesser la phobie des lapins de Peter.

Dans son analyse elle a déterminé 17 degrés de tolérance de l'enfant à la situation phobique allant de « la peur du lapin n'importe où dans la pièce » à « l'enfant dans son parc avec le lapin qui le touche ».

Dans la première phase thérapeutique, nous observons un apprentissage vicariant où Peter joue avec des enfants qui n'ont pas peur du lapin alors que celui-ci est amené par moments.

Dans une deuxième étape, l'enfant se voit offrir des aliments plaisir en même temps que le lapin est présenté, créant ainsi une nouvelle association (un nouveau conditionnement).

Dans une troisième étape, Peter est amené à jouer avec les enfants en présence permanente du lapin, il y a un apprentissage vicariant associé à une habituation progressive de la présence du lapin.

Puis, l'enfant est seul avec le lapin jusqu'à ce qu'une extinction soit obtenue.

À première vue, l'habituation semble relativement anodine. Mais elle n'a pas seulement un effet direct sur la relation entre le renforcement et la mise en place d'une association conditionnée. L'habituation peut aussi nous affecter à plusieurs niveaux. Par exemple, Seligman (2002) parle des effets de l'habituation pour les situations de notre vie qui nous procurent du plaisir ; l'habituation à ces situations quand elles sont en excès les rend moins intéressantes. Il cite le fait de manger de la glace où ce sont surtout les premières cuillères qui procurent du plaisir ; le fait d'augmenter la vitesse en mangeant ou la quantité n'apporte pas plus de plaisir. C'est une habituation hédonique.

De la même manière, des exercices proposés par l'approche de Kabatt-Zinn (2006) sur la pleine conscience essayent de supprimer l'habituation aux aspects agréables de notre vie afin de les rendre de nouveau plus savoureux et ainsi permettre de retrouver du plaisir.

4.5 Inhibition par cortex préfrontal

Nous avons vu plus haut que le cortex préfrontal allait jouer un rôle en pouvant moduler les réponses de l'organisme notamment par un processus d'inhibition des zones limbiques (amygdales notamment). Le terme d'inhibition utilisé ici ne correspond pas à une définition skinnérienne (notion d'inhibition ou punition) mais à un processus neuro-anatomique d'action de neurones de l'aire préfrontale qui agissent en inhibant physiologiquement les actions du système limbique.

Dans le processus de conditionnement de type Pavlov d'une peur (par exemple, l'expérience de Watson avec le petit Albert), un stimulus initialement neutre (un rat) associé à un stimulus inconditionnel (bruit violent) amène à une réponse de peur.

À force de répétitions, le stimulus neutre devient conditionné, le rat est devenu un stimulus conditionné.

Le cerveau enregistre en même temps une association entre le stimulus conditionné (SC) et le stimulus inconditionné (SI). Si bien que la représentation du SC active aussi le SI. Nous pouvons aussi penser que l'inverse est vrai.

Dans un processus thérapeutique comportemental d'habituation, l'individu va être confronté de façon progressive et répétée au SC (le rat) mais cette fois sans association au SI (bruit violent). Cette habituation progressive va amener à une extinction de la peur.

Cependant, cela ne veut pas dire pour autant que le cerveau ait effacé l'existence de la peur associée au SC. Il faut plutôt considérer qu'il y a un nouvel apprentissage, ce que nous pouvons traduire par : la présence du stimulus conditionné (SC) ne prédit plus l'association à un stimulus inconditionné (SI).

Le stimulus conditionné prend alors deux significations selon Bouton, cité par Philippot (2015) : une signification excitatrice d'origine (lors du conditionnement qui permet d'associer fortement SC et SI) et une signification inhibitrice (SC et absence de SI).

Nous pourrions même imaginer qu'après extinction le cerveau a enregistré le stimulus sous trois formes : une forme initiale neutre (qui existe toujours mais très faiblement car ayant eu peu d'incidence avant conditionnement), une forme conditionnée associée fortement au stimulus inconditionné (SC et SI), une forme conditionnée qui ne prédit plus le stimulus inconditionné (SC et absence de SI).

La cohabitation des significations « excitatrice » et « inhibitrice » va permettre de mieux comprendre ce que nous observons sur le plan clinique après la réalisation d'une extinction :
- La peur conditionnée, bien que traitée, peut réapparaître spontanément par absence d'entretien (ou de renforcement) de l'association SC et absence de SI. C'est le cas quand un sujet n'est pas régulièrement confronté à ce qui antérieurement lui faisait peur. L'association initiale (SC et SI) va pouvoir ressurgir. C'est le cas d'une phobie où une exposition fréquente n'est pas possible (aérophobie).
- Quand l'extinction de la peur se fait dans un ou certains contextes seulement. Par exemple, exposition en présence d'un tiers et jamais seul, ou dans un lieu phobique et pas tous les lieux ayant une similitude. Ce qui laisse la possibilité d'un retour de la peur quand l'individu se retrouve dans une situation non réalisée en thérapie. D'où l'importance en thérapie d'exposer de façon importante à toutes situations proches (si nous prenions une peur des ascenseurs, il conviendrait que les expositions se fassent sur tous les types d'ascenseurs, qu'ils soient petits, grands, vitrés ou non, vides ou remplis de monde, et à tous les niveaux de hauteur possibles).
- La survenue d'une situation d'angoisse importante (un accident de la circulation) s'associant à un stimulus inconditionné va donc activer ce SI qui dans le passé était associé au SC. C'est comme si l'activation du SI réveillait en même temps cette ancienne association. Nous avons donc un retour de cette peur qui peut se mettre en place.
- De nouvelles confrontations du stimulus conditionné en même temps qu'un stimulus inconditionné vont réactiver et même renforcer l'association antérieure (cas de figure des traumatismes de guerre avec nouvelle exposition).

C'est cette notion d'absence complète d'extinction de la peur qui amène à considérer que l'habituation (modèle comportementaliste par essence) seule ne suffit pas et que le processus d'inhibition au niveau du cortex préfrontal serait insuffisamment mis en place.

Il conviendrait alors de chercher à développer des actions thérapeutiques pouvant permettre au cortex préfrontal de remplir plus efficacement son rôle inhibiteur au niveau amygdalien (entre autres). C'est ce que préconise Craske (2014) ou la confrontation aux attendus cognitifs de la peur (ce qu'une personne redoute qu'il ne survienne : perdre le contrôle de soi au bout de 15 minutes dans la situation phobique par exemple) est mise en avant.

4.6 La sensibilisation

C'est le mécanisme presque inverse de l'habituation. La sensibilisation peut être considérée comme le fait de devenir de plus en plus sensible à un stimulus qui au départ n'entraînait pas de réponse importante. L'individu accorde progressivement plus d'importance à ce stimulus.

Si l'habituation permet à l'individu de ne plus prêter attention à certains stimuli (comme un bruit anodin) car ils sont considérés comme non pertinents, la sensibilisation va au contraire permettre à l'individu de retenir que certains stimuli doivent être repérés et entraîner une attention particulière.

C'est notamment le cas dans pour les animaux qui vont se sensibiliser à des stimuli nocifs ou toxiques. Un animal qui rencontre un stimulus nocif va réagir de plus en plus rapidement, il s'est sensibilisé. Dans un exemple clinique, nous pouvons observer le même phénomène quand un patient devient plus sensibilisé à son ressenti d'angoisse dans certaines situations. Par exemple, le fait de ressentir un rythme cardiaque accéléré quand un sujet souffrant d'agoraphobie est sur une grande place. L'individu s'est sensibilisé à ressentir ce rythme cardiaque dans cette situation et cela déclenche d'autant plus vite son angoisse. Amener l'individu à prendre conscience de ce fonctionnement est une première étape vers la compréhension de son état anxieux et permettra ainsi de remettre en question le bien-fondé de maintenir son attention sur sa fréquence cardiaque.

Parfois, quand un patient a vécu une situation difficile, par exemple un deuil, il peut revivre un état psychologique proche de celui qu'il avait vécu au moment du décès du défunt à certaines périodes. Cela peut prendre la forme d'une baisse de vitalité jusqu'à un état mélancolique profond. Le plus souvent, les différents éléments du contexte (la période de l'année, le temps, les événements liés) vont faire ressortir cet état malgré le fait que l'individu ne vive pas actuellement la même situation. Par exemple, le décès d'une personne importante (sa grand-mère) survenu à proximité de Noël peut avoir comme résultat la reviviscence d'un état de tristesse autour de la période de Noël, malgré le fait que cette période soit normalement associée à un état plus agréable et festif.

4.7 La généralisation

Un stimulus entraîne une réponse spécifique. Mais dans certains cas, le stimulus ne sera plus le seul à pouvoir entraîner la même réponse.

C'est ce qui se passe dans le cas du petit Albert que nous avons étudié plus haut. Si dans un premier temps de l'expérience l'enfant réagit seulement au rat (premier stimulus) il va progressivement répondre par des réactions identiques de peur en voyant d'autres animaux qui lui sont présentés. Il y a eu généralisation de la réponse (la peur) à d'autres stimuli.

Ce mécanisme de généralisation va se mettre en place car les nouveaux stimuli vont avoir des parentés avec le stimulus initial. Dans le cas du petit Albert, les animaux avec lesquels sa peur va se généraliser sont des animaux à fourrure (et même à manteau en fourrure).

Ce processus de généralisation permet de comprendre très concrètement comment une agoraphobie peut se généraliser. En effet, un patient peut initialement développer une peur dans peu d'endroits clos (simplement dans les caves et les ascenseurs), puis progressivement retrouver dans d'autres lieux une similitude avec le stimulus initial et ainsi généraliser sa peur à d'autres lieux (les souterrains, les restaurants, les magasins...).

4.8 La discrimination

Parfois, des généralisations non désirées peuvent apparaître, surtout dans les situations expérimentales de conditionnement opérant chez des animaux.

Par exemple, un rat peut commencer à appuyer sur n'importe quel objet qui ressemble à un levier rappelant celui qui lui donnait de la nourriture. Dans ce cas, le fait que ces autres objets ne délivrent pas de nourriture l'aidera à repérer plus finement comment doit être le levier qui procure de la nourriture, et il va progressivement effectuer une discrimination.

Dans le même ordre d'idée, il est possible de mettre en place un programme spécifique qui aide à mieux discriminer, parmi les stimuli, lequel amène la réponse souhaitée.

C'est ce que Pavlov a réalisé en soumettant un chien à des sons avec une présentation de nourriture comme dans son expérience initiale, sauf que cette fois-ci il a modifié la fréquence du son. Dans un premier temps, la moitié des essais sont réalisés par un stimulus initialement neutre devenant conditionnel (son à 1 000 Hz) suivi du stimulus inconditionnel (apport de nourriture). Ce stimulus (son à 1 000 Hz) est appelé stimulus conditionnel positif. L'autre moitié des essais est réalisée avec un stimulus auditif proche (son à 900 Hz) mais non suivi du stimulus inconditionnel. Ce stimulus est appelé stimulus conditionnel négatif (car sans association au stimulus inconditionnel). Au début de cet apprentissage les chiens répondent aux deux stimuli conditionnels (positif et négatif) par la salivation (réponse inconditionnelle qui devient conditionnelle), rapidement les animaux distinguent (discriminent) quelle est la fréquence de son (celui à 1 000 Hz) qui est associée à l'arrivée de nourriture. Si bien que la réaction de salivation va cesser pour le stimulus conditionnel négatif mais se poursuivre pour le stimulus conditionnel positif. Il y a eu discrimination.

Sue le plan psychothérapeutique, le repérage précis des discriminants est important car lors des exercices de désensibilisation ou d'exposition, si le discriminant n'est pas clairement défini, les exercices proposés ne seront pas spécifiques à celui-ci, il ne perdra pas sa valeur et continuera à faire persister le trouble, laissant croire à l'inefficacité de la thérapie.

4.9 Le façonnage

Le modelage est une succession de conditionnements opérants afin de créer une réponse complexe. Pour cela, des renforcements sont mis en place par étapes successives pour aboutir à l'objectif recherché.

Si par exemple nous voulons dresser un chien à tomber et à faire le mort, dans un premier temps, nous allons lui demander de se coucher et le renforcer (premier conditionnement opérant). Dans un deuxième temps, nous allons l'amener à se coucher et à se rouler sur le dos, et cette fois ce n'est que l'ensemble des deux comportements associés qui est renforcé. L'étape suivante peut être que l'animal se couche, roule et stoppe tout mouvement. Et ce n'est que cet ensemble d'action qui est renforcé.

La succession de conditionnements opérants constitue un façonnage. La situation de dressage n'est pas la seule situation où le modelage puisse se faire. Nous pouvons voir l'application du façonnage dans le traitement plus élaboré des phobies ou de troubles psychopathologiques en amenant progressivement l'individu à des comportements adaptés qui seront régulièrement renforcés.

4.10 Le chaînage

Si le modelage est la création d'un processus de conditionnements opérants successifs, le chaînage, quant à lui, met ensemble une série de comportements préalablement appris, souvent en conditionnement opérant. Une fois qu'il y a un nombre de comportements bien conditionnés chez l'animal, on peut l'aider à associer ces comportements déjà acquis afin de produire une action encore plus complexe construite à partir de plusieurs petits comportements.

4.11 L'effet de la sur-justification

Cet effet arrive quand un renforcement extrinsèque est proposé pour quelque chose qui a déjà une valeur intrinsèque. Nous avons vu plus haut que la plupart des renforcements évoqués étaient extrinsèques, c'est-à-dire provenant de l'extérieur de l'individu alors que le renforcement intrinsèque provient plutôt de l'individu lui-même. Si, par exemple, nous encourageons un enfant à pratiquer un instrument de musique en lui promettant une récompense (argent), il existe un renforcement extrinsèque. Si cet enfant prend aussi du plaisir à jouer de son instrument, il y a eu un renforcement intrinsèque. C'est ce qui s'appelle un effet de sur-justification ; et le renforcement extrinsèque n'a pas sa place dans le modèle car le renforcement intrinsèque est plus puissant. D'ailleurs, en proposant un renforcement extrinsèque fréquent pour une activité ayant déjà une qualité renforçatrice intrinsèque, nous pourrions prendre le risque d'enlever la qualité intrinsèque qui pourtant est normalement forte. Et ainsi, l'enfant qui jouait d'un instrument de musique par plaisir viendrait à ne plus le faire que pour de l'argent.

Conclusion

Nous avons commencé ce chapitre en parlant de l'association, déjà présentée dans les deux premiers chapitres. Si nous avons sollicité une nouvelle fois ce concept, c'est que nous estimons qu'il est souvent injustement noyé dans des notions plus complexes.

L'association est essentielle, non seulement pour comprendre l'apprentissage et le conditionnement, mais aussi parce qu'elle est unique et spécifique à chaque individu.

Les associations sont très personnelles, et elles peuvent s'avérer très difficiles à comprendre en raison de leur origine multifactorielle (contexte actuel, expériences antérieures...).

Nous avons présenté l'association au travers de situations cliniques, mais aussi de concepts liés au conditionnement. Nous avons en effet fait référence à la notion de conditionnement plusieurs fois dans ce livre. Dans ce chapitre nous avons tenté de définir plus clairement cette notion, sous ses deux formes : conditionnement répondant et conditionnement opérant. C'est ce dernier, le conditionnement opérant, qui semble être le plus impliqué dans nos processus d'apprentissage ainsi que dans notre vécu quotidien.

En lien avec le conditionnement, nous avons discuté du concept de renforcement et de punition. Nous avons cherché à établir clairement une différence entre les deux. Puis nous avons poursuivi notre discussion sur le renforcement en parlant des différents programmes qui pourraient être mis en place dans le but d'optimiser l'effet du renforcement. Il est évident que ces programmes n'ont pas que des incidences au niveau de la psychopathologie.

En revenant sur le conditionnement, notre objectif était de développer des notions connexes, telles que la généralisation, l'habituation, le recouvrement spontané, et de les comprendre cette fois sous l'angle d'une approche hautement clinique.

Nous avons avancé que tous ces processus, de conditionnement et de renforcement, se retrouvaient dans notre expérience clinique, tout comme dans l'expérience de la vie quotidienne de manière plus générale. Tout ceci se prononce, à notre sens, en faveur d'une validation des travaux de Thorndike, Skinner, Tolman, Dollard et Miller ou Bandura, qui ont tant insisté sur l'importance de ce concept dans le modèle d'apprentissage et son lien avec le dysfonctionnement.

Ayant exposé ce qui nous semble essentiel dans l'histoire et présenté les concepts importants en psychologie pouvant nous aider à comprendre l'origine même des TCC, nous allons maintenant aborder la prise en charge en TCC. Nombreux sont les ouvrages qui enseignent ce type de prise en charge. Notre objectif n'est pas de répéter ce qui a déjà été présenté par d'autres, mais de l'exposer, cette fois, en fonction de l'histoire et de la définition des concepts psychologiques préalablement présentés dans les quatre premiers chapitres.

Chapitre 5

La dimension clinique en TCC

Sommaire

1. De la théorie à la thérapie

L'approche psychanalytique a dominé la psychologie clinique mais les avancées dans les divers domaines de la psychologie associées aux innovations d'un nombre important de psychothérapeutes ont permis la transformation de la psychothérapie construite empiriquement (Cushman, 2003).

Comme nous l'avons exposé dans les deux premiers chapitres, l'histoire de la psychologie a été nourrie des découvertes et a permis la construction théorique des TCC.

L'ensemble de ces apports a permis d'enrichir la psychologie de notions innovantes lui permettant la conception d'une nouvelle approche thérapeutique vers les années 1950 : les thérapies comportementales puis les thérapies comportementales et cognitives.

Fishman et Franks (2003) relèvent quelques approches thérapeutiques qui ont émergé au début du siècle dernier, sans pour autant être suffisamment exhaustives. Ils citent Mateer, qui avait publié en 1917 une monographie sur les techniques de conditionnement appliquées aux enfants. Par la suite ils notent que Dunlap avait, en 1932, proposé une approche de prise en charge pour le changement des habitudes, surtout néfastes. Ces prémices de thérapies ont donné lieu par la suite à des approches beaucoup plus élaborées.

Thérapie comportementale : la naissance

- En 1971, L. Krasner publie un chapitre dans la *Revue annuelle de la psychologie* sur les quinze courants de pensée qui amenèrent à la conceptualisation de la thérapie comportementale :
- La notion du comportementalisme dont l'origine est la psychologie expérimentale au début du xxe siècle.
- La notion du conditionnement opérant élaborée par Thorndike puis par Skinner.
- Le développement de la désensibilisation systématique de Wolpe en 1958.
- L'arrivée de la thérapie comportementale au Maudsley Hospital, à Londres, sous la direction de H. Eysenck.
- L'application des notions provenant de l'apprentissage et le conditionnement aux troubles comportementaux, entre 1920 et 1950 aux États-Unis.
- L'interprétation de la psychanalyse en tant que théorie d'apprentissage par Dollard et Miller (1950).
- L'application des techniques pavloviennes pour expliquer et modifier le comportement normal et déviant.
- Les notions théoriques et les études en psychologie sociale qui expliquent le comportement de l'être humain.

- La recherche en psychologie du développement qui a mis l'accent sur l'apprentissage vicariant et le *modeling*.
- Les avancées dans la réalisation des études de recherche, notamment l'identification des biais de l'expérimentateur et l'effet placebo.
- Un modèle qui avance l'importance de l'apprentissage social au lieu de concevoir le trouble psychologique sous l'angle d'une maladie.
- L'insatisfaction sur les théories prépondérantes en psychanalyse.
- La conceptualisation du psychologue clinicien comme un praticien et un scientifique.
- Un mouvement en psychiatrie vers une meilleure compréhension des interactions entre les individus et leur environnement.
- Une tentative d'encourager le meilleur comportement possible chez les êtres humains (Skinner et son utopie *Walden Two*).

1.1 Les approches pré-TCC

Parmi les approches les plus sophistiquées et détaillées, nous retrouvons une approche comportementale mise en place par Joseph Wolpe. Les travaux de John Watson ainsi que ceux de Skinner ont influencé Wolpe dans son approche thérapeutique, qui s'est centrée sur la notion de l'inhibition réciproque, notion liée au processus de conditionnement (Rychlak, 1981). Parmi les techniques proposées par Wolpe nous retrouvons les origines de l'affirmation de soi, du traitement de l'anxiété par la désensibilisation systématique et la thérapie d'aversion. Ces trois moyens de prise en charge fondés sur le conditionnement ont impliqué des techniques d'analyse fonctionnelle et de relaxation dans leur mise en place.

La désensibilisation systématique

J. Wolpe a élaboré une technique pour traiter les cas d'anxiété aiguë, y compris les phobies. Cette méthode, la désensibilisation systématique, est une méthode précurseur dans les TCC et elle continue à être employée.

Avec le patient, Wolpe essaie de distinguer un *pattern* inhérent au ressenti de l'anxiété. Il lui demande d'opérationnaliser son anxiété (la peur des araignées, par exemple) et aussi de hiérarchiser les situations selon le degré d'angoisse (l'angoisse variant selon qu'il s'agit par exemple d'une petite araignée ou d'une grosse). Ensuite, il utilise des méthodes de relaxation et/ou d'hypnose pour induire un état de détente chez le patient. Il demande ensuite au patient d'imaginer une situation (selon la hiérarchie des situations angoissantes préalablement définie) et de se concentrer sur son état de relaxation. Ainsi, Wolpe essaie d'aider le patient à associer cet état de calme à celui de l'objet anxiogène. Le but est de neutraliser l'angoisse qui monte par cet état de détente.

L'approche de Wolpe a été une innovation importante dans la prise en charge des patients, surtout devant des comportements à problème. Il faudra cependant attendre les approches intégrant les processus cognitifs pour trouver l'approche moderne des TCC.

Les deux premiers thérapeutes qui vont élaborer une thérapie complète reposant sur des bases solides sont Albert Ellis et Aaron Beck. Leurs travaux initiaux remontent aux années 1950, mais chacun de son côté a élaboré sa propre approche, sans avoir été en contact. Nous allons présenter brièvement l'histoire de l'élaboration de leurs approches puis expliquer leurs grandes lignes.

1.2 Albert Ellis et l'approche de la psychothérapie comportementale-émotionnelle-rationnelle (PCER)

Albert Ellis (1915-2007) fut l'un de premiers à élaborer une prise en charge de psychothérapie qui sortait clairement du modèle psychanalytique.

Pendant son adolescence, Ellis avait lu les grands philosophes, notamment Épictète. Il a d'ailleurs souligné tout au long de sa vie l'impact formidable de ces lectures sur l'élaboration de son approche PCER. Comme tout psychologue de son époque, Albert Ellis a été formé à l'approche psychanalytique.

Pour lui, la pratique de la psychanalyse présente un nombre important de problèmes lors des prises en charge de patients. Il se trouve confronté aux difficultés de la psychanalyse pour aider un patient face aux angoisses survenant dans sa vie quotidienne. Ellis trouve alors que l'association libre est trop difficile pour les patients, mais aussi pour le thérapeute qui doit attendre que le patient s'exprime.

De plus, l'approche théorique de la personnalité au sein de la psychanalyse lui pose aussi un problème car cela l'oblige à cantonner le patient dans une théorie qui ne répond pas forcément à sa problématique (Ellis, 1994).

Inspiré par d'autres cliniciens de cette période ainsi que par leurs théories, Ellis cherche donc une autre manière de formaliser une prise en charge. Il cite notamment Otto Rank et son approche limitée dans le temps. Il s'intéresse aussi à Karen Horney et à son concept de se centrer sur la vie actuelle, car c'est un terrain qui serait plus propice au changement.

Ellis souligne l'importance de l'acceptation inconditionnelle, concept avancé par plusieurs collègues à cette période, notamment Carl Rogers. Cependant il prendra cette notion non pas par rapport au fait que les patients doivent accepter les autres comme ils sont mais surtout pour qu'ils s'acceptent comme ils sont. Enfin il évoque Harry Stack Sullivan et sa théorie sur les relations interpersonnelles comme source d'inspiration pour développer une nouvelle approche thérapeutique.

Afin de mettre en place une nouvelle approche, Ellis intègre ces éléments théoriques avec la recherche d'une attitude plus collaborative du patient. Il décrit cette approche comme étant « active-directive » car, au lieu de laisser le patient s'exprimer par association libre (comme c'est le cas en psychanalyse), il lui demande de s'impliquer dans une démarche de résolution de problème (Ellis, 1994).

Ses premiers essais avec cette nouvelle approche lui apportent un succès sans appel : un taux plus élevé de rémission chez les patients, surtout les anxieux, et surtout un nombre réduit de séances pour y arriver (Ellis, 1958, 1994).

L'inspiration de son approche lui vient clairement des philosophes. Nous avons évoqué plus haut Épictète, et c'est la citation célèbre de celui-ci qui se trouve à la base de cette approche : « Ce qui trouble les hommes, ce ne sont pas des choses, ce sont les jugements qu'ils portent sur les choses. »

Ellis met l'accent sur les croyances que porte l'individu sur son vécu comme étant à l'origine de sa détresse psychologique. Il lui faudra cependant du temps pour arriver à élaborer autour de cette notion de croyances car Ellis était surtout axé sur le vécu du moment et le comportement problème de l'individu.

S'il a été inspiré par la notion du conditionnement, il comprend rapidement que les émotions sont très impliquées dans la détresse psychologique. C'est ainsi que dans sa méthode, il cherche à dissocier l'émotion négative du vécu par lui-même, par un processus de raisonnement logique, fondé surtout sur un questionnement de type socratique.

Petit à petit, Ellis ajuste sa méthode pour comprendre le vécu d'une situation en fonction non seulement des émotions, mais aussi du comportement et des cognitions.

Il élabore la notion de croyances irrationnelles comme étant la pierre angulaire de son approche : s'il est possible d'identifier les croyances irrationnelles, il sera possible de les remplacer par des croyances plus rationnelles, voire plus efficaces, permettant d'amener à un vécu sans détresse psychologique.

Ellis a mis un cadre à cette approche, fondée sur l'identification de ces différents composants qu'il appelle les « ABCs », qu'il faut voir comme une analyse fonctionnelle spécifique à son approche (Dryden, DiGiuseppe et Neenan, 2003).

L'analyse fonctionnelle d'Ellis

Selon Ellis, l'analyse fonctionnelle se compose des éléments suivants :

A = événement activateur (ce qui pose problème).

B = croyance associée (iB = *Irrational Belief*, ou croyance irrationnelle).

C = conséquences (émotions et comportements qui arrivent à la suite de A).

D = disputation (remise en question des croyances).

E = élaboration d'une vision plus réaliste du monde, d'une philosophie plus adaptée.

On propose à l'individu de travailler sur un événement qui est survenu (A) et qui lui pose problème.

Il en détaille les conséquences (C) : émotions (comme la frustration, la tristesse...) ainsi que les comportements (jeter un objet, crier, pleurer). Ensuite, en collaboration avec le thérapeute, le patient tente d'identifier ses croyances irrationnelles (iB) : « Ce n'est pas juste que l'on me traite ainsi » ou encore « cela n'arrive qu'à moi ».

La discussion (D) et l'élaboration d'une nouvelle vision des choses (E) cherchent à remplacer ces iB par des croyances plus rationnelles, plus fonctionnelles et plus adaptées (rB).

À partir de sa conception sur l'impact des croyances dans la survenue des troubles, Ellis définit la détresse comme provenant de deux sources : la détresse du moi *(Ego disturbance)* et la détresse de l'inconfort *(discomfort disturbance)*.

La détresse du moi est définie par les demandes et les exigences que l'individu a envers lui-même. Elle le pousse à une attitude d'exigences excessives non seulement envers lui-même, mais aussi envers les autres.

La deuxième, la détresse de l'inconfort, relève les exigences concernant les conditions de sa vie, surtout par rapport à son confort.

Par exemple, un individu qui se trouve excessivement stressé au travail formulera non seulement une détresse d'inconfort (conditions de travail difficiles) mais aussi une détresse du moi (difficultés à faire face aux conditions de travail difficiles et incapacité perçue quant à sa performance ; Dryden, DiGiuseppe et Neenan, 2003).

Pour Ellis, le changement doit se réaliser à trois niveaux :

- Les événements (actuels ou passés) ne sont pas à l'origine de notre détresse, en revanche nos émotions et nos comportements élaborés autour de ces événements ont pour source nos croyances, qui sont rigides, dogmatiques, et excessives. Ce sont les croyances (inadaptées) qui génèrent la détresse. Elles doivent donc être modifiées.

- Si nous arrivons à modifier les croyances, il faut que ce changement perdure, et que nous ne retombions pas dans une tendance à appliquer nos croyances irrationnelles.
- Le fait de s'appuyer sur des croyances plus adaptées, plus rationnelles, changera à long terme la philosophie elle-même de l'individu. Autrement dit, avec la pratique, utiliser les croyances rationnelles au lieu des croyances irrationnelles deviendra une tendance naturelle de l'individu.

L'acceptation selon Chaloult (2008)

La condition humaine comporte des avantages et des inconvénients au regard desquels nous sommes tous égaux au moment de notre naissance, quels que soient notre sexe, notre race ou notre statut social. En voici quelques exemples.

Avantages	Inconvénients
La jouissance de la vie	La perspective de la mort
Le bien-être et les moments agréables	La souffrance et les moments difficiles
La santé	La maladie
Nos qualités et celle des autres	Nos erreurs, nos échecs et ceux des autres
La justice	L'injustice
Les émotions agréables : joie, amour, plaisir, etc.	Les émotions désagréables et dysfonctionnelles : anxiété, hostilité, culpabilité, etc.
L'assurance et la certitude	L'incertitude

Lorsque nous acceptons les inconvénients de la vie tels qu'ils se présentent, nous vivons beaucoup moins d'émotions dysfonctionnelles et plus de moments agréables. Si nous définissons le bonheur comme la résultante d'une existence comprenant plus de moments agréables que de moments désagréables, nous nous rendons compte qu'en augmentant notre capacité d'acceptation, nous augmentons nos possibilités d'être heureux et de rendre les autres heureux. L'acceptation se traduit donc par une meilleure qualité de vie pour nous et notre entourage.

Acceptons l'inévitable, il en va de notre intérêt !

Lorsque nous acceptons les inconvénients de la vie tels qu'ils se présentent, nous vivons beaucoup moins d'émotions dysfonctionnelles et plus de moments agréables. Si nous définissons le bonheur comme la résultante d'une existence comprenant plus de moments agréables que de moments désagréables, nous nous rendons compte qu'en augmentant notre capacité d'acceptation, nous augmentons nos possibilités d'être heureux et de rendre les autres heureux. L'acceptation se traduit donc par une meilleure qualité de vie pour nous et notre entourage.

Acceptons l'inévitable, il en va de notre intérêt !

1.3 La psychothérapie cognitive (PC) de Beck

En même temps qu'Albert Ellis élaborait son approche PCER, Aaron Beck (1921-2021) était en train d'élaborer son approche de psychothérapie cognitive (PC).

Comme Ellis, Beck avait été formé à l'approche psychanalytique. Ses premiers travaux ont étudié les rêves des personnes déprimées afin de valider la notion issue de la psychanalyse selon laquelle la dépression est une colère orientée vers l'individu lui-même. Ses résultats n'ayant pas pu confirmer cette hypothèse, Beck a cherché ailleurs, de façon empirique, une compréhension de la dépression (Padesky et Beck, 2003).

Les travaux qui l'ont influencé pendant cette période sont ceux d'Allport, de Piaget et de Kelly (Beck, 1963, 1964). Ces trois chercheurs avaient influencé la psychologie cognitive et, ce, de différentes manières : au niveau empirique, au niveau du développement et à celui de la psychologie clinique elle-même.

En plus de ces cognitivistes précoces, Beck cite les travaux de Karen Horney et d'Alfred Adler dans l'élaboration de son approche. Comme c'était le cas des influences ayant aidé Ellis, ces deux chercheurs avaient élaboré une approche axée sur la vie actuelle du patient et cette approche semblait importante pour Beck (Padesky et Beck, 2003).

Alors que la PCER a été élaborée dans un premier temps sur les bases de la philosophie, Beck a opté pour une élaboration empirique d'une prise en charge clinique spécifique et efficace pour la dépression.

Par la suite, le modèle de Beck a été appliqué à d'autres troubles et actuellement, nous retrouvons cette approche spécifique de la psychothérapie cognitive utilisée pour d'autres troubles psychologiques : addictions, anxiété généralisée, trouble panique, état de stress post-traumatique, troubles du comportement alimentaire, trouble bipolaire, et schizophrénie.

Beck et Padesky (2003) soulignent que l'élaboration de chaque approche reposait sur une construction empirique du modèle de dysfonctionnement ainsi que sur une prise en charge adaptée.

Ce modèle empirique nécessite cinq étapes pour sa construction (Beck, Rush, Shaw et Emery, 1979) :

- Une conceptualisation large du trouble fondée sur les observations cliniques.
- Une validation empirique de cette conceptualisation afin d'évaluer si elle s'adapte vraiment au trouble, en s'appuyant sur l'expérience des patients et des cliniciens.

- La conceptualisation du trouble est mise en relation avec des méthodes thérapeutiques qui cherchent à remédier aux différents aspects de chaque trouble. Cette étape donne lieu à une approche thérapeutique exhaustive pour la prise en charge.
- L'approche thérapeutique est mise à l'épreuve pour tester son efficacité sur les patients qui souffrent du trouble.
- Selon les résultats de la quatrième étape, la prise en charge du trouble est alors modifiée pour mieux répondre aux besoins du patient et ainsi mieux prendre en charge son trouble. Cette dernière étape n'est jamais totalement achevée car les études continuent à peaufiner les méthodes existantes et à ajouter d'autres éléments identifiés entre-temps qui répondent mieux aux différents aspects du trouble.

La psychothérapie cognitive nécessite que le thérapeute applique la méthode élaborée empiriquement afin de prendre en charge le trouble du patient. Beck insiste sur le fait que son approche empirique le distingue des autres méthodes de prise en charge et, en effet, à cette époque cette manière d'élaborer un système thérapeutique n'était guère appliquée. Beck souligne que les cinq étapes d'élaboration constituent une méthode qu'il distingue comme étant un « état de l'art ».

Du fait que chaque prise en charge continue à être étudiée et modifiée, la psychothérapie cognitive nécessite une réactualisation régulière (Padesky et Beck, 2003).

Un élément clé dans l'approche de Beck est l'identification des croyances dysfonctionnelles et leurs liens avec la manifestation du trouble du patient. Si cela ressemble à l'approche d'Ellis, Beck et Padesky (2003) soulignent que les croyances du patient varient en fonction du trouble. Chaque trouble présente des croyances spécifiques. Par exemple, dans la dépression, Beck est connu pour avoir identifié la « triade cognitive » composée des pensées négatives sur soi, du contexte du patient (le monde qui l'entoure) et des pensées négatives sur l'avenir (le désespoir).

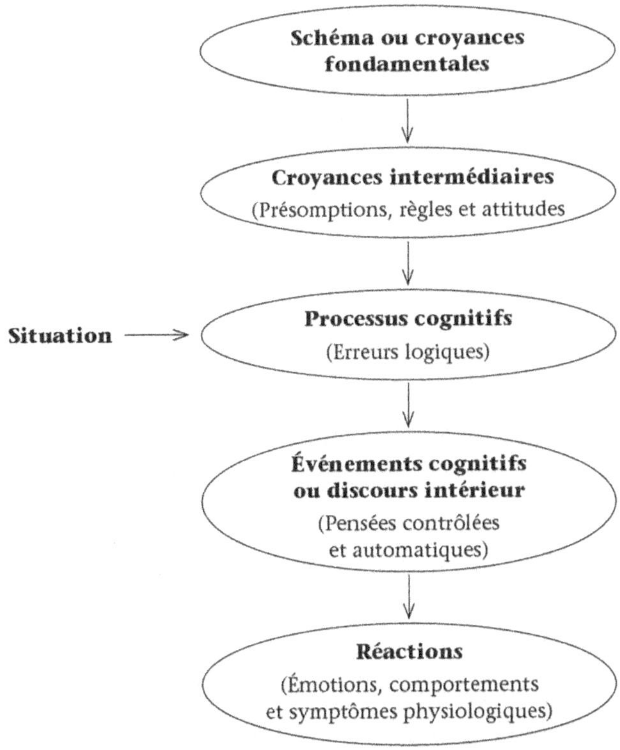

Figure 5.1 – Le modèle cognitif de J. S. Beck (1995; Judith Beck est la fille d'Aaron Beck; adapté selon Chaloult, 2008)

L'approche de Beck nécessite la mise en place d'une analyse fonctionnelle du trouble. Cette approche élaborée aussi par la PCER sera pour la psychothérapie cognitive revêtue d'une spécificité au trouble. L'analyse fonctionnelle de Beck repose non seulement sur l'exploration des pensées, les comportements et les émotions liés au trouble, mais aussi sur l'identification des attitudes typiques spécifiques à chaque trouble.

Cela permet à la psychothérapie cognitive d'avoir une connaissance spécifique à l'individu quant à la manifestation personnelle de son trouble.

La méthode empirique qui consiste à identifier et ensuite à adapter une intervention thérapeutique donne la possibilité d'évaluer facilement son efficacité.

La conceptualisation initiale du trouble permet d'obtenir des éléments observables qui peuvent être évalués par des mesures objectives afin d'apprécier si le patient a progressé au niveau de la manifestation de son trouble.

Ainsi, le changement défini dans l'approche de la psychothérapie cognitive reste une donnée observable : d'une part le patient aura une meilleure adaptation dans sa vie et, d'autre part, les mesures prises à plusieurs reprises pendant sa thérapie permettront de constater son progrès.

Nous voyons donc que l'approche de Beck a été élaborée par des méthodes empiriques selon les différentes manifestations spécifiques des troubles pathologiques.

1.4 Les similitudes entre la PCER et la PC

Comme tous les psychologues de leur époque, Ellis et Beck ont en commun d'avoir eu une formation en psychanalyse. C'est leur frustration face à cette méthode qui les a amenés à élaborer une autre approche.

Pour ces deux cliniciens, le besoin d'efficacité était primordial. Pour tous deux, cette efficacité devait se traduire par un changement chez le patient. Cependant, nous verrons plus loin que ce changement est perçu différemment selon l'approche.

Du fait de l'influence de Karen Horney (parmi d'autres), les deux cliniciens ont élaboré leurs approches sur le vécu et la vie actuelle du patient.

Il est difficile de savoir clairement pourquoi Ellis et Beck voulaient rester sur une approche thérapeutique centrée sur la vie actuelle. Didier Pleux a repris cette question avec un regard sur les cinquante dernières années de pratique en TCC (Pleux, 2015). Selon lui, si l'identification des événements traumatiques dans l'histoire de l'individu peut apporter une compréhension sur son fonctionnement, l'identification d'un traumatisme dans le passé n'est pas du tout synonyme de l'amélioration du bien-être du patient. C'est ce qu'Ellis considérait en 1994, en précisant que même si un individu pouvait comprendre l'origine de son mal-être, cela ne l'amènerait pas forcément à changer de fonctionnement (Ellis, 1994).

Les deux approches visent également les cognitions de l'individu et la relation entretenue entre cognition, émotion et comportement. Même si nous avons vu la différence entre ces approches sur le lien entre cognition et dysfonctionnement, la prise en charge dans les deux approches cherche à remédier aux cognitions inadaptées qui contribuent au maintien du dysfonctionnement.

La PCER et la PC sont toutes deux fondées sur une alliance thérapeutique qui s'appuie sur la collaboration. La prise en charge selon les deux approches propose l'élaboration d'un contrat thérapeutique qui vise à établir un fonctionnement plus adapté de l'individu. De même, pour les deux, une acceptation positive et inconditionnelle est proposée au patient, afin de l'aider à mieux s'accepter.

Même si ces similitudes sont clairement identifiables, nous verrons dans le paragraphe suivant non seulement les grandes différences entre ces approches mais aussi les nuances concernant certains éléments qui, bien que d'apparence similaire, sont en fait différents.

1.5 Les différences entre la PCER et la PC

Il est facile de constater la grande différence entre les deux approches : la PCER est une approche dérivée de la philosophie alors que la PC est une approche émanant d'une démarche empirique. Les deux approches méthodologiques sont tout à fait acceptables, et si la PC a été la plus empirique dès le départ, la PCER s'est rattrapée par la suite par la mise en place de différentes études et de différents travaux de recherche au cours des quarante dernières années (Ellis, 2005*a*).

La principale différence est surtout au niveau de la reconnaissance du changement chez le patient.

Pour Ellis, le changement se fonde sur la révision de la philosophie du patient, à l'origine de ses croyances et de sa souffrance. Pour que celles-ci deviennent plus rationnelles, le patient doit changer sa manière de se percevoir lui-même, de percevoir sa vie et son contexte. Au fur et à mesure de la prise en charge PCER, le patient arrive à corriger lui-même les croyances irrationnelles qu'il avait jusqu'alors (Ellis, 2005*a*).

Comme nous l'avons vu plus haut, la PC établit un changement par rapport à ce qui est observable, surtout par des mesures objectives (tout particulièrement par les évaluations psychométriques) de l'évolution du trouble du patient.

Nous avons évoqué la similitude par rapport à l'identification des cognitions inadaptées pour les deux approches.

Et la source des cognitions est identifiée différemment : liée surtout au trouble (PC) ou à l'individu (PCER).

Même si les deux approches proposent une collaboration claire entre patient et thérapeute, Beck insiste sur le fait que cette collaboration parte d'une égalité entre le thérapeute et le patient (Beck et Padesky, 2003).

Beck suggère dans ses nombreux écrits que le patient serait le véritable « expert » de son trouble et donc que le thérapeute prend plutôt le rôle d'un accompagnant.

Cette idée est clairement réfutée par Ellis, pour qui « le thérapeute est bien plus l'expert et en sait considérablement plus sur les troubles et sur ce qu'il faut faire que la plupart des patients » (Ellis, 2005*a*, p. 183).

Nous pouvons considérer aujourd'hui que le patient est sans doute l'expert de son trouble et que le thérapeute est l'expert des moyens à utiliser pour le traiter. Cela amène à une notion de relation collaborative où chacun avec son domaine d'expertise va aider à traiter le mal.

Les deux fondateurs de ces approches, Ellis et Beck, ont pu éclaircir les différences de leurs approches dans une série d'articles publiés il y a une dizaine d'années (Ellis, 2003 ; Beck et Padesky, 2003 ; Ellis, 2005*a* ; Beck et Padesky, 2005). Ils terminent sur les points d'accord essentiels entre les deux approches et soulignent les contributions mutuelles et spécifiques de chaque approche, pour pouvoir avancer dans la prise en charge des troubles psychopathologiques.

Comme nous l'avons vu au chapitre 2, Dollard et Miller ont proposé une autre conceptualisation de la psychopathologie à la suite de l'approche psychanalytique, jusqu'alors si répandue. Leur modèle se fondait sur l'apprentissage, et ce dans le sens non seulement de l'origine du problème mais aussi de son maintien.

Nous voyons que les approches plus élaborées d'Ellis et de Beck avec la prise en compte simultanée de tous les éléments provenant de l'individu (comportements, émotions, cognitions) avec les effets de l'environnement, actuel et passé, permettent une prise en compte plus importante de l'individu dans tout ce qu'il est.

Nous allons maintenant présenter l'approche clinique des TCC proprement dites ; les notions et les théories présentées jusqu'alors y seront toutes intégrées de façon plus ou moins apparente. Par la suite, nous présenterons brièvement des méthodes plus approfondies en TCC qui font l'objet de formations continues.

2. La clinique en TCC

2.1 Le thérapeute

En France, les thérapies comportementales et cognitives sont exercées principalement par les psychologues et les psychiatres. Quelques médecins généralistes ou d'autres professionnels de la santé sont formés à ces thérapies.

Il existe souvent des confusions entre le métier de psychologue, celui de psychiatre et celui de psychothérapeute. Il s'agit pourtant de trois titres d'exercice différents.

Le psychologue a suivi des études en faculté de psychologie et va centrer ses entretiens sur les aspects psychiques du fonctionnement de l'individu.

Le psychiatre a suivi des études de médecine (il est obligatoirement docteur en médecine) et il a choisi une spécialisation en psychiatrie. Ses entretiens sont centrés sur les troubles psychiques en tenant compte des aspects médicaux des troubles. Il prescrit les traitements médicamenteux selon les troubles et leur intensité.

Le psychothérapeute est une personne qui a demandé à bénéficier de ce titre depuis la loi Accoyer de 2004 et ses décrets d'application de 2010. Dans ce cadre, un certain nombre d'heures de formation et de stage sont demandées. Ce titre est accessible principalement aux psychologues et aux médecins qui répondent à ces critères. Au moment de sa mise en application, un certain nombre de personnes, ni médecins, ni psychologues, ont demandé à bénéficier de ce titre en raison de leur exercice antérieur sous ce vocable. Des commissions de validation au sein des ARS (agences régionales de santé) ont validé un certain nombre de requêtes de ces personnes qui exercent légalement sous le terme de psychothérapeutes en n'étant ni médecins ni psychologues (ce qui peut être le cas d'infirmières par exemple).

Ainsi, psychologues et médecins (dont les psychiatres) peuvent être aussi psychothérapeutes mais cela n'est pas une obligation. En effet, un certain nombre de ces professionnels ne jugent pas nécessaire de faire valider leur expérience pour obtenir ce titre et exercent en tant que psychothérapeutes de fait. Dans le champ des TCC, l'intitulé exact du professionnel devrait être « psychothérapeute cognitif et comportemental ».

Il est à noter que dans d'autres pays, comme l'Angleterre, il existe une formation spécifique pour devenir psychothérapeute qui est différente des cursus de psychologie ou de médecine.

En France, d'autres professionnels de santé sont formés aux TCC, par exemple des infirmiers, des sages-femmes, des kinésithérapeutes... Ils ont souvent bénéficié d'une formation de deux ans assortie d'un diplôme universitaire. Si leurs connaissances sur les TCC sont bonnes, le principal écueil tient dans le manque de connaissances sur les troubles psychopathologiques. Ces professionnels utilisent en revanche de façon optimale leurs connaissances en TCC dans le domaine qui leur est spécifique, en utilisant par exemple pour les infirmiers les entretiens motivationnels pour l'adhésion aux prises médicamenteuses, le recours à l'alliance thérapeutique pour l'adhésion aux soins...

Les étudiants, que ce soit en psychologie ou en psychiatrie, reçoivent au cours de leur cursus une formation de base en TCC, mais celle-ci n'est pas suffisante pour qu'ils puissent effectuer un travail de psychothérapie dans ce domaine. La formation complète se fait habituellement au travers soit de diplômes universitaires dans les facultés de psychologie ou de médecine, soit au sein d'associations comme l'Association française de thérapie comportementale et cognitive (AFTCC), la plus ancienne et la plus reconnue sur le territoire français.

Cette formation comprend à la fois des aspects théoriques mais aussi et surtout des aspects pratiques. Elle est utilement complétée par des séances de supervision. Chaque thérapeute doit par la suite effectuer régulièrement des formations complémentaires pour actualiser ses connaissances.

	Psychothérapeute	Médecin	Psychologue	Psychiatre
Formation initiale	Variable (3 ans en général)	Plus de 8 ans	5 ans et plus	10 ans et plus
Pratique de la psychothérapie	Oui	Oui s'il se forme	Inscrit dans son parcours de formation	Inscrit dans son parcours de formation
Pratique des TCC	Non	S'il se forme	Partielle dans le cursus. Nécessite un complément	Partielle dans le cursus. Nécessite un complément
Remboursement	Non	Oui	Selon les mutuelles	Oui
Prescription de médicaments	Non	Oui	Non	Oui

Tableau 5.1 – Comparatifs entre professionnels selon la formation et la pratique

2.2 Typologie des entretiens cliniques en TCC

Données générales

Les TCC sont décrites comme des thérapies brèves. C'est à la fois vrai et faux. En effet, certaines pathologies sont facilement accessibles aux TCC avec des patients motivés. C'est le cas notamment des phobies spécifiques. Le nombre de séances est alors de l'ordre d'une quinzaine. Mais souvent plusieurs troubles sont imbriqués (dépression avec anxiété sociale par exemple, ou trouble de la personnalité et autres pathologies psychiatriques). Le nombre de séances sera alors beaucoup plus important car plusieurs troubles seront travaillés. De plus, certaines résistances vont parfois conduire à un nombre de séances plus conséquent. Souvent, une fois qu'une amélioration apparaît, les patients vont aborder d'autres problématiques, ce qui allonge alors le nombre de séances. Il arrive aussi que des événements intercurrents surviennent (décès d'un proche, licenciement, conflit) et demandent une attention particulière, entraînant là encore un allongement de la prise en charge.

Comme dans toute psychothérapie il est nécessaire d'avoir une bonne alliance avec le patient. En thérapie comportementale et cognitive, il faut rechercher une alliance thérapeutique. Celle-ci est centrée sur un rapport collaboratif qui doit s'installer entre le patient et le thérapeute. Ce rapport collaboratif permettra que ces deux « collaborateurs » agissent conjointement pour limiter le trouble psychopathologique, à défaut de l'éliminer. Ce rapport va s'établir grâce à trois critères majeurs tels que décrit par Rogers (2003) :

- *L'empathie* : est la capacité d'un individu (le thérapeute dans notre cas) à pouvoir prendre en considération la souffrance émotionnelle de l'autre, à en comprendre les mécanismes, sans pour autant ressentir le même type d'émotion (ce qui correspondrait sinon à de la sympathie).
- *La congruence ou authenticité* : c'est la capacité du thérapeute à accepter correctement la complexité des émotions, sentiments, pensées… qui apparaissent chez lui alors qu'il est à l'écoute de son patient.
- *Être chaleureux ou la considération positive inconditionnelle* : c'est en définitive accepter le patient comme il est, voire le trouver sympathique (malgré le trouble qu'il peut présenter).

Dans l'approche cognitive et comportementale le style du thérapeute est volontairement directif dans sa façon de poser des questions et de proposer des exercices. Si les premières questions sont habituellement générales, progressivement celles-ci deviennent de plus en plus précises afin d'affiner les hypothèses tant psychopathologiques que les orientations thérapeutiques à envisager. Le but est d'obtenir des réponses les plus précises possibles. Le thérapeute va utiliser deux types de questions : les questions ouvertes et les questions fermées.

Les questions ouvertes sont utiles pour pousser le patient à parler, à exprimer ce qu'il ressent ou pense, autrement que par une réponse brève. Il s'agit de questions qui commencent par : « Qu'est-ce que ? » « Comment ? » « Pourquoi ? » « Qu'avez-vous (fait, ressenti, pensé) ? »

Voici quelques exemples où l'on voit que la question amène obligatoirement une réponse qui ne peut pas être oui ou non :

- « Qu'est-ce que vous avez fait après ? » « Qu'est-ce que vous ressentez ? » « Qu'est-ce qui vous fait penser cela ? »
- « Comment l'avez-vous su ? » « Comment auriez-vous souhaité que cela se passe ? » « Comment avez-vous fait ? »
- « Pourquoi avez-vous pensé cela ? » « Pourquoi y êtes-vous allé ? » « Pourquoi cela vous a-t-il plu ? »

Les questions fermées amènent à des réponses très courtes, souvent par oui ou par non. Elles cherchent à préciser certains points ou à s'assurer que le thérapeute a bien saisi : « Est-ce que ? » Voici quelques exemples : « Est-ce que cela vous a plu ? » « Est-ce que vous aviez raison ? » « Est-ce que vous l'avez dit ? »

L'attitude d'écoute du thérapeute est importante au cours de l'entretien. Il existe plusieurs types d'écoute que le thérapeute doit connaître.

- **L'écoute flottante** est le fait d'écouter quelque chose sans vraiment y faire attention. C'est par exemple écouter de la musique en voiture. Ce type d'écoute n'est pas du tout adapté à l'entretien clinique. Le thérapeute doit connaître son existence et savoir la repérer. En effet, il se rend compte qu'il est passé en écoute flottante, il doit se demander pourquoi il n'écoute plus vraiment ce que le patient lui dit : fatigue ? Carence de sa part pour recentrer l'entretien ? Écho personnel des dires du patient ? Préoccupation sur des sujets personnels expliquant le manque d'attention ? Ennui d'un discours répétitif du patient ?
- **L'écoute participative** consiste à montrer son intérêt à ce que dit le sujet par des hochements de tête, en encourageant du regard… Ce type d'écoute est utile pour montrer au patient l'intérêt que l'on porte à ses propos et l'engager à poursuivre.
- **L'écoute active** est plutôt centrée sur le fait de montrer que le thérapeute suit les propos du patient et qu'il les comprend bien. Le thérapeute peut

ainsi lui en faire un résumé par la suite. C'est ainsi que dans l'écoute active le thérapeute reformule le contenu ou les propos. Par exemple : « Si j'ai bien compris, c'est quand vous êtes monté dans l'avion que vous vous êtes dit : je vais mourir. » La reformulation reprend au plus près la phrase initiale du patient. Ce type de phrase amène généralement à l'acquiescement, parfois à un complément d'information, mais il permet aussi, en cas de dénégation, de demander de reprendre ce qui vient d'être dit afin de mieux comprendre. Dans l'écoute active, le thérapeute utilise des questions ouvertes et fermées. Il effectue habituellement une synthèse des propos pour confirmer sa bonne compréhension et obtenir l'acquiescement du patient.

Toute une composante non verbale est présente dans ce type d'écoute avec notamment des hochements de tête, des échanges visuels, des marques d'attention, des silences quand nécessaire.

Lors du premier entretien, le thérapeute va chercher à obtenir des informations anamnestiques et va donc guider l'entretien (c'est aussi en ce sens que le thérapeute est directif). Il recherche habituellement les symptômes cliniques permettant d'obtenir les critères diagnostiques d'un trouble (ce qui demande parfois plusieurs séances selon la gravité ou la complexité du trouble). Cet entretien détermine aussi l'incidence du ou des troubles sur le quotidien du patient. Cela concerne autant l'intensité du trouble que l'impact du trouble sur la vie professionnelle et personnelle.

Lors du premier entretien ou des entretiens suivants, le thérapeute est souvent amené à faire passer des évaluations psychométriques. Celles-ci peuvent être de deux ordres, soit des questionnaires que le sujet remplit lui-même (auto-questionnaires ou questionnaires auto-rapportés), soit des questionnaires que le thérapeute remplit en posant des questions au patient lors de ce que l'on appelle un entretien semi-structuré ou structuré (hétéro-questionnaires).

Les entretiens se font habituellement en face-à-face sans nécessairement de bureau séparant les deux interlocuteurs. Il arrive au cours des séances que thérapeute et patient se retrouvent à commenter un exercice à réaliser ou une analyse fonctionnelle.

Souvent le thérapeute dispose d'un tableau blanc pour présenter des concepts ou effectuer des exercices en les présentant de façon schématique.

Dans la démarche thérapeutique cognitive et comportementale, le thérapeute fournit fréquemment des exemples pour compléter ses explications ou montrer au patient qu'il a bien saisi ses propos. Il peut aussi amener une dimension métaphorique sur les propos échangés.

Il y a donc une dimension à la fois d'écoute mais aussi d'explication et de consignes d'exercices.

L'entretien clinique initial

Le premier entretien clinique est une base dans la relation qui va s'établir entre le patient et son thérapeute.

Il convient donc d'y être particulièrement vigilant et de pouvoir recueillir dans ce moment privilégié les informations les plus importantes.

L'attitude du thérapeute lors de cet entretien (et des suivants) est importante. Le patient a besoin d'être rassuré et de comprendre rapidement qui est en face de lui. Il est donc important de lui donner, dès la poignée de main, son nom et sa fonction : « Bonjour, je suis M. X., psychologue de cette unité » ou : « Bonjour, je suis le Dr T. et nous avons rendez-vous ensemble. »

L'entretien est plutôt directif et, classiquement, le thérapeute demande dès le début au patient ce qui l'amène à consulter.

L'entretien cherchera à développer l'alliance thérapeutique, même si celle-ci se met en place surtout dans la phase thérapeutique à proprement parler.

Il se peut qu'une ou plusieurs personnes demandent à être présentes lors de cette première consultation. Dans le cas d'un entretien avec un enfant, cela peut facilement se comprendre. Il convient d'ailleurs de rappeler que la prise en charge d'un enfant doit se faire avec l'accord des deux parents. En dehors de ces cas spécifiques, il peut s'agir d'un membre de la famille, d'un proche, du conjoint mais aussi parfois d'un accompagnant paramédical (infirmier de secteur) ou social (éducateur).

L'apport de cet entourage peut être contributif mais peut aussi venir perturber l'alliance thérapeutique avec le patient. Il convient donc assez rapidement de demander au patient ce qu'il pense de la présence de cette personne en entretien.

Classiquement, une première partie d'entretien pourra se faire avec l'accompagnant pour récupérer des informations mais aussi pour comprendre leur demande de présence lors de cet entretien. Dans un deuxième temps, le patient est vu seul afin qu'il puisse s'exprimer plus librement. Selon les situations le thérapeute est parfois amené à revoir les proches en fin d'entretien avec l'accord du patient (ou sans son accord si une situation de danger est présente : risque suicidaire majeur, notion de danger pour lui ou les autres ne permettant pas d'obtenir le consentement du patient aux soins).

Au cours de cet entretien la recherche est surtout anamnestique et symptomatique. Au final le thérapeute devra déterminer de quel(s) trouble(s) souffre le patient. Dans un premier temps, le thérapeute cherche à comprendre comment est survenu le trouble, dans quel contexte, comment ont évolué les signes cliniques au cours du temps, qu'est-ce qui a pu amener un mieux ou une aggravation…

Pour déterminer le trouble psychopathologique présenté, le thérapeute peut se référer à plusieurs types de classifications. L'une d'elles est celle réalisée par l'Organisation Mondiale de la Santé (OMS). Il s'agit de la Classification Internationale des Maladies (CIM), référence internationale traduite dans de nombreuses langues. Nous utilisons actuellement la onzième version : CIM 11 (OMS, 2019). Cette classification comprend toutes les pathologies connues dans le monde. Elle est divisée en chapitres, et c'est le chapitre 6 qui concerne les « troubles mentaux, comportementaux ou neurodéveloppementaux ».

Une autre classification fréquemment utilisée est celle de l'Association américaine de psychiatrie, le *Manuel diagnostique et statistique des troubles mentaux* (ou *Diagnostic and Statistical Manual*, DSM). La version 5, est sortie aux États-Unis en 2013, et sa traduction française en juin 2015 – nouvelle version révisée depuis novembre 2023 (DSM-5 TR). Cette classification est souvent utilisée en France, car elle est reprise dans les publications internationales (APA, 2015).

La durée de la première séance peut être plus ou moins longue, entre 30 minutes et 1 heure.

À la fin de cet entretien, le thérapeute a souvent une idée assez précise du trouble. Mais, parfois, en raison d'un trouble complexe ou de l'association de plusieurs troubles ou de l'existence d'un trouble de la personnalité qui peut complexifier la compréhension du trouble, le thérapeute aura besoin de plusieurs séances pour faire la part des choses, ou de s'appuyer sur des examens complémentaires (évaluation psychométrique, recherche d'une pathologie organique comme une hypothyroïdie qui peut prendre le masque d'une dépression par exemple).

De façon habituelle, le thérapeute demande en fin d'entretien ce que le patient attend de lui sous une formule simple comme : « Quelles sont vos attentes en venant me voir aujourd'hui ? »

L'entretien d'évaluation psychométrique

En thérapie comportementale et cognitive, il est habituel de faire une évaluation psychométrique du patient avant de démarrer la thérapie. Il y a plusieurs raisons à cela :

- Compléter les données diagnostiques.
- Déterminer l'intensité du trouble.
- Évaluer la fréquence du trouble.
- Définir un niveau de base avant le début de la thérapie. Les mêmes questionnaires seront de nouveau passés en cours de thérapie et à la fin. Il s'agit de la façon la plus objective d'observer l'évolution d'un trouble.
- Aider le patient à mieux comprendre son trouble et à mieux intégrer ses différentes composantes. Cela lui permettra aussi de voir l'évolution de son trouble et de mieux comprendre la nécessité d'effectuer régulièrement des exercices pendant les séances et en dehors des séances de thérapie. En effet, en passant les questionnaires, le patient en comprend l'ensemble des symptômes et leur impact aussi sur lui-même et dans son quotidien.
- Développer un aspect motivationnel pour le patient, qui prend une part plus dynamique et responsable de sa prise en charge.
- Éviter l'habituation, car le thérapeute a tendance à s'habituer à son patient et à ses symptômes. Ainsi, la passation régulière des tests psychométriques permet de rappeler l'intensité du trouble et de voir l'évolution.

Ces tests doivent être réalisés à une fréquence correcte, sans excès. Il faut en effet tenir compte d'un risque d'habituation du patient au questionnaire s'il est réalisé trop souvent. Cela pourrait aussi entraîner un épuisement ou une démotivation car sur les pathologies anciennes ou résistantes, l'amélioration va demander du temps.

Il y a cependant un intérêt à les faire pour suivre l'évolution du trouble au cours de la thérapie. Ils permettent de déterminer plus aisément quelles approches thérapeutiques ont été efficaces au cours de la thérapie, mais aussi de mesurer l'impact d'événements extérieurs sur le cours de la maladie (par exemple le décès d'un proche, la naissance d'un enfant, un accident...). La figure 5.2 donne une idée de ce qui peut se passer au cours d'une thérapie quand il y a une possibilité de suivre l'évolution d'un trouble par la passation de tests psychométriques.

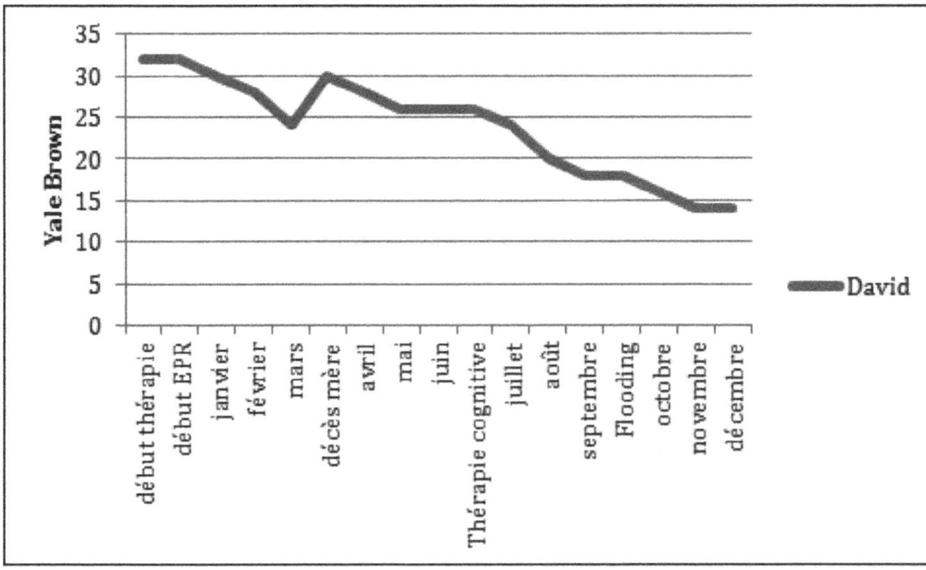

Figure 5.2 – Évolution de l'échelle auto-Yale Brown

La figure 5.2 reprend l'évolution de l'échelle auto-Yale Brown (questionnaire rempli par le patient lui-même qui étudie l'incidence des obsessions et des compulsions) chez un jeune patient (David) souffrant d'un trouble obsessionnel et compulsif au cours d'une année. Ce qu'il est intéressant de noter dans cet exemple, c'est l'impact de chacune des étapes thérapeutiques (début de l'exposition avec prévention de la réponse (EPR), thérapie cognitive en juin puis *flooding*) et de la survenue du décès de la mère.

L'intérêt peut aussi être de croiser différentes échelles et de voir leur évolution dans le temps en fonction des événements intercurrents et de la thérapie mise en place comme c'est le cas dans l'exemple suivant.

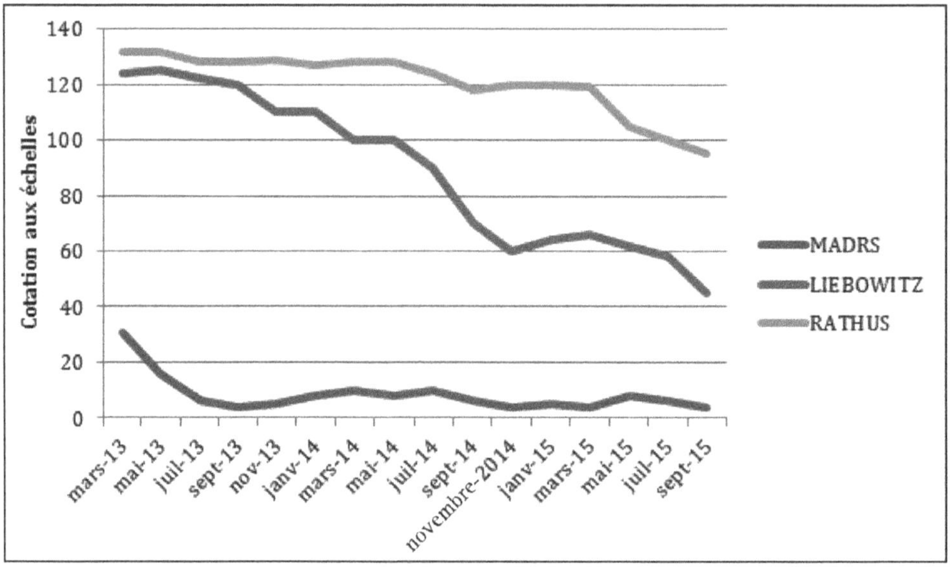

Figure 5.3 – Évolution des échelles psychométriques en fonction des différents temps de la thérapie chez une patiente

Dans cet exemple, nous observons l'évolution des échelles psychométriques en fonction des différents temps de la thérapie chez une patiente souffrant d'une anxiété sociale avec une dépression comorbide. Au début de la prise en charge, nous retrouvons des évaluations élevées à l'échelle de Liebowitz pour l'anxiété sociale (normes : phobie sociale modérée à 56-65, phobie sociale marquée à 65-80, phobie sociale sévère à 80-95, phobie sociale très sévère à plus de 95), celle pour l'évaluation de l'assertivité de Rathus (chiffres supérieurs à 126 dans la cotation sans valeur négative) ainsi que pour la dépression par l'échelle de Montgomery et Asberg (MADRS avec une valeur seuil de 15 pour parler de dépression ; Liebowitz, 1987 ; Rathus, 1973 ; Cottraux, 1979 ; Agathon, 1979 ; Bouvard et Cottraux, 2010). Le premier temps de la thérapie est axé sur la dépression. Son intensité et son évolution sont suivies par des passations régulières de la MADRS. Nous constatons qu'à partir du mois de mai il y a une nette amélioration qui se maintient par la suite. Les deux autres échelles évoluent peu pendant ce premier temps de la thérapie. À partir du mois de juillet la thérapie en individuel s'oriente sur le trouble d'anxiété sociale. Son évolution est suivie sur le plan psychométrique par l'échelle de Liebowitz. Il y a une lente amélioration pendant un an. Même si sur le plan clinique le thérapeute constate des améliorations et que le patient se sent mieux, les échelles montrent toujours une intensité élevée du trouble avec une cotation en mai 2014 à 100 pour la Liebowitz et à 128 pour la Rathus. À cette période débute une prise en charge de thérapie de groupe qui intègre dans un premier temps un axe de travail centré sur des expositions en groupe (amenant une amélioration de la Liebowitz qui passe à 66 en mars 2015, et une faible amélioration de l'échelle de Rathus à 119, ce qui se comprend aisément car dans ce type de groupe d'exposition, ce n'est pas l'assertivité qui est travaillée mais l'exposition aux situations redoutées). À partir du mois de mars 2015 débute une thérapie de groupe d'assertivité en complément de la poursuite en individuel des exercices cognitifs et comportementaux centrés sur l'anxiété sociale. L'observation de l'évolution des échelles permet de constater qu'en quelques mois une amélioration se poursuit au niveau de l'anxiété sociale (Liebowitz à 45) et surtout au niveau de l'affirmation de soi (Rathus passant de 119 à 95).

Cet exemple montre bien l'intérêt de la passation d'échelles d'évaluations psychométriques qui permettent d'objectiver de façon claire quel temps de la thérapie est efficace et sur quoi.

Dans des cas plus difficiles, où différentes approches de TCC sont utilisées (restructuration cognitive, exposition cognitive, exposition comportementale, *flooding*, etc.), il est intéressant de voir laquelle apporte le plus d'amélioration. Il est à noter que l'intérêt est tout aussi important pour les médecins qui ont recours à des psychotropes, car la passation des échelles leur permet de voir quel médicament apporte une amélioration clairement objectivable.

L'analyse fonctionnelle

L'analyse fonctionnelle est l'outil de base en TCC. C'est une façon d'appréhender les différentes facettes d'un trouble, d'en apporter des éléments de compréhension et de voir l'interaction entre les différentes composantes émotionnelles, cognitives et comportementales. Pour résumer, nous pourrions dire qu'il s'agit de la compréhension du fonctionnement d'un trouble ou d'une situation sous l'angle cognitif, comportemental et émotionnel.

Plusieurs modèles existent, nous reprenons ceux qui sont habituellement retrouvés dans la littérature française des cas cliniques en TCC (Chapelle *et al.*, 2018). Le modèle le plus simple reprend l'approche comportementale de Skinner en 1937 sur la « contingence de renforcement », il s'agit du modèle SORC. Ce qu'il importe de comprendre dans ce modèle, c'est que la conséquence (C) va venir renforcer la réponse. Nous retrouvons là le concept de base de Skinner impliquant l'impact des conséquences pour renforcer la réponse.

- S : stimulus.
- O : organisme (émotions, cognitions, composantes physiologiques).
- R : réponse.
- C : conséquence.

Nous pouvons prendre l'exemple d'une personne souffrant d'anxiété sociale qui fait une présentation devant un groupe de personnes :

- S : faire une présentation devant plusieurs personnes.
- O : malaise général, se dit « je vais rougir », tachycardie, mains moites, sueurs, difficultés pour respirer.
- R : quitte la salle précipitamment.
- C : diminution de son angoisse (ce qui vient renforcer l'idée que pour calmer l'angoisse, il faut partir).

En 1976, Lazarus propose un modèle en sept points qui est complété de deux aspects supplémentaires par Cottraux en 1985 (Cottraux, 1985*a*) et prend le nom de BASIC IDEA. Cet acronyme comprend les différentes composantes d'une analyse en TCC avec pour chaque lettre une thématique :

- B : *Behavior* (comportement). Dans cette catégorie est décrit de façon précise le comportement qui pose problème et son évolution.
- A : *Affect*, pour tout ce qui va correspondre aux affects ou émotions en lien avec le trouble.
- S : *Sensation*, ce sont toutes les sensations physiques rattachées au problème qui sont décrites.
- I : *Imagery* (imagerie), soit l'ensemble de l'imagerie mentale que peut avoir le sujet concernant le problème cible.
- C : *Cognitions*, ce sont les pensées (notamment automatiques) qui sont associées au problème.
- I : *Interpersonal* (interpersonnel), cette catégorie détermine comment sont les relations que l'individu établit du fait de l'existence de son trouble.
- D : *Drugs* (drogues), le terme « drogue » est vu dans le sens d'une prise d'un produit, qu'il soit médicamenteux ou non.
- E : *Expectations*, ce sont les attentes du patient par rapport à la prise en charge et à l'évolution de son trouble.
- A : *Attent* (attentes), les attentes du thérapeute sur la prise en charge.

Par exemple, Valérie, 36 ans, souffre d'une peur en avion. Elle a commencé à avoir peur il y a 6 ans, quelques mois après l'accouchement de son premier enfant alors qu'elle devait se rendre pour son travail à Londres. Ce jour-là, en prenant son vol, elle s'est sentie oppressée, son cœur s'est accéléré et un léger vertige s'est installé. Le vol s'est poursuivi sans encombre mais elle en a gardé un souvenir désagréable. Avec le temps, plus elle a pris l'avion plus elle a ressenti de l'angoisse et elle finit maintenant par redouter de monter dedans. Quand elle monte en avion elle se dit : « L'avion va s'écraser », « Je suis en danger », « Je vais mourir. » Dès qu'elle imagine la situation, elle se voit entrain de « hurler de peur », les images sont tellement désagréables qu'elle fait tout pour les chasser. Elle s'est organisée avec ses collègues pour ne plus le prendre seule ou alors elle évite de le prendre. Comme son angoisse devenait gênante, elle a fini par demander à son médecin un traitement (prescription de benzodiazépines) chaque fois qu'elle devait prendre l'avion, mais son angoisse a continué à s'aggraver. En venant voir le psychothérapeute elle est dans l'attente d'une prise en charge rapide qui puisse lui permettre de prendre l'avion sans peur. Elle se dit motivée pour faire des exercices. Le thérapeute a déjà pris en charge des patients dans ce cadre-là et considère que la patiente est suffisamment motivée pour l'accompagner dans une démarche active de soins. Voici comment peut se faire l'analyse fonctionnelle dans ce cas clinique :

- B : *Behavior* : comportements en lien avec le fait de prendre l'avion : évitement (soit total par le fait de ne pas le prendre, soit partiel en le prenant mais en tentant de réduire son angoisse par la prise de médicaments ou en étant accompagnée). Début vers 30 ans, après la naissance de son enfant, aggravation progressive malgré un traitement.
- A : *Affect* : angoisse, peur en avion.
- S : *Sensation* : oppression, tachycardie, vertige.
- I : *Imagery* : images désagréables, se voit « hurler de peur ».
- C : *Cognitions* : « l'avion va s'écraser », « je suis en danger », « je vais mourir ».
- I : *Interpersonal* : demande à ses collègues de l'accompagner.
- D : *Drugs* : prise de benzodiazépines.
- E : *Expectations* : prise en charge rapide pour prendre l'avion sans peur.
- A : *Attent* : le thérapeute, habitué à ce type de trouble, considère que la patiente est accessible à une thérapie.

Un autre modèle fréquemment utilisé est celui proposé par Cottraux en 1985 (Cottraux, 1985*b*, 1990), il intègre le modèle théorique de Lang (1977). Il s'agit de la grille SECCA, acronyme dont chaque lettre correspond à une dimension (S : situation, E : émotion, C : cognition, C : comportement, A : anticipation). Cette grille comprend une dimension diachronique (reprend l'histoire du trouble) et une autre synchronique (décrivant l'organisation fonctionnelle du trouble).

Dans la dimension diachronique, le thérapeute est amené à rechercher :
- les données génétiques ;
- les facteurs historiques de maintien possible ;
- les facteurs déclenchants initiaux évoqués ;
- l'événement précipitant le trouble ;
- les autres problèmes ;
- les traitements antérieurs ;
- les traitements actuels.

D'autres modèles existent comme le modèle de Warwick et de Salkovskis, le modèle SORKC (Kanfer, 1969), le modèle rétroactif de Fontaine et Ylieff (1981) ou encore le modèle d'analyse fonctionnelle de Young (Chabrol, 1996).

Indications, contre-indications, non-indications

Les indications en TCC sont de plus en plus étendues. Initialement ce sont surtout les troubles anxieux et dépressifs qui ont bénéficié de l'apport des TCC. Mais l'avancée des connaissances et le développement de nouvelles technologies ont permis d'élargir le champ des prises en charge.

Il faut garder à l'esprit deux notions pour ne pas se perdre en conjectures sur l'efficacité des TCC. Il y a la notion de guérison à proprement parler et il est clairement établi maintenant que les TCC peuvent guérir un certain nombre de troubles. En revanche, nous connaissons aussi les limites de ces thérapies qui ne guérissent pas actuellement des troubles comme la schizophrénie, les psychoses en général ou encore les troubles bipolaires.

Ceci implique une deuxième notion qui est celle de l'amélioration clinique d'un trouble. C'est dans cette deuxième notion que les apports des TCC sont les plus larges. Des troubles tels que la schizophrénie vont pouvoir bénéficier des TCC pour leur permettre par exemple une remise en question de leurs interprétations erronées (remédiation cognitive) ou encore par une amélioration de leurs relations sociales par le recours à des groupes d'entraînement aux habilités sociales.

L'usage, l'abus et la dépendance à d'alcool, aux drogues et aux psychotropes de type benzodiazépiniques vont avoir une incidence sur la prise en charge. Il est établi que les mécanismes d'apprentissages sont altérés dans ces cas-là, ce qui amène à amoindrir les résultats des TCC. La réalisation d'exercices peut en être aussi perturbée et il convient alors de peser l'indication d'une TCC dans les cas les plus marqués.

Pour la réalisation de certains exercices, il convient de réaliser des bilans à la fois pour éliminer un trouble organique mais aussi parfois pour s'assurer de la possibilité de faire certaines expositions. C'est le cas par exemple pour le trouble panique avec agoraphobie où une pathologie cardiaque doit être recherchée, celle-ci pouvant parfois expliquer la présence du trouble ou son entretien mais aussi permettre de s'assurer que lors des exercices d'exposition aux sensations cardiaques (tachycardie) il n'y a pas de contre-indication. En effet, engager une TCC alors qu'il existe des prises de produit risque fortement d'amener à un échec qui sera pris comme une inefficacité des TCC alors qu'il s'agit surtout d'une mauvaise indication.

Il faut aussi tenir compte de facteurs somatiques en lien avec l'anxiété (troubles digestifs fonctionnels, troubles respiratoires de type asthme...) qui peuvent être majorés lors d'exercices d'exposition et qui vont aggraver l'anxiété.

Bien plus que des contre-indications aux TCC, il y a plutôt des non-indications. En effet, l'absence de demande de soins du patient, les retards mentaux, les démences... ne sont pas vraiment des indications, même si un abord TCC est parfois utilisé pour comprendre le fonctionnement d'une situation problème (par l'analyse fonctionnelle) et parfois pour mettre en place une stratégie avec l'équipe de soins. L'absence de motivation peut être travaillée en TCC comme nous allons le voir avec les entretiens motivationnels.

Les entretiens thérapeutiques

Le contrat de soins

Le travail thérapeutique nécessite une participation active des deux interlocuteurs, patient et thérapeute. Les entretiens sont dits « collaboratifs ». Le patient apporte sa connaissance de sa maladie avec son fonctionnement et le thérapeute apporte ses connaissances sur les soins à mener.

Nous avons vu plus haut les deux conceptions de Beck et Ellis sur la notion des connaissances apportées par le patient.

Il faut sans doute voir le patient comme un spécialiste de sa maladie pour nous apporter toutes les informations sur son fonctionnement, mais prendre le thérapeute comme celui qui sera capable d'intégrer ces données, de les comparer aux standards et d'adapter la prise en charge. Si le patient est un spécialiste de sa maladie, le thérapeute est un spécialiste de son traitement.

Il existe un authentique contrat entre patient et thérapeute car chacun s'engage réciproquement à œuvrer du mieux qu'il peut pour réduire ou faire disparaître le trouble.

C'est ainsi que si le thérapeute s'engage de son côté à apporter l'ensemble de ses connaissances et de sa pratique, le patient doit agir de son côté en apportant notamment de son temps pour réaliser les exercices et remettre en question certaines croyances et fonctionnements.

Le contrat thérapeutique définit un certain nombre de paramètres qui s'imposent aux deux intervenants de la thérapie :

- La durée des séances : de 30 minutes à 1 heure. Des durées plus longues sont effectuées pour les séances de groupe ou des accompagnements extérieurs thérapeutiques de patients.
- Le coût : celui-ci dépend des régions, de l'ancienneté de la pratique, du thérapeute. Le coût pourra aussi varier si des exercices plus longs sont programmés ou réalisés en dehors du cabinet. Le coût de séances de groupe est variable avec les mêmes considérations et selon la grandeur du groupe thérapeutique.
- Le lieu : la plupart du temps au cabinet du thérapeute ou en hospitalisation, parfois au domicile du patient (par exemple, lors d'une agoraphobie sans sortie du domicile). La réalisation des exercices conduira parfois à changer de lieu si le thérapeute doit accompagner le patient (ascenseur, grandes places, métro...).
- Le rythme des séances : selon le caractère aigu ou non du trouble, les séances seront plus ou moins rapprochées. Dans les situations de crise, les rendez-vous sont de l'ordre d'une fois par semaine (parfois deux). Ensuite, les séances sont souvent toutes les une à 2 semaines, ce qui permet au patient d'avoir du temps pour réaliser les exercices demandés.
- Respect des rendez-vous pris ou annulation dans un délai raisonnable (valable pour les deux intervenants de la thérapie).
- Les techniques que le thérapeute envisage d'utiliser.
- Ce qui sera travaillé en séance et ce qui ne sera pas abordé. C'est le cas par exemple de traumatismes infantiles que certains patients ne veulent pas aborder ou encore d'une thérapie centrée sur la prise en charge d'une phobie sans prise en considération de la situation familiale ou professionnelle.

Ce contrat est une bonne base pour un travail collaboratif où chacun sait à quoi il s'engage.

L'entretien motivationnel

Ce n'est pas parce que le patient est dans le bureau du thérapeute qu'il a nécessairement envie de se soigner. Comme nous l'avons vu, certains patients viennent à la demande de leur entourage, ou encore « pour voir », ou pour des raisons judiciaires, et leur motivation aux soins ou à la guérison n'est pas nécessairement au premier plan.

Dans la mesure où les TCC ont largement fait la preuve de leur efficacité, il est important de pouvoir en faire bénéficier tous les patients, même ceux pour qui la démarche thérapeutique n'est pas évidente au premier abord, et de les accompagner si besoin vers la prise en charge dans le respect des règles éthiques et déontologiques.

Dès les premiers entretiens, le thérapeute repère la capacité et l'implication possible du patient dans une thérapie, que ce soit par son discours lors de l'anamnèse ou lors de l'analyse fonctionnelle. Sans motivation, il y a très peu de chance que le trouble s'améliore, c'est pourquoi des entretiens motivationnels peuvent aider le patient à adhérer aux soins. Sans cette adhésion, il n'est pas envisageable d'engager un travail thérapeutique de fond.

Cette dimension est fondamentale à prendre en compte, sans quoi la mise en place d'une thérapie sans engagement pourrait entraîner un échec qui serait ressenti par le patient comme venant renforcer son sentiment de ne pas pouvoir être soigné, et par le thérapeute comme un sentiment d'échec dans sa prise en charge. Si, classiquement, c'est par rapport aux addictions qu'est recherchée la motivation aux soins des patients, la démarche est la même pour tout individu qui vient en thérapie. Il faut alors concevoir les entretiens motivationnels comme le premier travail thérapeutique quand la motivation fait défaut.

Conduite de l'entretien

Une fois l'anamnèse réalisée, l'évaluation psychométrique effectuée et les analyses fonctionnelles établies, le thérapeute dispose de suffisamment d'éléments pour déterminer ce qu'il doit traiter, par quels moyens et avec quels effets attendus.

Classiquement, le thérapeute a défini à l'issue des premiers entretiens un fil conducteur des différents points qu'il entend faire travailler au patient et des techniques qu'il utilisera. C'est ainsi que chaque séance aura un thème de travail (qui peut être sur un même sujet sur plusieurs séances).

Au début de la thérapie à proprement parler, le thérapeute explique au patient comment va se dérouler la thérapie et les différents points qu'il souhaite aborder. Il recherche l'accord du patient sur ces points.

Selon le trouble, il peut y avoir des exercices tests au cabinet de consultation qui sont mis en place au démarrage afin d'évaluer la bonne compréhension de ce qui est demandé mais aussi la capacité du patient à les réaliser. C'est surtout pour les troubles anxieux que ces exercices sont réalisés. Ils sont nécessairement faciles et ne doivent pas être perçus comme pouvant générer une angoisse forte du patient.

Il peut s'agir tout d'abord d'exercices d'exposition test qui permettent au thérapeute de s'assurer de la bonne compréhension du travail réalisé en séance. C'est notamment le cas dans le trouble obsessionnel et compulsif où le sujet se voit proposer des exercices à expérimenter au cabinet (comme toucher un objet considéré comme sale sans se laver les mains). C'est aussi le cas pour l'agoraphobie où l'exercice peut consister à prendre un ascenseur avec le thérapeute (si cette situation est problématique). Afin d'évaluer la faisabilité des exercices en dehors des séances, le thérapeute détermine avec le patient un exercice d'un niveau d'anxiété faible qui pourrait être réalisé dans la salle d'attente ou dans le bureau. Une fois l'exercice décidé, le patient se rend dans la salle d'attente et réalise l'exercice. Il est amené à évaluer son niveau d'anxiété toutes les 5 minutes en notant sur une fiche ce niveau sur une échelle visuelle analogique allant de 0 à 10 (ou de 0 à 100 selon les praticiens). Lors de l'exercice, une fois que le niveau d'anxiété est réduit nettement (au moins une réduction de moitié sur un temps suffisamment long), l'exercice peut être stoppé et le thérapeute analyse avec le patient comment s'est déroulé l'exercice.

L'intérêt est de s'assurer que le patient comprend bien l'exercice, qu'il évalue correctement son niveau d'anxiété (sans le surévaluer car alors l'exercice perd de son intérêt car il ne déclenchera pas d'émotion, sans le sous-évaluer entraînant alors le risque d'une attaque de panique et donc d'un renforcement des évitements). Cela permet aussi de voir le degré de motivation du patient pour reproduire les exercices ensuite dans son quotidien. À la suite de cet exercice test, le patient devra continuer à le réaliser au domicile ou un exercice approchant sera déterminé. Dans le cas des phobies, les exercices tests peuvent aussi se faire à l'extérieur du cabinet. C'est le cas par exemple pour la confrontation aux ascenseurs, aux grandes places, magasins, animaux...

Exemple d'exercice test selon les types d'obsession

- Agressive: rester en salle d'attente au milieu de patients avec un objet pointu (couteau, ciseaux) dans la poche (ou le sac à main) ou dans le bureau avec le thérapeute.
- Souillure/contamination: toucher le sol du cabinet ou un objet (poignet porte, revue) considéré comme pouvant être souillé, en interposant une feuille de papier si nécessaire (pour réduire l'anxiété si le niveau est trop élevé).

- Erreur : fermer le robinet du lavabo (des toilettes) sans vérifier s'il est bien fermé.
- Superstition : écrire un mot redouté car pouvant déclencher le danger comme : cancer, accident, maladie…

Le thérapeute reste disponible pour intervenir en cas de besoin.

D'autres exercices tests peuvent être réalisés dans le cas des phobies (phobie des hauteurs en se mettant à la fenêtre si le cabinet est en étage ou même sur un escabeau ; phobie sociale par l'échange bref de contacts visuels avec les autres patients…) ou d'anxiété généralisée (comme les exercices d'exposition cognitive où le patient écoute en boucle une situation source d'angoisse).

Exercice d'exposition comportementale dans l'anxiété sociale

Exemple d'évolution de l'angoisse lors d'un exercice pour un patient souffrant d'anxiété sociale où il doit rester avec des stigmates de la sueur qu'il redoute car traduisant pour lui un stress qu'il ne souhaite pas observable par les autres (pulvérisation d'un brumisateur sur le visage ou eau mise sous les bras régulièrement) dans une salle d'attente en présence d'autres patients qui ne sont pas au courant de l'exercice. Dans cet exemple, nous pouvons observer la diminution de l'angoisse au cours du temps. Cela peut durer un certain temps et il convient donc d'être patient.

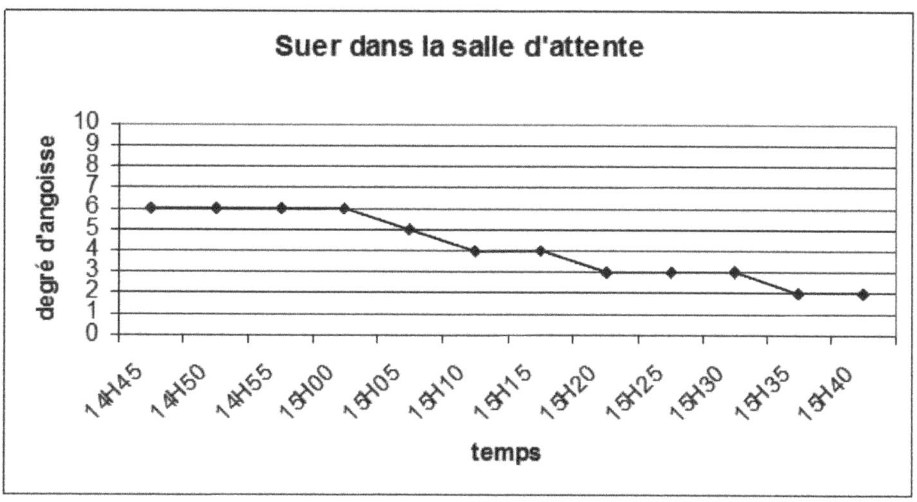

Figure 5.4 – Exercice d'exposition comportementale dans l'anxiété sociale

Les entretiens thérapeutiques en TCC sont assez formalisés. Plusieurs temps peuvent être schématiquement décrits au cours des entretiens successifs :

- L'accueil du patient, avec des questions d'ordre général afin de savoir si des événements particuliers sont survenus depuis le dernier entretien. Si un événement important est survenu, il pourra être le thème de l'entretien du jour si nécessaire.
- En début d'entretien le thérapeute fait le point sur les exercices qui devaient être réalisés. Il cherche notamment à s'assurer que les consignes ont bien été suivies. Le résultat des exercices est analysé pour savoir si le patient a réussi à les réaliser, ce qui a permis la réussite, les facteurs limitants et intercurrents. En cas d'échec, le thérapeute cherche à en comprendre les raisons. De même, quand le patient ne réalise pas les exercices, il faut en chercher les raisons (quel est son engagement ? Avait-il bien saisi les consignes ? A-t-il surévalué ses possibilités ? Avait-il mal évalué son anxiété ?). Selon les résultats, le thérapeute décide ou non de la poursuite des exercices et les adapte.
- L'entretien est ensuite centré sur le programme thérapeutique élaboré avec le thérapeute. Il peut s'agir soit de la préparation, soit de la réalisation d'exercices comportementaux, soit d'un travail cognitif (restructuration cognitive, exposition cognitive...), soit d'un travail sur les émotions. Au cours des entretiens, le thérapeute explique régulièrement le contenu des exercices, réalise des schémas explicatifs (évolution de l'anxiété dans le temps lors d'une exposition), délivre des informations à visée psychoéducative...
- En fin de séance, le thérapeute effectue un résumé de la séance et propose un travail à réaliser pour la prochaine fois.

L'entretien est assez standardisé mais il tiendra compte du patient et de son implication dans la prise en charge.

Les outils thérapeutiques

Nous allons aborder le contenu des entretiens thérapeutiques en décrivant les « outils » utilisés.

Pour les techniques d'exposition comportementale, ce sont les travaux initiaux de Wolpe (1958) puis ceux de Marks (1987) qui permettent d'en comprendre l'intérêt et le fonctionnement. Pour les principaux aspects cognitifs, ce sont surtout Beck et Ellis qui sont les précurseurs. Pour une compréhension et un usage facilité de ces techniques, nous engageons le lecteur à se référer au livre *L'Aide-mémoire des TCC* (Chapelle *et al.*, 2018).

Au cours d'un entretien thérapeutique, le thérapeute peut avoir recours à différentes techniques ou approches :

- Les techniques de relaxation : il en existe plusieurs. Les plus connues sont le *training* autogène de Schultz (1958) et la relaxation de Jacobson.
- L'exposition comportementale graduelle : cette exposition reprend les principes que nous avons vus dans les chapitres précédents sur les techniques d'exposition afin de favoriser un apprentissage qui amène à l'habituation. Le patient réalise une liste des situations redoutées et détermine le niveau d'anxiété pour chacune. Cette liste hiérarchisée sera ensuite utilisée par le thérapeute pour définir les exercices à réaliser. Ce sont les situations les moins anxiogènes qui seront d'abord utilisées pour les exercices. Ce qui permettra une habituation à la situation plus aisée, donnera un sentiment de confiance au patient et le renforcera pour poursuivre ses expositions. Les expositions peuvent se faire en imagination ou *in vivo* (confrontation directe mais toujours graduée). Ce type d'exposition est aussi appelé exposition avec prévention de la réponse (EPR) dans les prises en charge des TOC.
- La désensibilisation réciproque : ce sont les travaux de Wolpe (1958) sur l'inhibition réciproque qui sont à la base de cette technique. Le patient apprend dans un premier temps une technique de relaxation. Dans un second temps, lors d'une séance de relaxation, il est amené en imagination à visualiser la situation qu'il redoute. Par la relaxation il va réduire son niveau émotionnel tout en maintenant la vision de ce qu'il redoute.
- Exposition cognitive et technique de *flooding* : dans ces exercices, le patient est amené à se confronter aux angoisses ou aux obsessions qu'il peut avoir en écoutant un texte reprenant ce qu'il redoute (Ladouceur, 2008 ; Sauteraud, 2005).
- Exercices d'affirmation de soi avec ou sans technique de *modeling* : lors des séances d'affirmation de soi qui sont réalisées en individuel ou en groupe, les patients acquièrent des techniques de communication. Il s'agit tout d'abord d'éléments de psychoéducation sur le fonctionnement de la communication et ses intérêts. Dans un second temps, l'apprentissage se fait sous forme de jeux de rôle. Le thérapeute peut être amené à prendre le rôle du patient afin de montrer ce qu'il pourrait avoir comme attitude, expression et discours. Il s'agit d'un *modeling*, c'est-à-dire servir de modèle pour aider le patient à reproduire ensuite le même type d'action. Au cours de l'affirmation de soi sont abordés différents thèmes : faire et recevoir un compliment, faire une demande, exprimer un refus, faire et recevoir des critiques. Souvent des thérapeutes ajoutent des séances sur l'expression de soi au cours desquelles le patient parle d'un sujet qui lui plaît en cherchant à le personnaliser.

- Jeux de rôle : ils sont fréquemment utilisés dans la thérapie centrée sur l'affirmation de soi. Ils sont aussi utiles dans les exercices sur la communication dans le cadre de la phobie sociale. Lors de séances de thérapie individuelle, le thérapeute peut aussi aider le patient à verbaliser ce qu'il souhaiterait exprimer à quelqu'un en le lui faisant « répéter ». Le patient est amené à exprimer son idée et le thérapeute l'aide à apporter les adaptations nécessaires pour que son message puisse être clair et parfaitement compris. C'est particulièrement utile pour les patients souffrant de troubles psychotiques pour lesquels tout un travail d'entraînement aux habiletés sociales peut ainsi être réalisé.
- *Thérapie cognitive de Beck et restructuration cognitive* : comme nous l'avons vu, Aaron Beck a créé une approche centrée sur l'existence de croyances dysfonctionnelles et de distorsions cognitives qui vont s'exprimer par des pensées automatiques que le sujet peut retrouver s'il cherche à se concentrer sur son discours interne. La restructuration cognitive va aider le patient à repérer ses propres cognitions, et le thérapeute par la forme de son questionnement va aider le patient à les remettre en question. Le thérapeute utilise un questionnement que l'on dit socratique car il utilise la méthodologie utilisée par ce philosophe grec pour que les personnes puissent « accoucher » de leur problématique. Alors qu'un patient exprime ce qu'il redoute, le thérapeute lui demande de poursuivre en exprimant simplement, par exemple, « Et alors ? ». Ce qui pousse le sujet à exprimer ce qu'il pense plus profondément.
- *Psychothérapie comportementale émotionnelle rationnelle (PCER) d'Ellis* : l'approche PCER se fonde sur l'identification des croyances irrationnelles de l'individu. L'analyse fonctionnelle proposée par la PCER met en lien le vécu de l'individu avec ses comportements et ses émotions. Entre les deux, les cognitions irrationnelles interviennent et ont pour résultat une moins bonne adaptation chez l'individu. L'adossement des croyances plus rationnelles se fait à partir d'une remise en question qui peut prendre différentes formes (cognitive, comportementale) avec des styles aussi distincts (logique, socratique, psychoéducatif...).
- *Les techniques de résolution de problème* : dans cette approche, le thérapeute aide le patient à identifier ses problèmes et à chercher les solutions les plus adaptées. Dans un premier temps, le patient fait part d'une situation problème dans son quotidien (par exemple : faire cesser un conflit avec un proche avec qui il ne parle plus). Il ne sait pas comment régler cette situation. Le thérapeute va aider le patient à déterminer lui-même différentes solutions possibles (par exemple, appeler la personne, écrire à la personne, demander à une tierce personne d'intervenir...). Le patient

devra ensuite déterminer celle qui, d'après lui, lui paraît la plus réaliste et réalisable. Il mettra en application la solution sélectionnée et observera ses résultats. Il y aura ensuite évaluation des résultats de la solution et détermination de son efficacité (D'Zurilla et Nezu, 1999 ; D'Zurilla et Goldfried, 1971 ; Poinsot, 2008).

- *Les entretiens de motivation* : c'est surtout dans le cadre des problèmes de dépendance à l'alcool ou aux drogues que les entretiens de motivation sont utilisés. Le thérapeute va chercher à faire développer la motivation interne du patient à se soigner. Selon le stade du modèle transthéorique de changement définit par Prochaska et DiClemente où se situe le patient, les entretiens motivationnels vont développer certains points (Prochaska, 1992 ; DiClemente, 1999 ; Miller et Rollnick, 2002 ; voir encadré).
- *La remédiation cognitive* : elle cherche à permettre l'acquisition ou le développement de nouvelles compétences chez les patients souffrant de déficits, notamment devant un trouble psychotique (ou en neurologie pour des patients cérébro-lésés). C'est par la répétition d'un certain nombre d'exercices (le plus souvent au travers de logiciels) que les patients vont pouvoir développer des mécanismes plus adaptatifs (Franck, 2012 ; Vianin, 2013).
- *La psychoéducation* : elle cherche à permettre au patient d'avoir la meilleure représentation possible de sa maladie. Le thérapeute, mais aussi toute autre personne ayant une bonne compréhension du trouble (autre spécialité médicale, kinésithérapeute, nutritionniste...), vont délivrer des informations précises sur le trouble et répondre à toutes les questions que le sujet peut se poser. Le patient va être vu comme un co-thérapeute qui doit bénéficier du maximum d'informations pour agir correctement sur la maladie.

L'ensemble de ces outils reprend les différentes approches que nous avons vues dans les chapitres précédents en les mettant en application.

Évolution de l'anxiété selon les situations

Dans la figure 5.5 nous reprenons l'évolution de l'anxiété lors de l'exposition de l'individu à une situation redoutée.

Sur la courbe 1 nous montrons comment peut évoluer l'angoisse d'un individu s'il devait se confronter à une situation très angoissante (par exemple se retrouver dans une foule lors d'un concert pour un sujet souffrant d'agoraphobie). Cette angoisse serait telle qu'elle entraînerait une attaque de panique. Ce qu'il convient d'éviter.

En thérapie comportementale, on recherchera des situations qui génèrent moins d'angoisse, par exemple, se rendre dans un supermarché de petite taille en dehors des heures d'affluence pour ce même patient souffrant d'agoraphobie. Dans cette situation il ressentira une angoisse moins importante (courbe 2). Au bout d'un certain temps plus ou moins long (de quelques minutes à plus d'une heure), l'angoisse va finir par céder et par décroître. Le patient enregistre un nouvel apprentissage dans lequel son angoisse a cédé alors qu'il vivait une situation redoutée. La répétition de l'exercice va entraîner une réduction progressive de l'angoisse ainsi qu'une réduction du temps pour que l'angoisse diminue (courbes 3, 4 et 5). Le patient intègre un nouveau comportement plus adapté et ne générant plus d'angoisse ; il y a eu habituation. Après des exercices (qui demandent plusieurs jours de réalisation régulière) le patient passe à une situation considérée comme plus difficile.

Cette dimension comportementale va permettre d'agir sur une dimension cognitive : la remise en question d'une croyance qui était que l'angoisse ne céderait pas.

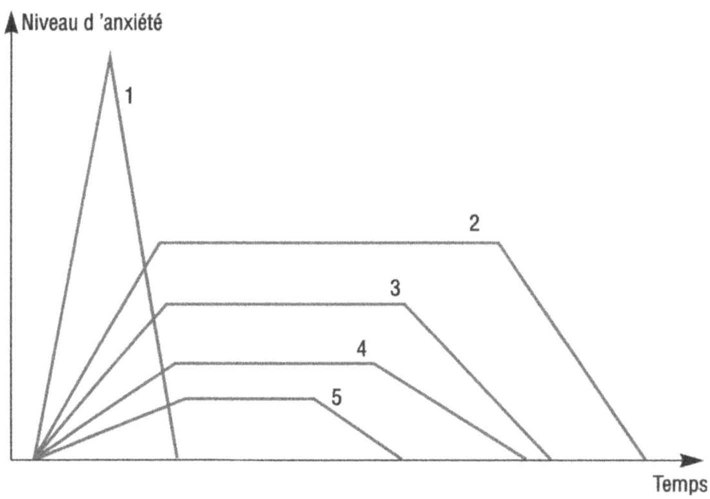

Figure 5.5 – Évolution de l'anxiété selon les situations

Stratégie d'intervention en entretiens motivationnels FRAMES (Miller, 1994 ; Foote et coll., 1999 ; Rossignol, 1999)

- *Feedback* : sur les risques et conséquences du produit.
- *Responsability* : le choix d'agir dessus est laissé au patient.
- *Advice* : des conseils sont donnés par le thérapeute sans jugement sur le patient.
- *Menu* : un éventail de possibilités d'actions thérapeutiques est proposé.
- *Empathic* : le thérapeute développe une attitude empathique et respectueuse des choix du patient.
- *Self efficacy* : un sentiment d'efficacité personnelle est recherché pour aider le patient.

Les exercices entre les séances

Si dans la plupart des thérapies le patient est amené à ne travailler que lors des séances, ce n'est pas le cas pour les prises en charge en TCC. Les premières séances permettent des évaluations cliniques et psychométriques, mais les séances suivantes sont à la fois thérapeutiques et l'occasion de fixer certains exercices. Les exercices en dehors des consultations peuvent concerner les composantes cognitives, comportementales ou émotionnelles.

Des exercices d'exposition cognitive sont ainsi effectués au domicile pour le trouble d'anxiété généralisée, le syndrome de stress post-traumatique ou le trouble obsessionnel compulsif. C'est le cas lors du recours au *flooding*, où le patient doit régulièrement écouter un enregistrement réalisé avec le thérapeute.

Le patient va s'entraîner au repérage des pensées automatiques telles que définies par Beck, au travers d'un tableau à trois colonnes. Le patient doit le remplir chaque fois qu'il ressent un état émotionnel important ou qu'il se trouve dans une situation problème. Cela lui permet aussi de repérer des erreurs de logique (distorsions cognitives). L'ajout d'une quatrième colonne permet au patient de chercher des pensées alternatives. Ce type d'exercice régulier l'oblige à remettre en question ses pensées automatiques et à évaluer des pensées qui pourraient être plus adaptées. C'est une restructuration cognitive qui s'établit ainsi.

Un travail sur les schémas cognitifs peut être réalisé lors des séances mais aussi par le recueil des informations cognitives que les patients établissent lors de la description des situations problèmes qu'ils rencontrent. Une approche sur les schémas peut se faire par l'établissement d'une liste de toutes les cognitions que le patient a pu relever dans de nombreuses situations. Il tente ensuite de les regrouper par thématique et amène son travail au thérapeute pour analyser ces groupes de pensées automatiques constitués afin d'en faire ressortir des schémas cognitifs latents. Il est ensuite demandé au patient au domicile, à froid, d'établir un historique des moments où ces schémas ont pu se mettre en place ou se renforcer (Mirabel Sarron, 2005).

Les devoirs entre les séances en PCER

Comme Walen, DiGiuseppe et Dryden (1992) le soulignent, la PCER est avant tout un système d'apprentissage cognitif. Ainsi, cet apprentissage nécessite de l'entraînement afin d'être bien intégré et consolidé.

Le thérapeute est donc amené à proposer des devoirs aux patients afin d'encourager ce travail d'entraînement. Ces devoirs sont catégorisés : lecture, écoute, rédaction, imagerie, réflexion, loisirs (de relaxation et de distraction) et des activités spécifiques. C'est surtout cette dernière catégorie qui sera proposée afin d'aider le patient à constater et à confronter le plus possible ses croyances irrationnelles. Par exemple, une personne souffrant de phobie sociale ira dans un café et parlera plus fort afin de voir si le regard est vraiment porté sur elle ou bien si elle imagine ce regard et projette ses croyances irrationnelles sur les autres. En revenant en thérapie, le patient fera un débriefing avec le thérapeute pour évaluer si ses croyances sont soutenues par l'activité réalisée ou bien si le patient peut remettre d'avantage en question ses croyances. Walen, DiGiuseppe et Dryden (1994) insistent sur le fait que ces devoirs doivent avoir certaines caractéristiques. Ils doivent être cohérents avec le travail thérapeutique. Les tâches proposées doivent être spécifiquement adaptées au trouble du patient. Il faut toujours faire un débriefing dans la séance suivante afin de voir si le travail a été fait et ce que le patient retient de son travail entre les séances. Enfin, ces tâches doivent être efficaces ; le modèle adopté est celui du *flooding* afin de mettre le patient immédiatement devant le défi le plus important possible et de dépasser ses croyances plus efficacement.

Sur le plan comportemental, de nombreux exercices sont envisagés dans la plupart des pathologies (trouble obsessionnel et compulsif, phobie, dépression...).

Les exercices les plus classiques sont des exercices d'exposition avec prévention de la réponse (EPR) dans le trouble obsessionnel et compulsif où le sujet devra réaliser des expositions en dehors des séances de façon répétée : par exemple ne pas vérifier des portes, fenêtres, robinets... ou encore réduire le nombre de lavages ou leur durée, etc., ou encore lire des textes ou faire des dictées (Lamagnère, 1994 ; Sauteraud, 2005).

Un patient souffrant d'agoraphobie se verra proposer des exercices d'exposition dans des lieux qu'il redoute en commençant par se rendre dans le lieu qui lui semble le moins angoissant. Le rôle du thérapeute sera de s'assurer de la faisabilité de l'exercice puis de sa mise en application.

Pour être efficace les exercices doivent être effectués le plus souvent possible, idéalement tous les jours.

Certains peuvent paraître faciles à réaliser au domicile (visualiser des photos d'une araignée pour un sujet souffrant d'arachnophobie) tout en étant plus difficiles à mettre en place quand il s'agit de partir pendant une heure sur une autoroute.

Même si les exercices sont facilement réalisables au domicile, il n'en demeure pas moins que le thérapeute doit insister sur la nécessité de leur réalisation intégrale, sans chercher à stopper avant la diminution de l'anxiété (au risque sinon de ne pas aboutir à une habituation et donc d'entretenir le trouble) et de les répéter quotidiennement. Ce n'est qu'en agissant ainsi qu'il y a un respect des règles de conditionnement qui ont donné naissance à la thérapie comportementale.

Dans la dépression, les patients se voient proposer des « tâches assignées », c'est-à-dire de réaliser des activités (domestiques, ludiques, sociales...) en les notant dans un agenda. En effet, au cours de la dépression, les patients réduisent leurs activités (souvent en ne pouvant même plus se laver régulièrement ou s'habiller après le réveil), ce qui renforce les sentiments d'inutilité, de culpabilité ou de honte. Le thérapeute détermine avec le patient les tâches à réaliser. Là encore, ces tâches sont définies pour être facilement réalisables, le but étant de redynamiser et de revaloriser le patient. Dans les premiers temps, il peut s'agir de se laver quotidiennement, ou même de se forcer à s'habiller ou à prendre des repas (même légers) trois fois par jour (Mirabel-Sarron et Docteur, 2013).

Dans les troubles anxieux, les exercices de relaxation ou de méditation doivent être réalisés au domicile de façon régulière.

La fin de la thérapie

Les TCC sont vues comme des thérapies brèves. C'est à la fois vrai et faux. Dans le cas de phobies simples (ou spécifiques) avec un patient motivé, le nombre de séances peut se réduire à une dizaine. En revanche, dès que des résistances apparaissent, ou en présence d'un trouble de la personnalité associé, le nombre de séances peut facilement s'allonger.

L'observance thérapeutique, c'est-à-dire ici la réalisation régulière des exercices, est un bon indicateur pour savoir si une thérapie va traîner en longueur. Il faut parfois s'adapter au rythme des patients et cela peut favoriser des allongements du nombre de séances.

La fin d'une thérapie peut se faire selon différentes modalités. La plus classique est l'aboutissement des objectifs fixés en début de thérapie. Ceci ne veut pas dire guérison, mais le plus souvent l'atteinte d'un niveau où les symptômes de la maladie sont devenus acceptables. La thérapie peut se finir à la demande du patient si celui-ci le souhaite. Idéalement, le thérapeute cherchera à en connaître les raisons tout en respectant le choix du patient.

Si c'est le thérapeute qui met fin à la thérapie avant l'aboutissement des objectifs, il convient qu'il en explique les raisons le plus clairement possible.

Il est important que le patient sache si le thérapeute considère qu'il ne peut suivre la thérapie et les raisons (le risque sera sinon que le patient aille voir un autre thérapeute et répète ainsi un fonctionnement qui sera à chaque fois voué à l'échec). Il se peut que le patient ne soit pas encore prêt à accepter de s'exposer ou à exprimer ce qui le hante (ce qui est souvent le cas pour les obsessions d'ordre sexuel dans le trouble obsessionnel et compulsif par exemple). Il faut le lui pointer et se donner le temps de le revoir ultérieurement.

Si le thérapeute décide de stopper la thérapie en raison d'un manque d'implication, il doit là aussi l'exprimer au patient et envisager éventuellement des entretiens motivationnels.

3. Méthodes approfondies en TCC

Les méthodes de base (Ellis et Beck) connaissent un succès important en TCC ; ce sont les méthodes systématiquement diffusées et appliquées dans la formation initiale et la pratique des TCC. Cependant, étant un domaine qui s'inspire de la recherche empirique, les TCC sont en voie constante d'évolution. Même si l'approche de base propose une prise en charge déjà efficace, son application, de plus en plus cautionnée par un nombre croissant de cliniciens, rencontre des failles nécessitant des approches encore plus affinées et adaptées. Cette réalité clinique a poussé de nombreux cliniciens à élaborer des méthodes construites sur le modèle TCC, en termes de son modèle fondé sur l'apprentissage et aussi en termes de pratiques. Certaines méthodes ne seraient pas retenues justement parce qu'elles ne montrent pas d'efficacité empirique.

Dans un premier temps, la plupart de ces méthodes avaient été élaborées pour répondre aux problématiques spécifiques ; avec le temps et les travaux de recherche qui en ont découlé, on verra l'élargissement de leurs applications à d'autres problèmes avec un succès important. Ainsi, les TCC vont intégrer des méthodes innovatrices qui construisent la naissance de la troisième vague en TCC. Nous proposerons par la suite quatre méthodes élaborées fondées sur le modèle de base, qui ont fait leurs preuves scientifiques tout comme l'approche initiale. Ces méthodes font l'objet des formations continues après une formation initiale en TCC. Elles ont non seulement l'avantage d'avoir prouvé leur efficacité, mais elles permettent aussi aux praticiens, débutants comme expérimentés, d'élargir leur palette d'outils de prise en charge, tout en restant bien ancrés dans la théorie de base en TCC.

3.1 La thérapie de l'acceptation et de l'engagement (Acceptation and Committment Therapy, ACT)

Construite sur les approches de base en TCC, la thérapie ACT s'est orientée dans un premier temps vers l'inconfort mental et son lien direct à la détresse psychologique. Steven Hayes a élaboré cette approche au cours des années 1980 comme un moyen de mieux cibler le lien entre le vécu du patient et sa détresse.

Histoire et description de l'ACT

À la base, l'approche ACT repose sur un constat relativement simple : une partie de la détresse vécue par le patient réside dans sa lutte contre le vécu désagréable de son inconfort mental. Hayes a donc fait appel à la théorie relationnelle des cadres *(relational frame theory, RFT)* provenant de la psychologie cognitive et trouvant ses origines dans l'approche philosophique du contextualisme fonctionnel élaborée par Skinner. Ainsi, l'ACT est une méthode pragmatique qui répond aux cognitions élaborées en association entre le trouble psychologique et le contexte de son apparition. Si l'approche de base en TCC d'Ellis et de Beck s'appuie sur la citation d'Épictète « Ce ne sont pas les événements qui dérangent les hommes mais leur interprétation », l'ACT va plus loin en proposant que l'acceptation de l'inconfort émotionnel est nécessaire pour modifier cette interprétation.

L'approche ACT, élaborée et étudiée de manière approfondie ces dernières années, conçoit que quatre éléments contribuent systématiquement à la psychopathologie : l'individu est en fusion avec ses pensées et ses émotions, l'évaluation négative de ce qu'il vit, l'évitement expérientiel (qu'il soit comportemental, cognitif ou émotionnel), et une rationalisation de ses évitements. Donc, le patient adhère immédiatement à ses cognitions (souvent erronées et dysfonctionnelles comme le propose l'approche en TCC) avec une évaluation négative amenant à un évitement qui est ensuite rationalisé. L'alternative proposée par Hayes consiste à 1) accepter ses cognitions et ses émotions *(A-acceptation)*, 2) choisir une orientation plus adaptée *(C-choose a valued direction)*, et 3) s'activer pour mieux s'adapter (*T-take action* ; Kohlenberg, Hayes et Tsai, 1993).

L'ACT intègre donc des principes à la fois philosophiques et psychologiques. Afin de ne pas fusionner avec ses pensées, l'ACT encourage la défusion cognitive, qui permet au patient de se distancier de ses cognitions et de ses émotions afin de mieux les évaluer et éventuellement de recadrer ses cognitions dysfonctionnelles. L'acceptation est primordiale dans cette approche ; on connaît l'expression « ce qui résiste persiste » et elle est pertinente en ACT car la première étape est de systématiquement accepter ses émotions, ses cognitions et aussi ses comportements mal adaptés par une attitude de non-jugement.

Plusieurs écrits soulignent le lien entre l'ACT et le spiritualisme bouddhiste. Un autre principe de l'ACT réside dans la notion bouddhiste de se mettre en contact avec le moment présent. Cette démarche contribue à la fois à la défusion cognitive et émotionnelle mais permet aussi une plus grande sérénité dans l'acceptation. Hayes évoque le principe de l'auto-observation (Hayes, Strosahl et Wilson, 2012). S'observer, selon lui, permet à l'individu de s'éloigner de son vécu du moment et de retrouver son être en terme existentiel.

L'identification des valeurs personnelles des patients dans plusieurs domaines de leur vie, par exemple relationnel, occupationnel, etc., est une composante importante de l'approche ACT. Une fois que le patient identifie ses propres valeurs, l'identification de l'action nécessaire pour être en accord avec celles-ci va permettre de contrer sa détresse émotionnelle.

Enfin, comme l'approche de base en TCC, l'ACT nécessite que le patient s'engage dans un mouvement comportemental qui soit en accord avec ses valeurs, permettant ainsi de modifier ses croyances, d'adapter efficacement son comportement, et ainsi de réduire sa détresse psychologique.

Étant donné que l'ACT a été élaboré il y a plus de quarante ans, il existe un nombre impressionnant de livres et d'articles qui soutiennent cette approche et qui guident le praticien dans sa pratique (Stoddard et Afari, 2014). Pratiquer l'ACT nécessite des formations spécifiques et une supervision à long terme, ainsi qu'une lecture régulière des écrits.

Applications thérapeutiques de l'ACT

Hayes considère que l'action thérapeutique de l'ACT consiste à mettre en place une « spirale positive » (Hayes, Strosahl et Kelly, 2012). Si l'ACT connaît un grand succès, c'est grâce à son approche pragmatique qui peut aider l'individu à répondre à ses dysfonctionnements psychologiques et par la suite non seulement à optimiser son vécu psychologique mais aussi à s'engager dans une vie ayant plus de sens grâce à l'identification de ses valeurs personnelles.

L'ACT est une approche thérapeutique qui peut s'appliquer seule en psychothérapie ; mais plusieurs approches intègrent, cependant, certains de ses principes car elle permet d'optimiser plus largement toute approche TCC.

L'ACT avait initialement été développée pour répondre aux troubles anxieux, mais elle permet d'améliorer toute prise en charge pour la majorité des troubles psychologiques et elle est largement acceptée par la communauté des TCC (Hayes, Strosahl et Kelly, 2012).

3.2 La thérapie dialectique comportementale (Dialectical Behavior Therapy)

La thérapie dialectique comportementale (TDC) trouve ses origines auprès de Marsha Linehan aux États-Unis. Le mot « dialectique » rend compte d'une notion des « opposés », c'est-à-dire que la dialectique est une façon de penser qui reconnaît le caractère inséparable des propositions contradictoires (thèse, antithèse), que l'on peut unir dans une synthèse. Ce mot permet sur le plan psychopathologique de rendre compte des symptômes extérieurement contradictoires qui peuvent donc coexister chez un individu ; c'est par exemple l'existence d'idéation suicidaire et en même temps de périodes d'euphorie (comme c'est le cas lors d'un trouble de personnalité *borderline*).

Histoire et description de la TDC

L'origine de la TDC se trouve dans l'échec de l'application des TCC aux troubles particulièrement complexes et durables. Dans les années 1970, Linehan cherchait à trouver une approche inspirée de la TCC qui puisse traiter efficacement les patients suicidaires. La majorité des patients traités par ses méthodes au début souffraient également d'un trouble de la personnalité *borderline*. Ainsi, la TDC a été initialement élaborée pour répondre spécifiquement à cette population. Cependant, nous verrons plus loin que ses applications ont connu un succès important pour plusieurs autres troubles.

Ces patients présentaient des difficultés spécifiques rendant l'application classique de la TCC inefficace. Par exemple, la relation patient-thérapeute avec les patients *borderline* mettait souvent le thérapeute en échec. Ces patients avaient tendance à rejeter fortement le thérapeute à un moment donné, et cette rupture collaborative rendait l'approche TCC impossible à poursuivre. Dans cette même veine, ces patients avaient des *patterns* relationnels qui renforçaient des pratiques inefficaces des thérapeutes ; par exemple le patient rejette le thérapeute lorsque celui-ci aborde un sujet qui le gêne, le thérapeute aura alors tendance à éviter ce sujet pour retrouver une alliance thérapeutique, auquel cas le thème important est mis de côté. La réorientation thérapeutique, évitant le sujet sensible en raison des résistances du patient, amène une accalmie du patient, ce qui encourage le thérapeute à ne pas revenir sur le sujet. L'importance des thèmes abordés, et par la suite abandonnés, ne permet pas de pouvoir traiter efficacement le patient.

Enfin, les patients *borderline* avaient besoin d'acquérir des stratégies et des connaissances précises sur les relations interpersonnelles ; l'approche classique en TCC (fondée elle-même sur l'apprentissage) devait, selon Linehan, proposer un moyen plus complet pour y arriver amenant à proposer un nouveau modèle (Dimeff et Linehan, 2001).

L'approche de la TDC nécessite une structuration spécifique de l'approche de base en TCC. En premier lieu, Linehan souligne l'importance de ce qu'elle appelle « l'acceptation radicale » par le thérapeute du fonctionnement du patient et de la possibilité de guérir. Ainsi, on retrouve un aspect « dialectique » dans l'acceptation d'un fonctionnement inadapté du patient avec l'attente confiante (de la part du thérapeute) que le patient pourra accéder à une meilleure adaptation.

Une autre modification de l'approche TCC réside dans l'utilisation systématique de trois méthodes de prise en charge : thérapie individuelle, thérapie de groupe (pour les patients) et aussi un travail d'échange entre les thérapeutes DBT sur les cas pris en charge (c'est une forme d'intervision). La thérapie individuelle rend compte des besoins spécifiques des patients en termes d'apprentissage des stratégies, surtout relationnelles, et de gestion émotionnelle. La thérapie de groupe permet aux patients d'expérimenter leurs acquisitions sous la surveillance des thérapeutes, d'évaluer l'efficacité de leur apprentissage et de l'améliorer selon les retours des autres. Le vécu des émotions face aux autres patients permet également aux patients d'acquérir une meilleure gestion de leurs émotions. Enfin, Linehan a remarqué très tôt que ces patients s'avéraient très difficiles à prendre en charge et que cela pouvait nuire à la motivation des thérapeutes pour poursuivre la thérapie à moyen et à long terme. Le travail d'intervision des thérapeutes leur permet de maintenir leur motivation, et ces échanges améliorent la prise en charge (Dimeff et Linehan, 2001).

Certains éléments qui font partie de la TDC se retrouvent dans la troisième vague des TCC. Notamment, l'acceptation par le patient de ce qu'il est lui-même et de son vécu. De même, l'utilisation des techniques de méditation, de régulation émotionnelle et de la pleine conscience font partie de la TDC.

La formation des thérapeutes à la TDC implique l'apprentissage théorique de cette approche ainsi qu'un apprentissage des techniques spécifiques. Ces techniques comprennent le développement de l'acceptation radicale du patient tel qu'il est et la capacité à valider, sans questionner, son vécu. Il est nécessaire pour le thérapeute d'apprendre également la capacité à gérer le processus du changement avec la forte résistance qui sera exprimée par le patient. Enfin, le thérapeute aura besoin de reconnaître ses limites et de développer une acceptation de soi inconditionnelle, non seulement en tant que personne mais aussi en tant que thérapeute. Comme c'est le cas pour les trois approches présentées ici, la supervision fait partie intégrante de la DBT et vise les cognitions du thérapeute, les comportements et techniques employés par celui-ci, et son vécu personnel au niveau affectif et physiologique (Cottraux, 2004). La formation à la DBT est largement diffusée au niveau mondial, y compris dans les pays francophones.

En 2011, Marsha Linehan a informé le public qu'elle avait aussi souffert de troubles psychologiques graves auparavant. N'ayant pas été diagnostiquée clairement *borderline*, elle a admis que ce diagnostic aurait pu lui être donné lors de cette période difficile de son adolescence et de sa vie de jeune adulte. Ayant pu dépasser ses troubles, malgré une prise en charge décrite comme relativement inhumaine et largement inefficace, Linehan a malgré tout poursuivi ses études en psychologie. Selon elle, les patients lui disent souvent qu'ils ont l'impression qu'elle les « connaît » à un niveau plus personnel. Elle a décidé de révéler ses propres difficultés car l'un de ses patients a remarqué que cela pourrait donner de l'espoir aux autres (Carey, 2011).

Applications thérapeutiques

Alors que la TDC était initialement proposée comme une approche spécifique pour la personnalité *borderline*, plusieurs études ont démontré son efficacité ailleurs, surtout sur des troubles psychologiques transversaux. La recherche a souligné l'efficacité de la TDC pour la prise en charge de la dépression, du risque suicidaire, de l'automutilation, et des addictions (Dimeff et Linehan, 2001 ; Linehan, 2000). La TDC a démontré une efficacité également pour des populations spécifiques, notamment les adolescents, les personnes sans domicile fixe et les personnes présentant des addictions (Linehan, 2000 ; Harvey *et. al.*, 2023 ; Dimeff et Linehan, 2008). Et l'approche intégrant le management des cas propose un moyen efficace contre le *burn-out* chez les thérapeutes (Carmel, Fruzzetti et Rose, 2014).

3.3 La thérapie TEAM

David Burns, psychiatre américain, a été formé par Aaron Beck et par Albert Ellis. Critique de l'utilisation des antidépresseurs, Burns a cherché à améliorer l'approche de base en TCC afin de la rendre plus efficace. En 1980 il a publié un livre populaire qui a connu un succès foudroyant. Ce livre a non seulement été traduit en plus de trente langues (dont le français en 2001) mais il a été associé à un livre d'exercices pour le patient, élément innovant à l'époque. Les livres d'exercices pour patients sont de plus en plus nombreux et permettent une structuration adaptée de la prise en charge ainsi qu'une meilleure efficacité (comme cela fut démontré par Ellis et Beck dans leurs approches de base).

Histoire et description de l'approche TEAM

Après le succès de son premier livre, David Burns a poursuivi ses travaux sur les méthodes qu'il avait présentées au grand public. Son objectif a été de structurer son approche pour améliorer non seulement la prise en charge mais aussi la formation des praticiens. Entre-temps, il a publié plusieurs articles scientifiques ainsi que quelques livres orientés vers des problèmes spécifiques (estime de soi, attaques de panique) pouvant concerner plusieurs troubles. Ses travaux de recherche ont démontré leur importance pour la structuration thérapeutique et ont donné lieu à un livre plus exhaustif (Burns, 2020) ainsi qu'à une formation continue sur cette méthode.

L'approche structurée de Burns est résumée par le sigle « TEAM », qui signifie : *Testing* (Tests et évaluation) ; *Empathy* (une approche Empathique) ; *Assessment of resistance* (Appréciation de la résistance) ; et *Methods* (Méthodes). Le choix de ce sigle n'est pas anodin car *team* veut dire « équipe » en anglais, soit une reconnaissance de la collaboration entre patient et thérapeute en TCC, mise en avant par Beck à l'origine des TCC. Les tests incluent des mesures quotidiennes de l'humeur ainsi que des mesures systématiques de l'efficacité avant et après chaque séance thérapeutique. Ainsi, la méthode TEAM cherche à cibler, rapidement, les éléments qui posent problème pour le patient ainsi que les moyens pour y répondre efficacement. L'empathie, faisant partie de cette approche, est omniprésente non seulement dans les écrits et les conférences de Burns mais elle fait également partie intégrante des jeux de rôles proposés dans ses formations. L'évaluation systématique de la résistance est spécifique à cette approche en TCC ; elle permet de bien comprendre par quels biais le patient maintient sa cognition mal adaptée. Enfin, les méthodes comprennent de nombreux outils et techniques ; on y retrouve, par exemple, des méthodes structurées pour mieux communiquer, améliorer l'estime de soi, élaborer une exposition bien ciblée. Comme pour le modèle de base, Burns propose des éléments ou un sigle ou un acronyme pour résumer chacune de ces méthodes ; ainsi les praticiens et patients peuvent facilement les mémoriser et les appliquer au quotidien.

Au cours de l'application de son approche, Burns s'est rendu compte qu'un problème majeur pour la prise en charge était la résistance au changement qu'ont les patients. La reconnaissance de la résistance, spécifique à la méthode TEAM, permet de comprendre pourquoi le patient a adopté une cognition mal adaptée : celle-ci pouvait s'avérer adaptée dans certains cas. Justement, les connaissances sur le renforcement (présentées plus haut) nous démontrent que même un renforcement occasionnel pourrait consolider un comportement (ou, dans ce cas, une cognition) contribuant ainsi à son automaticité. De ce fait, le patient aurait du mal à ne plus adosser sa cognition, et il a besoin de mieux évaluer son utilité. Avec la collaboration du patient, l'approche TEAM cherche à mieux orienter la cognition au lieu de l'abandonner. Ce recadrement cognitif, précis et spécifique à l'individu contribue massivement à l'efficacité globale de cette approche.

La structuration empirique de l'approche TEAM a permis la création d'une formation structurée pour les praticiens. La formation de base est proposée en deux niveaux avec une obligation de supervision, tout comme pour l'approche TDC, entre les niveaux pour vérifier les compétences. Burns et ses collègues proposent un suivi approfondi des thérapeutes par le biais non seulement de publications, mais aussi de conférences (souvent proposées en distanciel), d'un site Internet régulièrement mis à jour, ainsi que d'un podcast. Actuellement, Burns et ses collaborateurs sont en train d'élaborer une application pour smartphones pour étayer l'approche TEAM. La formation à la méthode TEAM n'est actuellement proposée qu'en langue anglaise.

Applications thérapeutiques de l'approche TEAM

Comme Burns le souligne (2020), TEAM avait été initialement élaboré pour mieux répondre aux troubles anxieux et dépressifs. Cependant, les travaux de recherche qui ont présidé à son origine démontrent que cette approche peut s'appliquer à d'autres troubles, notamment : les addictions, le trouble de la personnalité *borderline*, la douleur chronique, le trouble de stress post-traumatique et la dépression post-partum, pour n'en nommer que quelques-uns. L'objectif majeur de l'approche TEAM, tout comme pour celle d'Ellis, réside dans un changement philosophique de l'individu qui lui permet de mieux élaborer des cognitions adaptées. L'efficacité de l'approche TEAM est systématiquement indiquée autour de 75 % dans les études scientifiques. Cette efficacité souligne et soutient l'un des problèmes majeurs évoqués par Burns au début de sa carrière : l'utilisation des antidépresseurs. Burns continue à remettre en question cette utilisation quasi systématique. Ses méthodes semblent proposer une approche thérapeutique empiriquement validée qui s'avère plus efficace que les antidépresseurs dans les travaux de recherche publiés.

3.4 La thérapie cognitive processuelle (TCP)

Développée par le Pr. Irismar Reis de Oliveira, la thérapie cognitive processuelle (TCP) propose une approche très originale des TCC. Comme l'approche TEAM, cette approche emploie une conceptualisation et des techniques spécifiques qui font du TCP une intervention distincte en TCC. Influencé par le roman *Le Procès* de Franz Kafka, de Oliveira cherche à aider les patients à se rendre compte de l'absurdité et, parfois du surréalisme implicite de leurs cognitions (de Oliveira, 2015).

Histoire et description de l'approche TCP

De Oliveira emploie le roman *Le Procès* et son protagoniste Joseph K. comme modèles pour appréhender la manière dont les patients souffrent de leurs cognitions mal adaptées. Dans ce roman, Joseph K. est amené en procès, et par la suite condamné, pour un crime inconnu de lui. Son vécu est enveloppé par le mystère de ce crime inconnu et la souffrance générée par sa détresse psychologique. De Oliveira va proposer un parallèle métaphorique avec le vécu de ses patients.

Comme pour Linehan et Burns, de Oliveira reconnaît l'importance de l'approche de base en TCC initialement identifiée par Ellis et Beck. L'objectif majeur de la TCP est d'aider les patients à modifier celles de leurs cognitions de base qui leur posent problème par leur rigidité et leurs perceptions erronées. La TCP les aide à reconnaître l'acceptation absolue qu'ils ont élaborée par rapport à leurs cognitions et recourt à un processus original de remise en question.

L'approche de la TCP est définie par une prise en charge en trois phases qui cible trois niveaux dans la conceptualisation des cas. Même si l'on retrouve l'objectif de modification des cognitions comme pour l'approche générale en TCC, de Oliveira a mis en place une méthode non seulement originale mais aussi ludique pour aider le patient à prendre en compte ses cognitions mal adaptées. La technique de base (le procès) est une méthode structurée qui demande au patient de simuler un procès judiciaire. Le procès aide le patient à faire face à la nature harcelante de ses cognitions. Il est amené à adopter une attitude de défenseur de lui-même ; en quelque sorte un défenseur bienveillant dont la mission primordiale est de l'aider à adopter une attitude plus empathique envers lui-même (de Oliveira, 2015).

Comme pour la TDC et l'approche TEAM, l'approche TCP propose une structure clairement établie pour le praticien. Les praticiens débutants et expérimentés profitent de cette formation et développent des nouveaux outils de prise en charge. La formation est constituée de trois modules, tous fondés sur la conceptualisation des cas à trois niveaux. Le premier module propose un traitement spécifique à la dépression ; le deuxième s'oriente sur les troubles anxieux ; et le troisième prend en charge les troubles de la personnalité. Plusieurs techniques établies et validées font partie des trois modules. On y trouve par exemple un journal interpersonnel des pensées ainsi qu'un journal intrapersonnel des pensées ; une hiérarchie de symptômes codés par couleur ; et un jeu de rôle structuré sur la représentation d'un procès. La formation est proposée en portugais, en anglais, et en français et elle nécessite des évaluations régulières ainsi que des séances de supervision.

Applications thérapeutiques de l'approche TCP

Comme la structure de la formation l'indique, la TCP est largement applicable à tous les troubles psychologiques, de Oliveira cite de nombreuses études empiriques qui témoignent de son efficacité (de Olivera, 2015 ; www.terapiacognitivaprocessual.com, site en portugais et en anglais). Sur le site, on retrouve des témoignages de praticiens qui apprécient surtout la structure et l'efficacité de cette approche.

Conclusion

Ce chapitre avait pour objectif de se concentrer sur l'histoire propre aux TCC et sur ses aspects cliniques. Nous avons présenté les deux psychologues le plus souvent cités dans cette élaboration initiale : Albert Ellis et Aaron Beck. Tous deux ont cherché à faire avancer la psychothérapie car ils étaient frustrés par les limites imposées par la psychanalyse de la deuxième génération.

Si Dollard et Miller ont pu élaborer une base théorique pour étayer les TCC, nous devons à Beck et à Ellis le développement concret d'une prise en charge en TCC. Ce modèle thérapeutique donne non seulement une base pour la prise en charge mais aussi un cadre pour comprendre le dysfonctionnement psychologique de l'individu. L'évolution de cette prise en charge a connu de nombreux changements, et ce notamment jusqu'aux années 1970, quand les processus cognitifs ont été reconnus et ont rendu ce type de prise en charge plus exhaustif.

Nous avons présenté par la suite une vision de la prise en charge en TCC. Les concepts et théories développés dans les premiers chapitres de ce livre nous ont permis de porter un autre regard sur cette prise en charge.

Finalement l'apprentissage et son lien avec la conceptualisation théorique des TCC nous ont aidés à comprendre comment l'individu pouvait développer un fonctionnement psychologique non optimal et inadapté. Nous avons ensuite pu démontrer que les différents éléments de la prise en charge étaient soutenus par les conceptualisations de l'apprentissage, ou plutôt du « désapprentissage » d'un comportement par l'apprentissage d'un autre comportement plus adapté, des notions de comportement, de croyance et d'association de ces derniers avec des sensations physiques, des émotions et des attitudes. L'apprentissage est à nouveau à l'œuvre lorsque l'individu crée de nouvelles associations, plus fonctionnelles, qui l'aident à trouver une meilleure adaptation.

Au début de cet ouvrage, nous avons repris et commenté une critique très souvent lancée contre les TCC, qui seraient trop « simplistes ». Nous espérons que la présentation étayée de cette prise en charge, ainsi que des méthodes de prise en charge approfondies, mises ici en relation avec le concept de l'apprentissage et son histoire, saura convaincre qu'elle n'a rien de simple. Les TCC proposent, à notre avis, une élégance thérapeutique qui sous une présentation paraissant simpliste s'avère finalement extrêmement complexe.

Les méthodes approfondies proposent des moyens pour mieux répondre aux besoins spécifiques des patients et permettent une réponse plus adaptée en thérapie, en prenant en compte les spécificités des troubles et des patients. La formation continue en TCC propose non seulement de nouvelles techniques efficaces à la fois pour la spécificité du patient, mais aussi un moyen pour les thérapeutes de se mettre à jour sur des méthodes innovantes. La structure précise de chacune des formations supplémentaires présentées ci-dessus aide les thérapeutes dans leur prise en charge et souligne l'importance de la supervision.

Tout ce qui a été présenté jusqu'ici concerne le passé et cela nous a amenés au présent. Les TCC ont fait leurs preuves au niveau clinique comme au niveau scientifique, mais nous n'avons que peu discuté de leur acceptation et de leur diffusion. Nous allons donc conclure par l'actualité et l'avenir des TCC dans notre dernier chapitre.

Chapitre 6

L'évolution des thérapies comportementales et cognitives passera-t-elle par une quatrième vague ?

Sommaire

Le développement de nouveaux outils technologiques permet l'amélioration régulière des théories mais aussi des approches thérapeutiques. Nous sommes intimement convaincus que nous nous dirigeons vers l'émergence d'une quatrième vague de TCC. L'apparition notamment du Métavers, de la réalité virtuelle et plus récemment de l'intelligence artificielle va considérablement changer notre façon de voir les choses, de vivre tout simplement et donc nécessairement apporter une conceptualisation différente de l'approche thérapeutique.

1. Les nouvelles orientations thérapeutiques et les techniques innovantes en TCC

1.1 Évolution des techniques existantes en TCC

Les approches de base, la PCER et la PC, ne cessent d'évoluer avec des recherches et des applications régulièrement publiées dans la littérature scientifique. Nous avons vu au chapitre 5 que la psychologie cognitive (PC) était une approche fondée sur une méthode empirique, et Beck a toujours encouragé des travaux pour aider à mieux comprendre les mécanismes sous-tendant la prise en charge ainsi que l'amélioration de l'efficacité thérapeutique.

De même, depuis quelques années, la PCER s'oriente vers des prises en charge des différents troubles avec des spécificités d'approche intéressantes, notamment pour les troubles de la personnalité (Ellis, 2002). En outre, des troubles mal définis et peu compris, tels que la colère, font l'objet d'études et de travaux appliqués en PCER pour mieux prendre en charge ces problèmes (DiGiuseppte et Tarfrate, 2007).

Nombreuses sont les techniques utilisées en TCC pour faire évoluer les différents troubles de manière spécifique. Par exemple, l'exposition, technique brièvement présentée en chapitre 5, propose des nouvelles possibilités pour la prise en charge de l'anxiété. Actuellement, certains auteurs reviennent vers les bases en apprentissage pour affiner et améliorer l'exposition (Craske, Treanor, Conway, Zbozninek et Vervliet, 2014).

Les recherches en TCC sont nombreuses. Comme Lovell (2006) le souligne, les TCC sont les plus étudiées de toutes les orientations thérapeutiques. L'évolution des recherches depuis ces cinquante dernières années a favorisé l'inclusion des études de cas, des études appliquées en recherche clinique, des études randomisées et contrôlées et ce en comparaison avec d'autres techniques thérapeutiques y compris la chimiothérapie. C'est certainement cette approche fortement empirique qui continue d'étayer et d'encourager la diffusion des TCC de même que leur utilisation de plus en plus large dans les systèmes de santé.

1.2 Que pourrait être la quatrième vague des TCC ?

Nous avons largement abordé la notion d'apprentissage dans le développement des pathologies et décrit comment de nouveaux apprentissages par les TCC pouvaient améliorer ou guérir des troubles.

Le développement des nouvelles technologiques va nous amener à apprendre différemment en favorisant l'émergence de nouvelles pathologies ou l'extension de certaines d'entre elles. D'un autre côté, ces nouvelles technologies devraient aussi permettre des accompagnements différents, plus ciblés, plus rapides, plus pertinents, plus créatifs, plus novateurs, permettant alors une approche complètement différente de la prise en charge des patients en TCC, une nouvelle vague de compréhension et de prise en charge, une quatrième vague cérébro-technologique.

La première vague était comportementaliste, la suivante a intégré le cognitivisme, la troisième vague a apporté une redéfinition des deux premières avec une intégration plus complète de la dimension émotionnelle, la quatrième sera un recours aux trois précédentes en intégrant les outils modernes de compréhension du cerveau et des pathologies avec le recours à des approches thérapeutiques inédites jusqu'à présent et dont toutes les preuves d'efficacité sont encore à faire. Nous retrouvons là encore l'approche empirique que nous abordons depuis le début de cet ouvrage.

La conception du fonctionnement de l'individu dans son environnement habituel va changer en raison du développement de nouveaux environnements, que ce soit celui des réseaux sociaux en virtuel, du Métavers, de la réalité virtuelle ou encore de l'intelligence artificielle.

Ce changement rapide de l'environnement de l'individu amènera au développement de concepts psychologiques qui devront intégrer l'interaction de l'individu au travers d'outils technologiques tout en sachant utiliser ces mêmes outils à visée thérapeutique.

La réalité virtuelle de son côté s'est déjà implantée comme une étape possible d'exposition comportementale aux situations redoutées par le patient. En effet, au travers de logiciels spécifiques, le patient peut se confronter tour à tour à sa peur des araignées ou des chiens, à la hauteur, à l'agoraphobie, à ses obsessions de contamination... Ce qui pouvait apparaître au début comme un gadget s'est progressivement implanté comme un moyen supplémentaire de pouvoir exposer les patients à ce qu'ils redoutent, notamment au démarrage quand ceux-ci sont encore trop anxieux pour supporter des expositions en direct. La question qui fâche est de savoir s'il y a une réelle efficacité ou s'il s'agit d'un simulacre. Le cerveau est-il suffisamment ou réellement trompé ? Nous pouvons penser qu'il n'est cependant pas complètement trompé et imaginer qu'il crée plutôt de nouvelles associations à ces images. Certainement que ces nouvelles associations aident ensuite à s'exposer afin de créer de nouvelles connexions qui vont permettre à l'individu de se confronter encore plus à ce qu'il redoute. Mais l'exposition par la réalité virtuelle ne peut être comprise que comme un intermédiaire.

Ce type d'exposition amène cependant le patient à reconsidérer ses croyances sur ce qui lui fait peur, et c'est peut-être plus alors par cette dimension cognitive et par un processus de renforcement motivationnel, de se voir progresser lors des exercices de réalité virtuelle, qu'il acquiert la conviction qu'il pourra ensuite s'exposer à la réalité. Ainsi, l'approche en réalité virtuelle qui semble n'être que comportementaliste est bien plus complexe qu'elle n'y paraît.

C'est en ce sens que nous pensons qu'une quatrième vague en TCC a déjà émergé même si elle n'est pas encore clairement formalisée.

Ce monde virtuel évolue et la lente apparition du Métavers pourrait venir compliquer les choses. En effet, dans ce monde « parallèle » où l'individu évoluera, rencontrera d'autres personnes, d'autres événements, travaillera, nous pouvons légitimement penser que de nouveaux troubles ou une modification de troubles existants émergeront.

Le monde juridique se prépare de son côté à devoir s'adapter à ce monde où pourront apparaître des conflits, des délits et pourquoi pas des crimes entre avatars.

Le domaine de la psychologie doit rester vigilant car nous pouvons imaginer que certains troubles pourront évoluer différemment, comme des syndromes de stress aigu ou post-traumatique en fonction de ce que pourra vivre l'individu dans ce monde, des addictions à ce monde, des dépressions... On risque de voir apparaître de nouvelles pathologies, comme des phobies (pour rappel certaines d'entre elles se sont développées avec l'apparition des technologies de leur époque comme l'aérophobie) ou des troubles encore inconnus de nos jours.

Ces changements amèneront nécessairement les thérapeutes à chercher de nouvelles approches thérapeutiques où le recours passera sans aucun doute par les nouvelles technologies responsables du trouble.

D'un autre côté, nous voyons l'émergence d'applications sur smartphone ou internet qui permettent les relations entre individus sans contact direct, les applications médicales ou d'approches psychologiques qui orientent sur les soins à mettre en place voire permettent des soins sans intervention de l'Homme.

Nous voyons se créer nombre d'applications pour la santé des individus. Dans le monde médical, certaines sont destinées aux médecins afin d'orienter le diagnostic et le traitement, ou pour le suivi de patients souffrant de diabète, de troubles cardiaques… Le monde de la psychologie et de la psychiatrie n'est pas en reste, avec des applications de suivi de traitement, d'éducation thérapeutique et bien sûr de recours aux TCC, que ce soit pour prendre en charge le sommeil, la dépression, les phobies, les TOC…

Le développement de ces applications à des fins thérapeutiques risque de déclencher de nouvelles pathologies, et notamment des addictions à ces outils technologiques, qu'on finira peut-être par ne plus considérer comme des addictions mais comme un fonctionnement normal de l'individu dans un monde où ne régnera plus que la technologie.

Ce domaine s'est ouvert aux TCC avec des applications qui pour certaines correspondent à des guides pour s'aider soi-même (comme bon nombre de livres qui existent déjà). D'autres applications permettent un suivi du patient avec des interfaces patient-thérapeute où le thérapeute envoie les consignes *via* l'application, où l'évolution des exercices est observée en instantané. Il existe encore des applications qui viennent renforcer (dans une dimension très comportementaliste) les succès des expositions comportementales par un système d'envoi de messages gratifiants, permettant ensuite l'accès aux exercices suivants.

Les approches cognitives et comportementales sont dorénavant utilisées dans un outil technologique qui va progressivement supplanter le thérapeute dans la mesure où c'est la machine qui vient guider et renforcer le patient. Nous pensons que cette approche est plus rapide et renforce l'efficacité thérapeutique. Un pas de plus sera sans doute franchi quand ce sera l'intelligence artificielle qui viendra décider par elle-même ce qu'il convient de faire en fonction de ce que le patient lui apportera. Nous aurons alors un nouveau paradigme créé initialement par l'homme et qui évoluera sans doute ensuite sous l'impulsion de la machine elle-même.

Nous ne pouvons occulter l'arrivée de l'intelligence artificielle et les changements radicaux qu'elle amène et continuera d'amener avec son évolution inéluctable.

L'intelligence artificielle peut être vue comme une fantastique évolution technologique qui va révolutionner le monde pour le rendre meilleur, mais elle sera peut-être aussi responsable d'un avilissement ou d'un appauvrissement intellectuel.

Si l'on se place uniquement du côté psychologique, l'intelligence artificielle deviendra un thérapeute virtuel capable d'interagir avec le patient, de comprendre sa problématique, de trouver ce qu'il conviendrait de mettre en application, d'adapter si besoin le traitement sans que le thérapeute intervienne. Ce thérapeute virtuel sera plus brillant que le simple thérapeute que nous sommes car sa connaissance sera décuplée, il ne souffrira pas de fatigue, il pourra rester empathique sans faiblir, s'adapter efficacement aux propos du patient au fur et à mesure, sélectionner les exercices comportementaux à réaliser, les interpréter, les modifier, faire de la restructuration cognitive à bon escient…

Dans cette approche le stimulus-réponse existera toujours mais c'est l'approche technologique qui permettra de le faire évoluer différemment. L'apprentissage qui est au cœur de la problématique dans les processus pathologiques sera vu et développé différemment.

Nos propres processus cognitifs vont devoir s'adapter à ce nouveau monde, à ce nouveau processus de réflexion technologique, et nos croyances vont en être ébranlées. Nous devrons certainement développer une approche cognitive différente, qui émergera, nous l'espérons, avec le développement de l'intelligence artificielle.

Nous sommes dans une révolution qui dépasse largement la troisième vague des TCC.

Nous sommes sans doute à l'aube d'un nouveau monde où un « esprit » plus brillant que l'homme pourrait bien nous éteindre.

1.3 Acceptation des TCC dans les systèmes de santé mondiaux

Depuis le début, nous avons souligné l'approche empirique derrière les TCC. Cette approche n'est pas sans limites comme nous le verrons. Pourtant, depuis le premier chapitre nous avons avancé que les TCC n'existeraient pas sans méthode scientifique et, ce, pour plusieurs raisons. Comme l'article de Krasner (1971) l'a suggéré (voir encadré chapitre 5), la méthode empirique s'est retrouvée au cœur de la mise en place des TCC à plusieurs reprises.

En outre, une raison majeure de l'élaboration des TCC, évoquée à la fois par Beck (2003) et par Ellis (2003), est l'insatisfaction vis-à-vis de la méthode prépondérante de l'époque : la psychanalyse. Il n'est donc pas étonnant que les TCC se soient développées pour pallier cette insatisfaction, avec un souci de scientificité (Swendsen et Blatier, 1996).

Une contribution notable, peu discutée, est celle du rôle du psychologue car son rôle a évolué au cours du XXe siècle.

Nous revenons donc vers notre notion de *Zeitgeist* et l'influence d'une période charnière pour la professionnalisation des psychologues, celle de l'après-guerre. Après la Seconde Guerre mondiale, en raison d'une volonté de mieux comprendre les troubles psychologiques des soldats, a eu lieu une conférence de psychologie aux États-Unis à Boulder, dans le Colorado. Cette rencontre a défini non seulement le rôle du psychologue du point de vue professionnel, mais a aussi mis en place une formation hautement professionnalisante, désormais du niveau du doctorat aux États-Unis (et rapidement par la suite au Canada ; Barker, Pistrang, Elliot, 2010).

Différents rôles possibles pour le psychologue ont été établis en fonction de sa pratique thérapeutique mais aussi scientifique (voir encadré ci-dessous).

Quel rôle et quelles fonctions pour les psychologues ?

Dans leur livre *Research Methods in Clinical Psychology*, Barker, Pistrang et Elliot postulent que le rôle du psychologue a évolué ces cent dernières années et qu'il peut endosser six rôles différents dans sa pratique. Cette proposition fait partie des retombées de la conférence à Boulder en 1949. Les auteurs ont élaboré cette proposition en prenant en considération la part principale de la pratique du psychologue, ainsi que sa relation à la recherche publiée dans son domaine. Nous proposons un tableau pour reprendre ces rôles définis par ces auteurs :

Dénomination du rôle ou modèle de praticien	Exercice de sa pratique principalement en clinique et/ou recherche	Orientation envers la recherche	Type de recherche utilisée
Clinicien intuitif	Clinique	Nonconsommateur ou consommateur indirect par la lecture de livres plutôt populaires en psychologie	Cas cliniques ; protocoles uniques
Scientifique clinicien (États-Unis)	Les deux, avec une prépondérance dans l'une ou l'autre, selon l'individu	« Producteur » et aussi « Consommateur » des études de recherche	Recherche fondamentale et appliquée tout en gardant une activité clinique plus ou moins importante
Clinicien scientifique appliqué (Royaume-Uni)	La clinique surtout	La recherche est clairement intégrée dans son travail en tant que clinicien	Recherche appliquée avec des petits effectifs
Scientifique clinique proximal	La clinique surtout ; souvent des cliniciens qui reviennent vers la recherche après une pratique clinique d'au moins quelques années	La recherche est clairement intégrée dans son travail en tant que clinicien	Évaluation des méthodes et propositions de nouvelles méthodes appliquées d'abord à petite échelle
Praticien dont la pratique est basée sur l'épreuve scientifique	La clinique exclusivement	« Consommateur » des études qui influencent sa pratique	Les études, le plus souvent contrôlées et randomisées, publiées dans les journaux scientifiques
Scientifique dans le domaine de la psychologie clinique	La recherche exclusivement	« Producteur » de la recherche de haut niveau	Les études, parfois contrôlées et randomisées, ou appliquées à la psychologie fondamentale, publiées dans les journaux scientifiques

Par la suite, ces deux pays se sont orientés de plus en plus vers une prise en charge efficace par le système de santé. Avec l'influence des auteurs travaillant dans le domaine de cette approche qui s'éveillait (Dollard et Miler, Kelly, Wolpe, Ellis, Beck, Bandura, etc.), de nouvelles méthodes de prise en charge spécifiques aux TCC ont été élaborées. Dans un premier temps, elles se sont limitées aux soldats de l'après-guerre, mais la démonstration de leur efficacité a permis progressivement une utilisation plus large des TCC.

Avec ces prises en charges, parfois lourdes et compliquées, les cliniciens ont ressenti le besoin de démontrer l'efficacité et l'amélioration apportée aux patients, puis les systèmes de santé, ainsi que les compagnies d'assurances, qui doivent cautionner les traitements tant au niveau scientifique qu'économique (Swendsen et Blatier, 1996). Actuellement, dans la plupart des pays du monde, les TCC sont intégrées à plusieurs niveaux : dans la formation initiale, dans la formation continue et dans les prises en charge reconnues par les systèmes de santé, que ce soit dans les activités publiques ou libérales.

Nombreux sont les pays qui désignent les TCC comme la méthode la plus appropriée pour un nombre important de troubles psychopathologiques ; les systèmes les plus avancés proposent des moyens de prise en charge qui suivent les recommandations émanant des études empiriques pour les troubles comme la dépression, l'anxiété (anxiété généralisée et troubles anxieux plus spécifiques), les troubles de la personnalité et les troubles du comportement alimentaire pour n'en nommer que quelques-uns. Certains pays ont pu démontrer en plus l'efficacité de cette prise en charge non seulement au niveau du traitement pour le patient, mais aussi en ce qui concerne son coût. Récemment, au Royaume-Uni, il a été démontré que le coût d'un système de prise en charge exhaustive pour la dépression et l'anxiété, pouvait permettre d'économiser deux fois ce que ces troubles représentent en termes de coûts sociaux (comme les arrêts maladie, les mises en d'invalidité ainsi que l'utilisation de médicaments ; Clark, Layard, Smities, Richards, Suckling et Wright, 2009).

Pourtant, malgré la publication du rapport de l'Inserm (2004) qui a présenté l'utilisation large des TCC dans le monde ainsi que leur efficacité pour au moins quinze troubles psychopathologiques courants, la France reste à l'écart du monde dans l'acceptation et la diffusion des TCC.

Comme cela a été démontré ailleurs, certains chercheurs considèrent actuellement en France que le remboursement de la psychothérapie serait un moyen d'économiser de l'argent dans le système de santé, malgré le coût initial qu'engendrerait son déploiement (Castel, Briffaut et Docteur, 2014).

Nous verrons plus loin quelques éléments qui limitent cette diffusion en France et nous proposerons des moyens pour mieux appréhender ce problème.

1.4 Les TCC coordonnées à d'autres approches thérapeutiques

Dès le départ, l'approche en TCC a démontré sa pertinence par comparaison avec d'autres approches, à l'origine des approches classiques, et plus récemment des prises en charge de « soutien » (sans objectif spécifique) et des traitements médicamenteux. Dans ces études comparatives, la plupart des résultats suggèrent que les TCC sont très efficaces.

Cependant, il est possible de combiner l'approche TCC, ou au moins certains éléments de celle-ci, dans un modèle dit « intégratif » ou « éclectique ». Le *Sage Handbook of Counselling and Psychotherapy* (Feltham et Horton, 2006) propose trois catégories de psychothérapies (psychodynamique, cognitive et comportementale, humaniste) ainsi qu'une catégorie qui regroupe les approches « éclectiques et intégratives ». Il est intéressant de noter que, parmi les six approches présentées dans cette dernière catégorie qui sont clairement identifiables, au moins cinq incorporent des éléments provenant des TCC, et ce de manière clairement explicite. La seule approche qui ne soit pas en lien direct avec les TCC est celle de la programmation neurolinguistique (PNL), qui n'est pas, finalement, considérée comme une approche thérapeutique en soi par ces auteurs. Les autres approches, en revanche, démontrent des liens très forts avec les TCC.

La thérapie cognitive-analytique *(TCA – Cognitive-Analytique Therapy)* cherche à proposer une prise en charge combinant la théorie de la relation d'objets (Melanie Klein) et une approche clairement TCC. En particulier, la qualité de la relation patient-thérapeute fondée sur la collaboration est mise en œuvre avec un intérêt spécifique pour comprendre le patient dans un sens plutôt psycho-dynamique – en ce qui concerne son identité, ses relations avec les autres et les éléments importants de son passé qui l'ont marqué. Comme pour les TCC, cette approche vise à modifier la manière dont le patient appréhende le monde et ses *patterns* de pensées qui peuvent nuire à son fonctionnement. Comme pour les TCC, la TCA est soucieuse du besoin d'une prise en charge relativement courte. Cette approche a été élaborée également avec une méthode plutôt empirique et elle a fait l'objet de quelques études scientifiques, surtout pour la prise en charge des troubles de la personnalité (Low, 2006).

La thérapie multimodale *(TM – Multimodal Therapy)* a été fondée sur les travaux de Arnold Lazarus, chercheur renommé sur le stress et le *coping*. Cette approche provient d'un cadre hautement fonctionnaliste avec un intérêt spécifique pour l'adaptation de l'individu. La TM incorpore l'analyse fonctionnelle « BASIC ID » (voir chapitre 5). De même, un nombre important d'éléments cliniques pris en compte sont identiques à l'approche en TCC : comportement, émotions, cognitions, sensations. En pratique, la TM est très appliquée dans le domaine de la prise en charge du stress et des difficultés liées aux troubles psychologiques qui génèrent du stress. Cette approche a fait l'objet de quelques études scientifiques qui démontrent son intérêt non seulement pour traiter le stress mais aussi les phobies (Palmer, 2006).

Le modèle de l'assistant qualifié *(MAC – Skilled Helper Model)* cible les qualités les plus importantes du thérapeute pour aider le patient à faire face à ses difficultés. Cette approche est ancrée dans la psychologie positive, et se donne deux objectifs : 1) aider l'individu à faire face à ses problèmes en améliorant ses capacités à résoudre les problèmes ; 2) l'aider à s'aider de manière plus efficace dans sa vie quotidienne. Cette approche inclut notamment l'identification de problèmes et la mise en place de stratégies de résolution de problèmes (retrouvée aussi dans l'approche TCC). Cependant, cette approche s'oriente surtout sur la manière dont le thérapeute s'engage dans la thérapie et propose un nombre important de qualités ainsi que l'utilisation de techniques et de stratégies. La recherche sur cette approche manque cruellement car elle est difficile à soumettre à une étude empirique ; la manière dont un thérapeute pratique est toujours très difficile à opérationnaliser, peu importe d'ailleurs l'approche étudiée (Wosket, 2006).

La thérapie orientée vers la résolution du problème *(TRS – Solution-Focused Therapy)*, si elle appartient au courant de pensée constructiviste, repose cependant sur le fait que les patients aient des idées spécifiques sur leurs propres problèmes. Comme pour les TCC, l'orientation est clairement mise sur la vie actuelle du patient et d'ailleurs l'origine du problème et encore moins importante dans cette approche que pour les TCC. Le changement est surtout visé dans cette approche et, ce, avec une attention particulière portée sur les faits observables de ce changement. Quelques études démontrent l'efficacité de cette approche, cependant le manque d'opérationnalisation du changement spécifique du trouble rend la recherche difficile pour cette orientation thérapeutique (O'Connell, 2006).

Enfin, l'approche transthéorique *(AT – Transtheoretical Model)* a été initialement élaborée par Prochaska et DiClemente. Leur objectif initial était de réduire les attitudes dogmatiques exprimées par les différentes approches psychothérapeutiques existantes dans les années 1970 et 1980 aux États-Unis. Cette approche est connue comme étant un essai d'intégration des différentes approches thérapeutiques. En plus d'une approche clairement délimitée qui comprend des éléments des TCC, les auteurs ont proposé un modèle pour comprendre à quel point le patient serait prêt à entamer un processus de changement. Ce modèle composé de cinq stades – pré-contemplation, contemplation, préparation, action et maintien – est largement utilisé actuellement, notamment pour la prise en charge des addictions. L'approche transthéorique a été largement étudiée, surtout en addictologie, et démontre une bonne efficacité (Jackson, 2006).

2. Soigner en TCC... c'est quoi ?

2.1 L'approche TCC et la guérison

Alors que chaque approche en psychothérapie définit le changement d'une manière spécifique, nous avons insisté sur le fait que les TCC cherchaient à identifier le problème qui pousse le patient à consulter et l'utilisaient comme un moyen pour accéder au changement.

Cette opérationnalisation permet aux TCC de rester clairement fixées sur un objectif défini au début de la thérapie. Cela n'empêche pas pour autant d'ajouter, de modifier ou de changer cet objectif au cours du traitement. Et ce, toujours, bien entendu, en collaboration avec le patient.

Pourtant, il est tout à fait admissible, selon nous, que la prise en charge TCC puisse se terminer avant d'avoir atteint le but envisagé et d'engager un autre type de prise en charge.

Pleux (2015) plaide en faveur d'une prise en charge TCC qui permettrait aussi au patient d'aborder l'aspect existentiel de sa vie, aspect qui englobe non seulement le problème pour lequel qu'il consulte, mais aussi la compréhension de la manière dont sa vie a été affectée et sa manière d'appréhender l'avenir et de s'orienter.

Il est aussi possible qu'une prise en charge en TCC soit suivie d'une prise en charge dans un autre domaine thérapeutique. Par exemple, l'individu qui consulte pour son problème et qui arrive à le travailler, au moins partiellement dans une prise en charge en TCC peut, par la suite, chercher une prise en charge systémique – de couple ou de famille – pour faire face aussi aux éléments dans son environnement qui continuent à lui poser problème. De même, l'individu qui cherche à reconsidérer son passé de manière plus approfondie pourra entamer une thérapie psycho-dynamique.

En tout cas, nous ne prônons pas une exclusivité de l'approche TCC. Elle a démontré son efficacité ainsi que son utilité pour de nombreux troubles psychologiques. Cependant, nous ne souhaitons pas tomber dans une attitude dogmatique de protection des TCC – les êtres humains peuvent trouver de l'aide avec différentes méthodes de prise en charge et il nous semble primordial de garder une attitude de respect entre les différentes approches.

2.2 Une élaboration nécessaire des TTC

Nous avons constaté la croissance des TCC en France ; ceci grâce au développement des formations et à la multiplication des publications. Ceci étant, cette évolution est non seulement loin de celle que d'autres pays ont connue mais elle n'est pas encore totalement acquise.

Nous souhaitons aborder maintenant un autre problème que nous avons constaté ces 15 dernières années en enseignant les TCC dans différents lieux de formation. Ce problème réside dans la simplification qui est faite des TCC en un ensemble de techniques, sans pour autant réfléchir à leur pratique et à leurs objectifs en tant que thérapies. Les TCC proposent de nombreux moyens pour aider les patients, de manière précise et efficace, mais elles se fondent sur un courant épistémologique. Il n'est pas possible de les réduire à une utilisation dans n'importe quel domaine et pour n'importe quel trouble (non psychiatrique). Les TCC ne peuvent remplacer les processus éducatifs par exemple, elles sont avant tout des thérapies.

Maintenant, nous souhaitons souligner, pour les praticiens des TCC, expérimentés et nouveaux, l'importance de toujours veiller à ce que leur pratique ne dérive pas vers une prise en charge mécanique et « automatique ». L'utilisation des techniques comme l'analyse fonctionnelle, l'exposition, l'inhibition, etc., devrait toujours se fonder sur une compréhension de l'individu et de son problème dans un contexte plus large, aussi bien au niveau personnel que sociétal. Alors que nous pourrions proposer l'apprentissage de certaines techniques à des non-professionnels de la santé mentale (infirmières, éducateurs, etc.), il ne faut pas oublier que l'approche TCC, telle qu'elle est définie et opérationnalisée, appartient aux psychologues, psychiatres et psychothérapeutes qui y sont formés. Cette approche n'a rien de simpliste ni de superficiel si elle est correctement pratiquée, et, bien mise en œuvre, elle peut s'avérer très pertinente.

3. Un regard nouveau sur les TCC

3.1 Une idée fondamentale : les TCC appartiennent à l'histoire de la psychologie

Nous avons poursuivi plusieurs objectifs dans la rédaction de cet ouvrage. Tout d'abord, nous avons souhaité démontrer que l'approche des TCC était clairement ancrée dans l'histoire de la psychologie et qu'il était possible d'en retracer les origines dès le début de cette science et ainsi de l'identifier par rapport à son épistémologie comme faisant partie intégrante de la psychologie clinique.

Par la suite, nous avons présenté des notions provenant de la psychologie qui sont clairement intégrées dans les TCC, mais qui sont souvent inconnues ou mal connues, et qui s'avèrent peu présentées dans les formations en TCC. Pourtant, nous savons à quel point ces notions sont importantes à comprendre pour les TCC et nous espérons qu'elles vont aider à mieux élaborer les connaissances dans les formations.

Notre présentation sur la prise en charge TCC a cherché à lier cette histoire et ces notions dans l'élaboration originale des TCC. En expliquant la prise en charge ainsi que les techniques spécifiques aux TCC, nous avons tenté de reprendre les théories et de les présenter afin de les faire vivre dans l'approche thérapeutique.

Enfin, nous avons souhaité terminer en mettant l'accent sur l'avenir des TCC, en rendant compte de leur statut actuel et en nous orientant vers l'avenir.

3.2 Des attaques d'un autre temps

Nous avons évoqué tout au début du livre le fait que les TCC faisaient toujours l'objet d'une controverse en France. Quand nous donnons une formation en TCC avec des personnes en formation initiale ou continue, nous entendons souvent les mêmes reproches : « Les TCC ne traitent que le symptôme », « Les TCC ne s'intéressent pas au fond du problème – elles en restent au niveau du symptôme », « Les TCC sont une approche purement comportementale », « Les TCC reviennent à pratiquer un dressage de l'être humain », « Les TCC sont un ensemble de techniques, mais pas une approche de la psychologie clinique proprement dite ».

Nous savons d'où viennent ces idées reçues et c'est pour cela que nous avons proposé dans ce livre quelques arguments pour les réfuter. Nous avons vu que l'élaboration des TCC provenait de la psychanalyse elle-même avec les plus célèbres des cognitivistes formés à la psychanalyse (Beck et Ellis), dans la continuation de la psychologie clinique. Tous les fondateurs en TCC ont bénéficié d'une formation en psychanalyse ; ils étaient hautement capables de réaliser une psychanalyse auprès des patients, mais leur pratique leur montrait les limites de cette approche. Les TCC auraient pu être une prolongation légitime de la psychanalyse si celle-ci avait accepté de remettre en question certains concepts et de se nourrir des avancées expérimentales.

Après avoir présenté l'histoire et l'épistémologie en psychologie qui ont mené à l'élaboration des TCC, nous espérons avoir mis fin à l'idée que cette approche ne serait que purement comportementale. Certes, ce sont les travaux de Watson, de Thorndike et de Skinner au début du XXe siècle qui ont fourni quelques bases pour la compréhension des mécanismes psychologiques mais, par la suite, l'élaboration des théories de Dollard et de Miller suivie des approches thérapeutiques d'Ellis et de Beck ont souligné à quel point les TCC étaient le fruit d'une réflexion approfondie menée pour faire avancer la prise en charge en psychologie clinique.

De plus, l'inclusion des différents aspects importants de la psychologie de l'être humain (émotions, cognitions, sensations en plus des comportements) démontre que les TCC ne peuvent pas se réduire, comme c'est souvent avancé, à un dressage purement comportemental. Pleux (2015) note, cependant, que cette idée a « la peau dure » car c'est une idée qui continue à être enseignée dans les facultés françaises.

Que les TCC soient « superficielles » n'est une réalité ni dans la clinique, ni dans la recherche. Nombreuses sont les études qui démontrent leur effet durable, avec des retombées qui touchent positivement non seulement le problème présenté en clinique mais aussi d'autres domaines de la vie du patient.

Nous sommes conscients qu'il reste difficile de chasser ces arguments sans fondement contre les TCC car ils sont ancrés dans la culture de la psychologie en France. Ce sont des critiques d'un autre temps.

Cependant, nous constatons, depuis au moins dix ans, une reconnaissance ainsi qu'une diffusion plus large de la formation en TCC. Nous sommes donc relativement confiants dans l'intégration durable des TCC dans le paysage de la psychologie et de la psychiatrie en France. Nous espérons que les formations initiales pourront intégrer, de plus en plus, des approches alternatives à l'approche psychanalytique actuellement enseignée dans les facultés. Nous ne souhaitons pas écarter cette approche historique et riche, mais nous aimerions voir la diffusion d'approches alternatives, reposant sur des bases scientifiques solides, dans les institutions d'enseignement et tout particulièrement dans les facultés.

3.3 Une approche psychologique non dogmatique

Un des dangers en psychologie clinique est la dérive vers une approche unique qui serait supposée pouvoir tout traiter. Nous savons qu'actuellement aucune approche ne répond à tous les besoins des êtres humains en détresse. Il faut d'ailleurs noter que certains individus vivent leur détresse et la surmontent sans consulter en psychologie ou en psychiatrie.

Nous avons avancé que les TCC étaient fondées sur des bases empiriques assurant une efficacité de la prise en charge. Nous ne prétendons pas que les TCC puissent tout « guérir », conscients que cela n'est pas possible en l'état actuel des connaissances. D'ailleurs, nous sommes persuadés que différentes approches en psychologie clinique peuvent apporter des éléments utiles et spécifiques.

Nous sommes souvent confrontés à des collègues, confrères/consœurs ayant d'autres orientations en psychologie qui ne témoignent pas d'une grande ouverture d'esprit, ce qui rend parfois notre travail difficile. Face à cela, nous préférons nous en tenir aux faits : en ce qui concerne l'efficacité et la prise en charge psychothérapeutique, les TCC ont démontré et ne cessent de démontrer leur excellence.

3.4 La nécessité d'intégrer la psychothérapie dans le système de soins français

En dehors des arguments et controverses concernant les TCC, nous constatons qu'il existe un véritable problème en France autour de la prise en charge des problèmes psychologiques. Bien que les psychiatres soient conventionnés dans le système de soins, les patients suivis par des psychologues de pratique libérale ne bénéficient pas d'une prise en charge. Nous notons aussi que plus de 60 % de la population consulte d'abord un médecin généraliste lors de troubles psychologiques (Kovess-Masféty *et al.*, 2007). Peu d'individus consultent un psychologue et, ce, sans doute, pour plusieurs raisons.

En dehors du problème du remboursement, qui est un frein important pour les personnes les moins favorisées, nous constatons d'autres problèmes.

Tout d'abord, peu de médecins généralistes proposent une prise en charge par un psychologue. Encore une fois, sans doute car cette proposition est à la charge du patient. Mais Légeron (2004) propose une autre raison: la prépondérance de la prise en charge psychanalytique. Et une psychanalyse peut s'avérer longue, ce qui pose non seulement un problème économique mais aussi au niveau du bien-être de l'individu.

Si la prise en charge de l'acte du psychologue n'est pas systématique en France, nous pouvons nous poser la question de savoir si ce n'est pas en raison de la formation de base de ce professionnel. Comme nous l'avons souligné plus haut, la formation en psychologie clinique en France ne propose pas de formation unifiée et clairement utile pour la pratique de la profession de psychologue. Outre sa rapidité (la formation du psychologue en France ne dure que 5 ans, alors que dans de nombreux autres pays la durée va de 6 à 8 ans, jusqu'au niveau doctorat pour certains), il manque une cohérence clairement admise et acceptée quant aux éléments fondamentaux à enseigner. Le résultat est que chaque psychologue sort de ses études avec des compétences différentes, selon sa faculté et sa formation. Même si nous pouvons remettre en question la durée courte de ces formations, nous constatons que d'autres professionnels de santé exercent, et sont remboursés, à partir d'une formation « Bac + 5 » (sages-femmes, infirmières, orthophonistes, etc.).

Bien évidemment, il nous semble essentiel d'inclure dans les formations initiales des psychologues et des psychiatres l'approche TCC pour les raisons évoquées tout au long de ce livre: elles forment une approche exhaustive, théoriquement pertinente et cliniquement efficace à laquelle tout professionnel de santé devrait avoir droit.

Conclusion

Nous avons commencé ce chapitre en parlant de la recherche et des évolutions récentes en TCC. Nous avons parlé de la troisième vague des TCC, et ses techniques spécifiquement adaptées à certains types de pathologies. Cependant, nous avons souligné qu'il faudrait attendre encore un peu pour confirmer l'efficacité de certaines de ces nouveautés.

Les TCC sont actuellement largement acceptées dans le monde entier, mais comme beaucoup l'ont souligné avant nous, elles connaissent une moindre acceptation en France.

Malgré cette position, nous avançons que les TCC représentent une prise en charge efficace, économique et humaine pour bon nombre de troubles. Il est évident que la psychologie propose divers types de prise en charge thérapeutique, et nous ne souhaitons pas entrer dans une polémique sur le bien-fondé et l'acceptabilité des différentes orientations. Cependant, il nous semble important d'accepter et de placer les TCC au rang des prises en charge psychothérapeutiques à enseigner et à appliquer de manière systématique dans le système français.

L'histoire des TCC nous montre également que ces dernières entretiennent des liens avec d'autres approches thérapeutiques. Nous avons présenté quelques cas de figure de ces approches dites « éclectiques » mais qui, pourtant, à notre sens, reposent sur des éléments fondamentaux et propres aux TCC. Nous avons discuté brièvement des dangers d'un dérapage possible.

Rappelons simplement que les TCC sont issues des travaux sur l'apprentissage et le processus de conditionnement, et ce de manière très large. Garder ces aspects en mémoire devrait nous préserver d'un dérapage et du risque de nous éloigner d'une approche véritablement TCC.

L'émergence des nouvelles technologiques et l'évolution probable vers une quatrième vague des TCC devront être scrutées et suivies avec attention. Les évolutions technologiques amènent à un changement majeur dans la compréhension du patient, l'accompagnement du patient et aussi l'émergence de nouvelles pathologies.

Nous avons vu au chapitre 5 que la prise en charge des TCC n'était pas simple, mais nous l'avons décrite comme étant « élégante ». Nous souhaitons insister sur cette distinction, pour mettre en exergue que si les TCC sont correctement appliquées, elles peuvent opérer des changements profonds et positifs chez l'individu. Nous soulignons à cet effet que les recherches sur les TCC indiquent clairement que les changements thérapeutiques observés sont durables.

Au final, il reste en France un problème qui est non seulement lié aux TCC mais à l'ensemble des prises en charge psychothérapeutiques. Il s'agit de la question du rôle du psychologue et de la prise en charge de la psychothérapie. Il nous semble évident que la formation des psychologues et des psychiatres doit se voir opérationnalisée pour bien prendre en compte l'approche des TCC. De même, le statut du psychologue, une profession qui doit s'appuyer sur une formation plus solide qu'elle ne l'est actuellement, doit être pleinement intégré au système de santé, et cela passe à notre sens par le remboursement des soins engagés pour réaliser des psychothérapies. Nous avançons que la prise en charge des troubles psychologiques est non seulement le devoir d'un système de santé, mais aussi un élément essentiel pour la santé globale de la population. C'est au final un problème de santé publique.

Bibliographie

Agathon, M. et Dorna, F. (1979). Un test comportemental d'assertion. *Psychologie Médicale, 11*, 2353-2358.

Ainsworth, M. D. S. (1964). Patterns of attachment behavior shown by the infant in interaction with his mother. *Merrill-Palmer Quarterly, 10*, 51-58.

Ainsworth, M. D. S., Blehar, M. C., Waters, E. et Wall, S. (1978). *Patterns of attachment: A psychological study of the strange situation*. Hillsdale, New Jersey: Erlbaum.

Ainsworth, M. D. S. (1989). Attachments beyond infancy. *American Psychologist, 44*, 709-716.

Alfred, J. (1969). *Kurt Lewin: Sa vie son œuvre* (traduction H. Constantini et A. Mucchielli). ESF, 1972.

American Psychiatric Association (2015). *DSM V: Manuel diagnostique et statistique des troubles mentaux* (traduit par M.-A. Crocq et J.-D. Guelfi). Paris: Elsevier Masson.

Anderson, J. (1985). *Cognitive Psychology and its Implications*. New York: W.H. Freeman & Company.

Bandura, A. (1977). *Social Learning Theory*. Englewood Cliffs, New Jersey: Prentice-Hall.

Bandura, A., Blanchard, E. B. et Ritter, B. (1969). Relative efficacy of desensitization and modeling approaches for inducing behavioral, affective, and attitudinal changes. *Journal Of Personality And Social Psychology, 13* (3), 173-199.

Bandura, A., Grusec, J. E., Frances, L. et Menlove, F. L. (1967). Vicarious extinction of avoidance behavior. *Journal Of Personality And Social Psychology, 5*, (1), 16-23.

Bandura, A. et Menlove, F. L. (1968). Factors determining vicarious extinction of avoidance behavior through symbolic modeling. *Journal of Personality and Social Psychology, 8* (2, Pt.1), 99-108.

Barker, C., Pistrang, N. et Elliot, R. (2010). *Research Methods in Clinical Psychology*: (2nd edition). Chichester: John Wiley and Sons.

Baron-Cohen, S., Lombardo, M. (2013). *Understanding Other Minds: Perspectives from Developmental Neuroscience*. Oxford: Oxford University Press.

Beck, A. T. (1963). Thinking and depression: Idiosyncratic content and cognitive distorsions. *Archives of General Psychiatry, 9*, 324-333.

Beck, A. T. (1964). Thinking and depression: Theory and Therapy. *Archives of General Psychiatry, 10*, 561-571.

Beck, A. T., Rush, A. J., Shaw, B. F. et Emery, G. (1979). *Cognitive Therapy of Depression*. New York: Guilford Press.

Beck, J. S. (1995). *Cognitive therapy, Basics and Beyond*. New York: Guilford Press.

Belzung, C. (2007). *Biologie des émotions*. Paris: De Boeck.

Blechert, J., Michael, T., Vriends, N., Margraf, J. et Wilhelm, F. H. (2007). Fear conditioning in posttraumatic stress disorder: Evidence for delayed extinction of autonomic, experiential, and behavioural responses. *Journal of Abnormal Psychology, 116* (3), 612-617.

Bouton, M. E. (2002). Context, ambiguity, and unlearning : Sources of relapse after behavioral extinction. *Biological Psychiatry, 52*, 976-986.

Bouvard, M. et Cottraux, J. (2010). *Protocoles et échelles d'évaluation en psychiatrie et psychologie*. Paris, France : Masson.

Bowlby, J. (1958). The nature of the child's tie to the mother. *International Journal of Psycho-Analysis, 39*, 350-373.

Bowlby, J. (1969/1982). *Attachement and loss : volume I. Attachment*. (2nd édition). New York : Basic Books.

Bowlby, J. (1973). *Attachment and Loss : volume II. Separation*. New York : Basic Books.

Bowlby, J. (1980). By ethology and out of psycho-analysis : An experiment in interbreeding. *Animal Behavior, 28*, 649-656.

Bowlby, J. (1988). *A Secure Base*. New York : Basic Books.

Bretherton, I. (1985). Attachment theory : Retrospect and prospect. In I. Bretherton et E. Waters (éd.), *Growing points of attachment theory and research, Monographs of the Society for Research in Child Development, 50*, 1-2, Serial No. 209, 3-35.

Brewin, C. (2014). Episodic memory, perceptual memory, and their interaction : Foundations for a theory of post-traumatic stress disorder. *Psychological Bulletin, 140* (1), 69-97.

Burns, D. (1980). *Feeling Good : The new mood therapy* (préface par A. Beck). New York : William Morrow & Company.

Burns, D. (2001). *Être bien dans sa peau*. Montréal : Héritage Québec.

Burns, D. (2020). *Feeling Great : The Revolutionary New Treatment for Anxiety and Depression*. Wisconsin : PESI Publishing and Media.

Callahan, S. (2012). La recherche clinique en TCC : guide de l'utilisateur. *Journal de thérapie comportementale et cognitive, 22* (4), 148-150.

Carmel, A., Fruzzetti, A. E., Rose, M. L. (2014). Dialectical behavior therapy training to reduce clinical burn-out in a public behavioral health system. *Community Mental Health Journal, 50*, 25-30.

Carey, B. (2011). Expert on mental illness reveals her own fight. *New York Times*, Section A, p. 1.

Cassidy, J. (1999). The nature of the child's ties. In J. Cassidy et P. R. Shaver (éd.), *Handbook of Attachment : Theory, research and clinical applications*. New York : Guilford.

Castel, P. H., Briffaut, X. et Docteur A. D. (2014). Pourquoi il faut rembourser les psychothérapies. *Le Monde*, consulté à : http://www.liberation.fr/societe/2014/02/10/pourquoi-il-faut-rembourser-les-psycho therapies_979147

Cauer, E., Mathis, W. et Pauli R. (2000). Life and work of Wilhelm Cauer (1900-1945). *Proceedings of the Fourteenth International Symposium of Mathematical Theory of Networks and Systems*, Perpignan.

Chabrol, H., Schmitt, L., Sztulman, H. (1996). Thérapie cognitive et psychothérapie analytique des personnalités limites : une réflexion critique. *Annales médico-psychologiques, 154*, 238-245.

CHALOULT, L. (2008). *La thérapie cognitivo-comportementale. Théorie et pratique*. Montréal : Gaëtan Morin éditeur.

CHAPELLE, F. (2013). Analyse des cas cliniques du JTCC : entre clinique pure et recherche clinique. *Journal de thérapie comportementale et cognitive*, *23* (3), 93-101.

CHAPELLE, F., MONIÉ, B., POINSOT, R., RUSINEK, S., WILLARD, M. (2018). *L'aide-mémoire des thérapies comportementales et cognitives*. Paris : Dunod, 3e édition.

CLARK, D. L., BOUTROS, N. N. et MENDEZ, M. F. (2005). *The Brain and Behavior : An introduction to behavioral neuroanatomy*. Cambridge : Cambridge University Press.

CLARK, D. M., LAYARD, R., SMITHIES, R., RICHARDS, D. A., SUCKLING, R. et WRIGHT, B. (2009). Improving access to psychological therapy : Initial evaluation of two UK demonstration sites. *Behavior Research and Therapy*, *47*, 910-920.

CLÉMENT, C. (2006). *Apprentissage et conditionnements*. Paris : Dunod.

CLÉMENT, C. (2014). *Conditionnement, apprentissage et comportement humain*. Paris : Dunod.

CLONINGER, R. C. (1987). A systematic method for clinical description and classification of personality variants. *Arch. Gen. Psychiatry*, *44*, 573-588.

COOK, T. D., CAMPBELL, D. T. et PERACCHIO, L. (1990). Quasi experimentation. In M. D. DUNNETTE, L. M. HOUGH, M. D. DUNNETTE, et L. M. HOUGH (éd.), *Handbook of industrial and organizational psychology* (Vol. 1, 2nd ed., p. 491-576). Palo Alto, CA : Consulting Psychologists Press.

COREY, G. (1991). *Theory and Practice of Counseling and Psychotherapy* (4th edition). Pacific Grove, California : Brooks/Cole Publishing.

COTTRAUX, J. (1979). *Les thérapies comportementales*. Paris : Masson.

COTTRAUX, J. (1985*a*). Basic idea. In J. COTTRAUX, M. BOUVARD, P. LÉGERON (Ed.), *Méthodes et échelles d'évaluation des comportements* (64-70). Issy les Moulineaux : Applications psychotechniques.

COTTRAUX J. (1985*b*). Grille SECCA. In J. Cottraux, M. Bouvard, P. Légeron (Ed.), *Méthodes et échelles d'évaluation des comportements* (64-70). Issy les Moulineaux : Applications psychotechniques.

COTTRAUX, J. (1990). *Les thérapies comportementales et cognitives*. Paris : Masson.

COTTRAUX, J. (2004). Formation et supervision dans les TCC. *Psychothérapies*, *24 (3)*, 151-159.

COTTRAUX, J. (2011). *Choisir une psychothérapie efficace*. Paris : Odile Jacob.

COVER JONES, M. (1924). A laboratory study of fear : The case of Peter. Pedagogical Seminary ; Jan 1, 31, *Periodicals Archive Online*, pg. 308.

CRASKE, M., TREANOR, M., CONWAY, C. C., ZBOZINEK, T., VERVLIET, B. (2014). Maximizing exposure therapy : An inhibitory learning approach. *Behavior Research Therapy*, *58*, 10-23.

CUSHMAN, P. (2003). Psychotherapy to 1992 : A historically situated interpretation. In D. K. FREEDMAN (Ed.), *History of Psychotherapy : A century of Change*. Washington, D. C. : American Psychological Association.

D'Zurilla, T. J., Goldfried, M. R. (1971). Problem solving and behavior modification, *J. Abnorm. Psychology*, *78*, 107-126.

D'Zurilla, T. J., Nezu A. M. (1999). *Problem-Solving Therapy: A Social Competence Approach to Clinical Intervention*. New York: Springer.

de Oliveira, I.R. (2015). *Trial-Based Cognitive Therapy: A manual for clinicians*. New York and London: Routledge.

Delbrouck, M. (2013). *Psychopathologie. Manuel à l'usage du médecin et du psychothérapeute*. Paris: De Boeck.

Dennet, D. C. (1978). *Brainstorms: Philosophical Essays on Mind and Psychology*. Cambridge: Bradford Books.

Dewey, J. (1896). The reflex arc concept in psychology. *The Psychological Review* (Vol. 3, N° 4).

DiClemente, C. C., Bellino L. E., Neavins T. M. (1999). Motivation for Change and Alcoholism Treatment. *Alcohol Research et Health*, *23* (2), 86-92.

DiGiuseppe, R. et Tarfrate, R. C. (2007). *Understanding Anger Disorders*. New York: Oxford University Press.

Dimeff, L. et Linehan M. (2001). Dialectical Therapy in a Nutshell. *The California Psychologist*, *34*, 10-13.

Dimeff, L. et Linehan, M. (2008). Dialectical Therapy for Substance Abusers. *Addiction Science and Clinical Practice*, *4* (2), 39-47.

Dollard, J. et Miller, N. E. (1950). *Personality and Psychotherapy*. New York: McGraw-Hill.

Doré, D. et Mercier, P. (1999). *Fondements de l'apprentissage et de la cognition*. Paris: Presses Universitaires de Lille, Gaetan Morin.

Dryden, W., DiGiuseppe, R. et Neenan, M. (2003). *A Primer on Rational Emotive Behavior Therapy* (2nd édition). Champaign, Illinois: Research Press.

Dubois B., Lechevalier B., Bioulac B. (2021). Méconnaissance du cortex préfrontal. *Bulletin de l'Académie Nationale de Médecine*, *205 (7)*, 673-682.

Duval, C., Piolino, P., Bejanin, A., Laisney, M., Eustache, F., Desgranges, B. (2011). La théorie de l'esprit: aspects conceptuels, évaluation et effets de l'âge. *Rev Neuropsychol*, *3* (1), 41-51.

Ebner-Priemer, U. W., Badeck, S., Beckmann, C. F. *et al.* (2005). Affective dysregulation and dissociative experience in female patients with borderline personality disorder: a startle response study. *J. Psychiatr. Res.*, *39*, 85-92.

Ellis, A. (1958). Rational Psychotherapy. *Journal of General Psychology*, *59*, 35-49.

Ellis, A. (1994). *Reason and Emotion in Psychotherapy*. New York: Birch Lane Press.

Ellis, A. (2002). *Overcoming Resistance: A Rational Emotive Behavior Therapy Integrated Approach* (2nd édition). New York: Springer.

Ellis, A. (2003). Similarities and differences between rational emotive behavior therapy and cognitive. *Journal of Cognitive Psychotherapy: An International Quarterly*, *17* (3), 225-240.

Ellis, A. (2005*a*). Discussion of Christine A. Padesky and Aaron T. Beck, 'Science and Philosophy: Comparison of Cognitive Therapy and Rational Emotive Behavior Therapy'. *Journal of Cognitive Psychotherapy: An International Quarterly*, *19* (2), 181-185.

Ellis, A. (2005*b*). Can Rational-Emotive Behavior Therapy (REBT) and Acceptance and Commitment Therapy (ACT) Resolve their Differences and Be Integrated? *Journal of Rational-Emotive and Cognitive-Behavior Therapy, 23* (2), 153-168.

Ellis, A. et Abrams, M. (2009). *Personality Theorie : Critical Perspectives.* Los Angeles : Sage.

Feltham C. et Horton I. (2006). *The Sage Handbook of Counselling and Psychotherapy* (2nd edition). Londres : Sage Publications.

Fishman, D. B. et Franks, C. M. (2003). Evolution and Differentiation Within Behavior Therapy : A Theoretical and Epistemological Review. In D. K. Freedman. et D. C. Washington (Ed), *History of Psychotherapy : A century of Change.* American Psychological Association.

Fonagy, P., Leigh, T., Steele, M., Steele, H., Kennedy, R., Mattoon, G., Target, M. et Gerber, A. (1996). The relation of attachment status, psychiatric classification, and response to psychotherapy. *Journal of Consulting and Clinical Psychology, 64*, 22-31.

Fonagy, P., Steele, H., Moran, G. S., Steele, M. et Higgitt, A. (1991). The capacity for understanding mental states : The reflective self in parent and child and its significance for security of attachment. *Infant Mental Health Journal, 13*, 200-217.

Fonagy, P., Steele, M., Steele, H., Leigh, T., Kennedy, R., Mattoon, G. et Target, M. (1995). Attachement, the reflective self, and borderline states : The predictive specificity of the Adult Attachment Interview and pathological emotional development. In S. Goldberg, R. Muir. et J. Kerr (Ed.), *Attachment Theory : Social, Developmental, and Clinical Perspectives*, p. 233-287. Hillsdale, N.J. : Analytic Press.

Fontaine, O., Ylieff, M. (1981). Analyse fonctionnelle et raisonnement expérimental. *Journal de thérapie comportementale de langue française, 3* (2), 119-130.

Foote, J., Deluca, A., Magura, S., Warner, A., Grand, A., Rosenblum, A., Stahl, S. (1999). A group motivational treatment for chemical dependency. *Journal of Substance Abuse Treatment, 17* (3), 181-192.

George, C. et Solomon, R. (1999). Attachment and Caregiving : The caregiving behavioral system. In J. Cassidy et P. R. Shaver (éd.), *Handbook of Attachment : Theory, Research and Clinical Applications.* New York : Guilford.

Godefroid, J. (2001). *Psychologie : Science humaine et science cognitive.* Bruxelles : De Boeck.

Goldstein, S. et Goldstein, M. (1990). *Managing Attention Disorders in Children : A Guide for Practitioners.* Oxford : John Wiley and Sons.

Gombert, J. L. (1990). *Le Développement métalinguistique.* Paris : PUF.

Grillon, C. et Morgan, C. A. (1999). Fear-potentiated startle conditioning to explicit and contextual cues in Gulf War veterans with posttraumatic stress disorder. *Journal of Abnormal Psychology, 108*, 134-142.

Harvey, L.J., White, F.A., Hunt, C., Abbott, M. (2023). Investigating the efficacy of a Dialectical behavior therapy-based universal intervention on adolescent social and emotional well-being outcomes. *Behaviour Research and Therapy, 169, doi : 10.1016/j.brat.2023.104408*

Hayes, S. (2005). Stability and Change in Cognitive Behavior Therapy : Considering the Implications of ACT and RFT. *Journal of*

Rational-Emotive and Cognitive-Behavior Therapy, 23 (2), 131-151.

Hayes, S., Strosahl, K.D., Wilson K.G. (2012). *Acceptance and Commitment Therapy: An experiential approach to Behavior Change.* 2nd Edition. New York: Guilford Press

Hazan, C. et Zeifman, D. (1999). Pair bonds as attachments: Evaluating the evidence. In J. Cassidy, P. R. Shaver, J. Cassidy et P. R. Shaver (éd.), *Handbook of Attachment: Theory, Research, and Clinical Applications* (336-354). New York: Guilford Press.

Henneberger, C., Papouin, T., Oliet, S. H. R., Rusakov, D. A. (2010). Long-term potentiation depends on release of d-serine from astrocytes. *Nature, 463*, 232-236.

Hergenhahn, B. R. (1982). *An Introduction to Theories of Learning*. Englewood Cliffs, N.J.: Prentice-Hall.

Houck, J. et Wise, S. P. (1995). Distributed modular architectures linking basal ganglia, cerebellum, and cerebral cortex: Their role in planning and controlling action. *Cerebral Cortex, 5*, 95-110.

Inserm, (2004). *Psychothérapie : Trois approches évaluées – Expertise collective*. Paris: éditions de l'INSERM.

Jackson, P. (2006). The Transtheoretical Model. In C. Feltham et I. Horton (Ed.), *The Sage Handbook of Counselling and Psychotherapy*: (2nd édition). Londres: Sage Publications.

Kabatt-Zinn. (2006). Mindfulness-Based Interventions in Context: Past, Present, and Future. *Clinical Psychology: Science and Practice, 10 (2)*, 144-156.

Kalat, J. W. (1984). *Biological Psychology* (2nd edition). Belmont, California: Wadsworth Publishing Company.

Kandel, E. R., Schwartz, J. R., Jessell, T. M., Siegelbaum, S. A., et Hudspeth, A. H. (2012). *Principles of Neural Science* (4e édition). New York: McGraw-Hill.

Kanfer, F. H. et Saslow, G. (1969). Behavioral Diagnosis. In C.M. Franks (Ed), *Behavior Therapy, Appraisal ans Status*. New York: McGraw Hill.

Kaufman, A., Baron, A. et Kopp, R. E. (1966). Some effects of instructions on human operant behavior. *Psychonomic Monograph Supplements, 1* (11), 243-250.

Kohlenberg, R., Hayes, S., Tsai, M. (1993). Radical behavioral psychotherapy: two contemporary examples. *Clinical Psychology Review, 13* (6), 579-592.

Kovess-Masféty, V, Saragoussi, D, Sevilla-Dedieu, C, Gilbert, F, Suchocka, A, Arveiller, N, Gasquet, I, Younes, I et Hardy-Bayle, M.C. (2007). What makes people decide who to turn to when faced with a mental health problem? Results from a French survey. *BMC Public Health, 7*, 1186.

Krasner, L. (1971). Behavior Therapy. In P. H. Mussen (éd.), *Annual Review of Psychology, 22*, 483-532. Palo Alto: Annual Reviews.

Ladouceur, R. (2008). *Arrêtez de vous faire du souci pour tout et pour rien*. Paris: Odile Jacob.

Lamagnère, F. (1999). *Manies, peurs et idées fixes*. Paris: Retz.

Lang, P. J. (1977). Imagery in therapy: An information processing theory of emotional imagery. *Psychophysiology, 16*, 495-521.

Larousse (1994). *Le Grand Dictionnaire de la psychologie*. Paris: Larousse.

Lazarus, A. (1976). *Multimodal Behavior Therapy*. New York: Springer.

Le Doux, J. E. (1995). Emotion: Clues from the brain. *Annual Review of Psychology, 46*, 209-235.

Légeron, P. (2004). La double exception française. *Journal de thérapie comportementale et cognitive, 14* (4), 154-155.

Lemperiere, T., Lepine, J.-P., Rouillon, F., Hardy, P., Ades, J., Luaute, J.-P., Ferrand, I. (1984). Comparaison de différents instruments d'évaluation de la dépression à l'occasion d'une étude sur l'ATHYMIL 30 mg. *Annales médico-psychologiques, 142*, 1206-1212.

Liebowitz, M. (1987). Social phobia. *Modern Problems of Pharmacopsychiatry, 22*141-173.

Lieury, A. (2015). *Manuel visuel de psychologie cognitive* (4e édition). Paris: Dunod.

Lovell, K. (2006). Behavioral Psychotherapy. In C. Feltham et I. Horton (éd), *The Sage Handbook of Counselling and Psychotherapy*, 2nd édition. Londres: Sage Publications.

Low, J. (2006). Cognitive Analytic Therapy. In C. Feltham et I. Horton (éd), *The Sage Handbook of Counselling and Psychotherapy*: (2nd édition). Londres: Sage Publications.

Main, M. (1990). Cross-cultural studies of attachment organization: Recent studies, changing methodologies, and the concept of conditional strategies. *Human Development, 33*, 48-61.

Main, M. (1991). Metacognitive knowledge, metacognitive monitoring, and singular (coherent) vs. multiple (incoherent) models of attachment: Findings and directions for future research. In C. M Parkes, J. Stevenson-Hinde et P. Marris (Ed.), *Attachment Across the Life Cycle*, (127-159). Londres: Routledge.

Main, M. et Goldwyn, R. (1984). Predicting rejection of her infants from mother's representation of her own experience: Implications for the abused-abusing intergenerational style. *International Journal of Child Abuse and Neglect, 8*, 203-217.

Main, M., Kaplan, N. et Cassidy, J. (1985). Security in infancy, childhood, and adulthood: A move to the level of representation. In I. Bretherton et E. Waters (éd.), *Growing points of attachment theory and research. Monographs of the Society for Research in Child Development, 50* (1-2, Serial No 209), 66-104.

Main, M. et Solomon, J. (1986). Discovery of a new, insecure-disorganized/disoriented attachment pattern. In T. B. Brazelton et M. W. Yogman (Ed.), *Affective Development in Infancy* (p. 95-124). Norwood, N.J.: Ablex.

Main, M. et Weston, D. (1981). The quality of the Toddler's relationship to mother and to father: Related to conflict behavior and the readiness to establish new relationships. *Child Development, 52* (3): 932-940.

Marks, I. (1987). *Fears, Phobias, and Rituals: Panic, Anxiety, and their Disorders*. New York: Oxford University Press.

Marrow, A. J. (1969). *Kurt Lewin (sa vie son œuvre)*. Traduction H. Constantini et A. Mucchielli, ESF, Horizons de la psychologie, 1972.

McGill (2024). Le cerveau: les régions cérébrales qui se taisent ou s'emballent durant la dépression, trouvé sue https://lecerveau.mcgill.ca/flash/i/i_08/i_08_cr/i_08_cr_dep/i_08_cr_dep.html

Michelson, L., Vives, A., Testa, S. *et al.* (1998). The role of trauma and dissociation in cognitive-behavioral psychotherapy outcome and maintenance for panic disorder with agoraphobia. *Behav. Res. Ther.*, *36*, 1011-1050.

Miller, N. E., Dollard, J. (1941). *Social Learning and Imitation*. Yale University Press : New Haven, CT.

Miller, P. (2002). *Theories of Developmental Psychology*. (5th edition). New York : Worth.

Miller, W. R. et Sanchez, V. C. (1994). Motivating young adults for treatment and lifestyle change. In G. Howard, et P. E. Nathan (éd), *Alcohol Use and Misuse by Young Adults*. Notre Dame : University of Notre Dame Press.

Miller, W. R. et Rollnick, S. (2002). Review of the book Motivational interviewing : Preparing people for change. *Journal of Studies on Alcohol*, *63*(6), 776-777. https://doi.org/10.15288/jsa.2002.63.776

Mineka, S. et Zinbarg, R. (2006). A contemporary learning theory perspective on the etiology of anxiety disorders : It's not what you thought it was. *American Psychologist*, *61*, 10-26.

Mirabel-Sarron, C. (2005). *Soigner les dépressions avec les thérapies cognitives*. Paris : Dunod.

Mirabel-Sarron, C., Docteur, A. (2013). *Apprendre à soigner les dépressions*. Paris : Dunod.

Monié, B. (2018*a*). ACT. In F. Chapelle, B. Monié, R. Poinsot, S. Rusinek (éd), *Aide-Mémoire : Thérapies comportementales et cognitives en 37 notions*. (3e édition). Paris : Dunod.

Monié, B. (2018*b*). La Pleine Conscience. In F. Chapelle, B. Monié, R. Poinsot, S. Rusinek (éd), *Aide-Mémoire : thérapies comportementales et cognitives en 37 notions*. (3e édition). Paris : Dunod.

Montgomery, S. A., Asberg M. (1979). A new depression scale designed to be sensitive to change. *Brit. J. Psychiatry*, *134*, 382-389.

Neisser, U. (1968). *Cognitive Psychology* (p. 3-10). New York : Appleton Century Croft.

O'Connell, B. (2006). Solution-Focused Therapy. In C. Feltham et I. Horton (éd), *The Sage Handbook of Counselling and Psychotherapy* (2nd edition). Londres : Sage Publications.

O'Keefe, J., Nadel, L. (1978). *The Hippocampus as a Cognitive Map*. Oxford : Clarendon Press.

Öhman, A. (1986). Face the beast and fear the face : Animal and social fears as prototypes for evolutionary analyses of emotion. *Psychophysiology*, *23*, 123-145.

Ohman, A., Mineka, S. (2001). Fears, phobias, and preparedness : Toward an evolved module of fear and fear learning. *Psychological Review*, *108*, 483-522.

Olton, D. S. (1979). Mazes, map and memory. *Amer. Psychol*, *34*, 583-596.

Organisation mondiale de la santé. (1994). *Classification internationale des troubles mentaux et des troubles du comportement, 10e révision. Critères diagnostiques pour la recherche*. Organisation mondiale de la santé. Genève : Masson.

Organisation mondiale de la santé (2019). *Classification internationale des troubles mentaux et des troubles du comportement 11e révision*. Organisation mondiale de la santé. https://www.who.int/fr/news/item/11-02-2022-icd-11-2022-release

Orr, S. P., Metzger, L. J., Lasko, N. B., Macklin, M. L., Peri, T. et Pitman, R. K. (2000). De novo conditioning in trauma-exposed individuals with and without posttraumatic stress disorder. *Journal of Abnormal Psychology, 109*, 290-298.

Padesky, C. A. et Beck, A. T. (2003). Science and philosophy: Comparison of cognitive therapy and rational emotive behavior therapy. *Journal of Cognitive Psychotherapy: An International Quarterly, 17 (3)*, 211-224.

Padesky, C. A. et Beck, A. T. (2005). Response to Ellis' Discussion of Science and Philosophy: Comparison of Cognitive Therapy and Rational Emotive Behavior Therapy. *Journal of Cognitive Psychotherapy: An International Quarterly, 19 (2)*, 211-224.

Palmer, S. (2006). Multimodal Therapy. In C. Feltham et I. Horton (éd), *The Sage Handbook of Counselling and Psychotherapy* (2nd édition). Londres: Sage Publications.

Patte, R. (2009). *De l'Orient à l'Occident. 2609 ans d'histoire de la psychologie*. Paris: Publibook.

Perner, J., Frith, U., Leslie, A. M., Leekham, S. R. (1989). Exploration of the autistic child's theory of mind: Knowledge, belief and communication, *Child Developmental, 60*, 689-700.

Philippot, P., Dethier, V., Vervliet, B., Treanor, M., Conway, C., Zbozinek, T. et Craske, M. G. (2015). Maximiser la thérapie par exposition: Une approche basée sur l'apprentissage par inhibition [Maximizing exposure therapy: An inhibitory learning approach]. *Revue Francophone de Clinique Comportementale et Cognitive, 20*(3), 4-34.

Pietromonaco, P. R. et Feldman Barrett, L. (2000). The Internal Working Models Concept: What do we really know about the self in relation to others? *Review of General Psychology, 4* (2), 155-175.

Pleux, D. (2015). *Révolution du divan: Pour une psychothérapie existentielle*. Paris: Odile Jacob.

Poinsot, R., Antoine, P. (2008). *La Résolution de problème en psychothérapie*. Paris: Dunod.

Prochaska, J. O., DiClemente C. C., Norcross J. C. (1992). In Search of How People Change. Applications to Addictive Behaviors. *American Pychologist, 47* (9), 1102-1114.

Rathus, S. A. (1973). A 30-item schedule for assessing assertive behavior. *Behavior Therapy, 4* (3), 398-406.

Robertson, J. et Bowlby, J. (1952). Some responses of young children to loss of maternal care. *Nursing Care, 49*, 382-386.

Rogers, C. (2003). *Client Centred Therapy*. Londres: Constable et Robinson.

Rossignol, V. (1999). L'entrevue motivationnelle: une approche novatrice de la toxicomanie. *L'Intervenant, 15*, 2.

Roulin, J.-L. (2006). *Psychologie cognitive*. Rosny: Bréal.

Rufer, M., Held, D., Cremer, J. (2006). Dissociation as a predictor of cognitive behavior therapy outcome in patients with obsessive-compulsive Disorder. *Psychother. Psychosom., 75*, 40-46.

Rychlak, J. F. (1981). *Introduction to Personality and Psychotherapy: A Theory-Construction Approach* (2nd edition). Boston: Houghton-Mifflin.

Sauteraud, A. (2005). *Le Trouble obsessionnel-compulsif. Le manuel du thérapeute*. Paris: Odile Jacob.

Schultz, J. H. (1958). *Le Training autogène*. Paris : PUF.

Schultz, D. (1982). *A History of Modern Psychology* (3rd edition). Orlando, Florida : Academic Press.

Seligman, M. E. P. (2002). *Authentic Happiness : Using the New Positive Psychology to Realize Your Potential for Lasting Fulfillment*. New York, NY : Free Press.

Servant, D. (2002). *Soigner les phobies sociales*. Paris : Masson.

Shepherd, G. M. (1994). *Neurobiology* (3rd edition). Oxford, UK : Oxford University Press.

Sierra, M., Berrios, G. E. (1998). Depersonalization : neurobiological perspectives. *Biol Psychiatry, 44*, 898-908.

Skinner, B. F. (1953). *Science and Human Behavior*. New York : MacMillan.

Skinner, B. F (1971). *Beyond Freedom and Dignity*. New York : Knopf.

Skinner, B. F. (1986). What is wrong with daily life in the western world ? *American Psychologist, 41* (5), 568-574.

Sroufe, J. et Waters, E. (1977). Attachment as an organizational construct. *Child Development, 48*, 1184-1199.

Stahl, S. M. (2002). *Psychopharmacologie essentielle*. Paris : Flammarion.

Stern, D. N. (1994). *The Interpersonal World of the Infant : A View from Psychoanalysis and Developmental Psychology*. New York : Basic Books.

Stoddard, J. A et Afari, N. (2014). *The Big Book of Act Metaphors : A practioner's guide to experimental exercises and metaphors in Acceptance and Committment Therapy*. Oakland : New Harbinger Publications.

Swendsen et Blatier (1996). *Psychopathologie et modèles cognitivo-comportementaux : les recherches récentes*. Grenoble : Presses Universitaires de Grenoble.

Thorndike, E. (1913). Educational Psychology. *The Psychology of Learning*, Volume (2). New York : Teachers College Press.

Tolman, E. C. (1949). There is more than one kind of learning. *Psychological Review, 56*, 144-155.

Tolman, E. C. et Honzik, C. H. (1930). Degrees of hunger, reward and non-reward, and maze learning in rats. *University of California Publications In Psychology, 4*, 241-256.

Vianin, P. (2013). *La remédiation cognitive dans la schizophrénie*. Bruxelles : Mardaga.

Watson, J. B. et Rayner, R. (1920). Conditioned emotional reactions. *Journal of Experimental Psychology, 3* (1), 1-14.

Wellman, H. M. (1996). Early understanding of mind : The normal case. In S. Baron-Cohen, H. Tager-Flusberg et D. Cohen (éd), *Understanding Other Minds*. Oxford : Oxford University Press.

Wolpe, J. (1958). *Psychotherapy by Reciprocal Inhibition*. Stanford : Stanford Universitary Press.

Wosket, V. (2006). The Skilled Helper Model. In C. Feltham et I. Horton (éd), *The Sage Handbook of Counselling and Psychotherap* : (2nd edition). Londres : Sage Publications.

Wundt, W. (1885). *Essays* (p. 136-137). Leipzig : Engelmann.

Index des notions

86162 – (I) – OSB 80° – SOF – PRU

Achevé d'imprimer par
La Nouvelle Imprimerie Laballery
58500 Clamecy (Nièvre)
N° d'impression : 406096
Dépôt légal : juillet 2024

Imprimé en France